미래교육에 필요한 인성 역량 향상을 위한

스토리텔링의 이론과 실제

신재한 · 이지영 공저

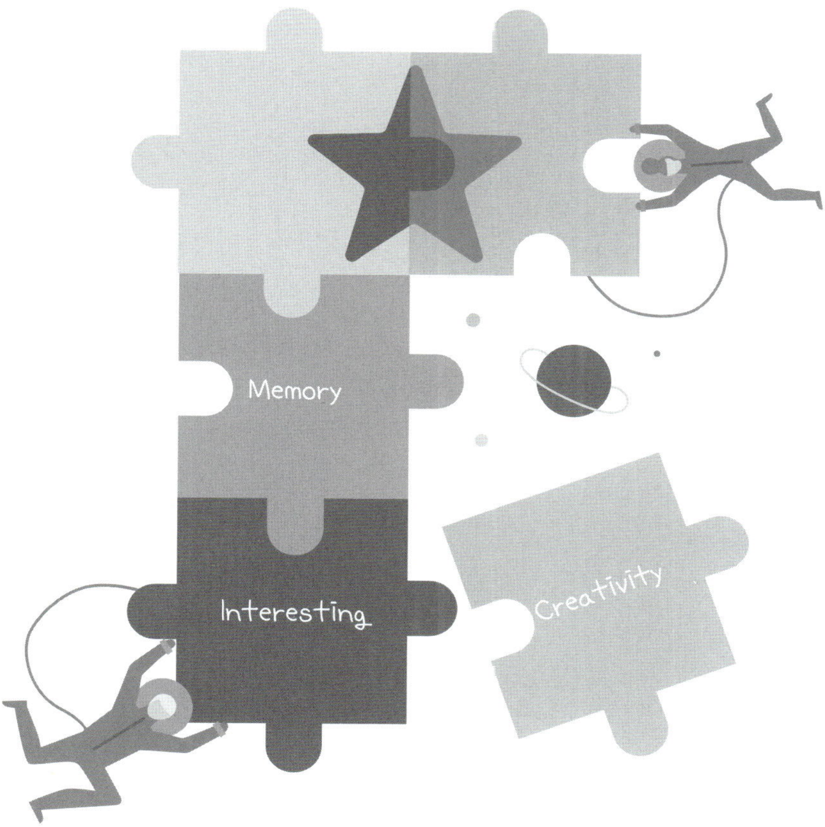

박영story

들어가며

요즘 아이들의 대화는 이해할 수 없는 말과 거친 말들로 가득하다. 단어를 듣다 보면 머리가 번뜩이거나 순간 심장이 벌렁거리는 말인데도 말하는 아이든 그 말을 듣는 아이 모두 아무렇지도 않다. 되려 비속어나 욕설 등의 거친 말이 들어가 있지 않으면 대화가 되지 않는다며 욕이 친근감의 표현이라고까지 말을 한다. 그렇다면 때와 장소를 가리지 않고 사용되는 비속어, 욕설이 그냥 일상의 언어가 된 것일까? 아니면 그런 자극적인 말에도 아무런 느낌이 없어지는 감정의 메마름일까?

우리는 사회적 공동체로서 무수한 끈들로 연결된 관계 속에서 살아가고 있다. 세상에 태어나면서 가족들과 학교에서는 친구 또는 선생님과의 만남, 사회에서는 사회구성원들과 소통을 통해 관계를 맺고 있다. 또한, 스마트폰 하나면 세상을 볼 수 있는 '뉴 미디어' 시대에 살면서 매체를 통한 새로운 방식의 관계를 형성하게 되었다. 한 번의 터치로 다른 시·공간에 있는 익명의 누군가와 다양한 경험을 자유롭게 공유할 수 있게 된 것이다. 그러나 서로의 눈빛을 교환하지 않는 온라인 속 소통은 아무렇지도 않게 쏟아내는 거친 말과 인간적인 감정이 섞이지 않은 무미건조한 말로 감정의 교류가 부족한 메마른 사회를 초래하였다.

소통과 공감의 부재는 아이들에게 긍정적인 정서와 원만한 인간관계 형성을 어렵게 한다. 이런 타인의 감정을 읽지 못하고 자신의 감정을 정확히 표현하지 못하는 문제는 학교 교육이 지식 중심에서 정서·감성 중심 교육으로 전환되어 학생들의 공감 능력 향상을 위한 활동이 이루어져야 함을 시사하고 있다. 그렇다면 어떤 수업전략이 학습자의 감성과 정서를 자극하여 소통을 원활하게 할 수 있을까? 이 질문에 본 저자는 최근 주목받는 스토리텔링 방법에서 답을 찾고자 하였다.

4차 산업혁명 시대를 주도할 미래창의혁신 인재를 양성하기 위해서는 순차적인 지식 암기 및 습득보다는 유연하고 탄력있게 대처할 수 있는 창의적 사고 역량과 인성 역량에 중점을 두는 새로운 교육 패러다임이 필요하다. 이러한 미래교육을 대비하는 교육 방법 중에서 하나가 바로 이야기를 활용한 스토리텔링(story-telling)이다.

원래 스토리텔링은 스토리(story)와 텔링(telling)의 합성어로서, 사전적 의미는 '이야기를 들려주는 활동', '이야기가 담화로 변해가는 과정'이다. 이러한 의미는 '이야기를 나누다'라는 뜻을 포함하고 있다. 스토리텔링 학습의 과정은 사전 활동, 본 활동, 사후 활동으로 구분한다. 먼저 사전 활동은 학습자가 이야기를 듣기 전에 자신의 기존 경험을 활성화하고 동기를 유발하는 단계로서, 이야기에 대한 사전 지식과 배경지식이 활성화하기, 이야기의 그림이나 책의 표지를 보고 이야기의 내용 상상하기, 제목을 보고 이야기의 주제나 줄거리 예상하기, 이야기와 관련된 경험 이야기해보기, 새로운 단어 소개 및 의미 이해하기 등을 포함한다. 본 활동은 쉽게 이야기를 소개하는 단계로서, 학습자 수준에 적합하게 재구성된 이야기를 자연스럽게 이야기하기 등을 포함한다. 사후 활동은 이야기 만들기, 역할극 꾸미기 등의 활동을 통해서 아동들의 이해도를 점검하는 단계로서, 본 활동에서 학습한 내용을 바깥 세계와 연결하기, 수준별 다양한 학습 기회 제공하기 등을 포함한다. 따라서, 스토리텔링 학습을 통해서 언어 및 의사소통 능력 발달, 정서지능 및 인성 발달, 대인관계능력 및 사회성 발달, 사고력 발달, 상상력 및 창의성 발달, 두뇌 계발 등 다양한 교육적 효과를 얻을 수 있다.

특히, 본 저서에서 1부는 스토리텔링의 기초, 스토리텔링을 활용한 교육, 미래교육에 필요한 창의성 및 인성 역량 등으로 구성되어 있고, 2부는 스토리텔링으로 발견하는 나, 스토리텔링으로 이해하는 너, 스토리텔링으로 해결하는 우리 등으로 구성되어 있다.

2부의 경우, 인성 역량 향상을 위한 스토리텔링의 이해를 바탕으로 실제 현장에서 점진적으로 활용할 수 있는 수업전략으로 구성되어 있다. 학기 초 학급을 구성하고 나에 대해 알아가는 과정에서 활용 가능한 4장 스토리텔링으로 발견하는 '나', 학기 말 친구와 선생님, 부모님에 대해 이해하는 과정에서 활용 가능한 5장 스토리텔링으로 이해하는 '너', 나를 발견하고, 너를 이해하는 학습 과정에서 공동체 역량을 형성하는데 활용 가능한 6장 스토리텔링으로 해결하는 '우리' 내용이다.

4장 스토리텔링으로 발견하는 '나'의 내용은 인성교육의 첫 번째 단계 스토리텔링을 활용한 자아 존중감 강화전략이다. 자아 존중감은 공동체 속에서 개인이 스스로 어떻게 생각하느냐의 문제이며 자기 자신을 소중하게 여기는 정도와 자신의 가치 있는 사람으로 생각하는 정도를 의미한다. 이는 학생 스스로 자기를 정확히 이해하고 가치를 발견하여, 올바른 진로를 선택하는 기회가 된다.

5장 스토리텔링으로 이해하는 '너'의 내용은 관계 형성 강화전략으로 타인과 소통하고 감정을 교류하면서 감정적 유대감을 형성해 나가도록 한다. '너를 이해해!'와 '감사의 마음 실천 프로젝트' 수업을 제시하여 자신 주변의 친구·부모·교사를 이해하는 기회를 제공한다. 이는 그들의 삶 또한 의미 있고 소중하다는 점을 깨닫는 계기가 된다.

6장 스토리텔링으로 해결하는 '우리'의 내용은 사회성 강화전략으로 협력 학습으로 프로젝트를 진행하는 것이다. 이 협력 학습은 자신의 역할과 책임을 충실히 이행하고, 서로 간의 갈등을 조절하며, 함께 만들어가는 공동체 역량을 신장시키는데 교육적 효과가 있다. 또한, 공동체에 대한 배려와 공감의 중요성을 깨닫게 되고, 열린 마음으로 서로가 다름을 인정하게 되어 사회생활에 필요한 민주시민으로서의 자질을 육성할 수 있을 것이다.

이 책에서 활용되는 수업의 전략으로서 스토리텔링은 자신과 대면하여 온전히 자신에게 몰입할 수 있도록 한다. 다양한 시각 이미지를 제공하여 학습자의 생각과 감정을 이야기할 수 있도록 함으로써 학습자가 스토리텔러가 되어 자기 이야기의 주인공이 되도록 이끌어준다. 이 과정에서 자신도 미처 알지 못했던 내면의 자신을 드러낼 수 있다는 점에서 인성교육 강화전략으로 효과적이라 생각된다. 자기 자신을 이해하고 가치를 발견하면서 자신을 사랑하는 마음 또한 생기지 않을까 생각된다. 또한, 쌍방향 상호소통 과정에서 타인의 생각과 감정을 이해하고 공감할 수 있는 마음의 여유까지 형성되는 계기가 될 것이다.

이 책을 통해 빠르게 변해가는 환경 속에서 뒤처지지 않기 위해 숨 가쁘게 달려가고 있는 아이들이 온전히 자신에게 몰입하여 자신을 발견하고 삶에 대한 올바른 가치관 정립에 도움이 되었으면 한다. 또한 인성교육에 관심이 있는 모든 분에게 미약하나마 의미 있는 안내서가 되기를 바라는 마음이다.

본 저서는 스토리텔링의 개념 및 특징 등을 이해하는 이론 부분과 교육 현장에서 스토리텔링을 적용할 수 있는 교육 방법의 실제 부분으로 구성하고 있으므로, 유치원, 초등학교, 중고등학교 현직 교사, 예비교사, 대학생, 대학원생 등에게 매우 유용하게 활용할 수 있을 뿐만 아니라, 스토리텔링 교육 방법을 교육 현장에 적용하는데 크게 도움을 줄 것으로 기대한다. 아무쪼록 본 저서가 스토리텔링을 이해하고 적용하는 표준화된 모델을 제공할 수 있는 기본 지침서가 되기를 바라는 마음이다. 끝으로 본서 출판에 도움을 주신 박영사 가족 여러분께 감사를 드린다.

2021년 8월

신재한 · 이지영

차례

1장 스토리텔링의 이해

2장 스토리텔링을 활용한 교육

3장 미래교육에 필요한 인성 역량

4장 스토리텔링으로 발견하는 '나': 자아 존중감 강화전략

제1부

인성 역량 향상을 위한 스토리텔링 교육의 이해

미래교육에 필요한 인성 역량 향상을 위한
스토리텔링의 이론과 실제

1장 스토리텔링의 이해

1. 스토리텔링의 개념

스토리텔링은 스토리(story)와 텔링(telling)의 합성어로서, 사전적 의미는 '이야기를 들려주는 활동', '이야기가 담화로 변해가는 과정'이다. 이러한 의미는 '이야기를 나누다'라는 뜻을 포함하고 있기 때문에, 특정 주제의 내용을 실감나는 이야기로 설득력 있게 전달하는 '구연'과도 유사하다.

특히, 김은혜(2005)는 스토리텔링의 개념을 상호작용적인 수행예술 형태, 상호창조적인 과정, 인간 생활의 본질 전달 등 <표 1-1>과 같이 제시하였다.

〈표 1-1〉 스토리텔링의 개념

구분	개념
상호작용적인 수행예술 형태	• 혼자 이야기를 하는 것이 아니라 청자와 친밀한 관계를 유지하는 하나의 상호작용
상호 창조적인 과정	• 자연스럽고 경험적이며 청자와 화자의 역동적인 상호 작용 • 내용을 공유하고 제안하며 청중에게 이야기의 의미를 전달하는 매개체
인간 생활의 본질 전달	• 사건, 경험, 일상적인 생활의 작은 일부터 인간 본성까지의 개념을 평가하고 해석하기 위한 제1의 수단이며 인간 의사소통의 본질적이고 기초적인 형태

국내·외 학자들이 주장하는 스토리텔링의 개념을 정리하면 <표 1-2>와 같이 요약할 수 있다.

〈표 1-2〉 국내 · 외 학자들이 주장하는 스토리텔링 개념

구분	개념
허우경(2010)	• 정보를 전달하는 모든 이야기(광의의 개념) • 사실을 청자에게 조금 더 밀착된 주제로 재미있게 이야기화해서 표현하는 활동(협의의 개념)
장영신(2009)	• 하나의 상호작용 · 상호창조적인 과정이며, 인간 생활의 본질을 전하고, 내용을 공유하고 제안하며 청중에게 이야기의 의미를 전달하는 매개체이고 아동들에게 무한한 즐거움과 교육적 의미를 주는 동화구연
백영미(2007)	• 하나 또는 일련의 사건을 이야기해주는 것으로 어린이들에게 재미있고 자연스럽게, 아동에게 무한한 즐거움과 교육적인 의미를 주는 활동
윤혜정(2002)	• 사물의 움직임을 그대로 서술하거나 아름다운 전경을 낭송하는 일, 다른 예술 작품에 대해 설명하는 활동(광의의 개념) • 언어의 자연스러운 습득을 위해 학습자에게 이를 들려주는 활동(협의의 개념)
Shannon (1979)	• 동화를 단순히 읽기만 하는 것이 아니라 감정이나 소리, 속도, 침묵의 시간을 조절해서 아동에게 흥미있게 전달하는 방식
Whitehead (1968)	• 하나의 사건이나 일련의 사건을 이야기하는 것으로서, 아동들에게 재미있고 자연스럽게 무한한 즐거움과 교육적인 의미를 주는 동화구연

2. 스토리텔링의 구조

스토리텔링의 구조는 스토리(story)와 텍스트(text)로 구성되어 있다. 영화나 드라마를 만들 때 제일 먼저 필요한 것이 스토리이다. 이야기가 만들어지면 그 이야기를 어떻게 전개해나갈 것인가 하는 문제가 발생한다. 여기에는 감독, 배우, 소품과 장비, 카메라 촬영, 편집, 음향 등이 필요한데, 이 모든 것들이 협력하여 영화를 만드는 행위가 담론에 해당한다. 이렇게 제작된 영상물이 텍스트(text)가 된다.

그러나 스토리텔링에서 서사(narrative), 담론(discourse), 스토리(story)라는 용어는 모두 '이야기'로 불리기 때문에, 이야기를 의미하는 서사와 담론, 스토리의

개념을 좀 더 명확하게 구분할 필요가 있다.

가. 서사

이야기를 나타내는 가장 포괄적인 용어는 '서사'라고 할 것이다. 주변에서 실제로 일어난 사소한 이야기부터 다른 사람들의 살아가는 이야기와 누군가 꾸며낸 허구적인 이야기 등 다양한 종류의 이야기를 모두 서사라 한다. 옛날을 배경으로 하는 이야기, 현대에 와서 창작된 이야기, 영화와 드라마의 이야기 모두 서사이다. 그런데 이들 이야기는 모두 스토리(story)와 담론(discourse)의 층위를 함의하고 있기 때문이다.

서사의 일차적 의미는 '사건의 서술'을 뜻한다. 서사의 형식은 다양하고 그것이 의존하는 매체 역시 마찬가지이다. 즉 서사의 종류는 소설, 서사시, 극, 신화, 전설, 역사 등의 언어적 서사물(기술 서사물이라고도 한다)뿐만 아니라 영화, 연극, 발레, 오페라 등의 비언어적 서사도 아울러 포괄한다. 즉 이야기를 가장 넓게 보는 용어이다. 서사의 개념 영역은 이렇듯 허구적인 것과 사실적인 것을 포함한다. 서사론적 관점에서는 인간 세상 어디라도 흩어져 있는 이야기로서 '서사'라는 용어를 사용한다. 서사는 인쇄 매체뿐만 아니라 비인쇄 매체에 담긴 이야기까지 포함하는 아주 넓은 의미 영역을 지니고 있다.

나. 담론

담화, 담론, 언술이라 불리는 디스코스(discourse)는 서사의 표현적인 면과 내용적인 면을 구분하여, 표현(expression)적인 면을 다룬 의미로 사용된다. 언어학적 의미로는 한 문장보다 더 큰 일련의 문장들을 가리키지만, 시학에서는 서사 텍스트를 구성하는 데 동원된 언술의 총화, 혹은 서사 구조의 표현적 국면을 총칭하는 용어로 자리 잡았다.

텍스트로부터 추출되는 추상적 내용물인 서술된 사건, 즉 스토리와 대립적으로 사용되는 개념이다. 좀 더 넓거나 좁은 의미로 사용하기도 하고 상이한 용어를 통해 제시되고는 있지만 하나의 서사 텍스트가, 표현 차원인 담론과 내용 차원인 스토리로 짜인다는 것은 구조시학의 기본적인 인식이다.

담론은 이야기의 언어가 어떤 기능을 하는가에 초점을 둔 용어라 할 수 있다. 또한 담론은 사용 중인 언어를 가리키기도 하는데, 이는 포스트구조주의 이론가인 미셸 푸코(Michel Foucault)의 영향에 따른 것이다. 미셸 푸코는 담론을 특정 대상이나 개념에 대한 지식을 생성시킴으로써 현실에 관한 설명을 산출하는 언표들의 응집력 있고 자기지시적인 집합체로 간주하였다. 따라서 '법률적 담론', '미학적 담론', '의학적 담론'과 같은 말이 생겨나게 되었다. 이러한 언표와 규칙의 집합체인 담론은 역사적으로 존재하며 물리적 조건에 따라 변화한다. 미셸 푸코는 이러한 의미에서의 담론은 개인들 간의 교환에 의해 규정되는 것이 아니라 익명성의 층위에 존재한다고 주장하였다. 즉, 담론은 사고하고 인식하는 주체의 표현이라기보다는 '~라고 말해진다'의 층위에 존재한다는 것이다.

현대의 서사물에 대한 분석에서 담론은 종래에 사용되어 왔던 서술, 플롯, 표현 등의 용어를 누르고 점차 광범위한 지지를 얻고 있다.

다. 스토리

서사의 내용(contents)면인 이야기 그 자체를 스토리(story)라 한다. 스토리는 텍스트에서 생겨나는 생동과 속성으로 이루어진 명제들이 시간순으로 연속된 것이다. 스토리의 작가에 의해 조작되어 플롯이 되는 원료 즉 시간순으로 진행되는 일련의 사건에 해당한다. 스토리는 텍스트 너머의 시공간적 차원에 존재하므로, 작가의 서술에 선행하는 실제 시간에 일어난 특수한 일련의 사건이라고 보아도 된다. 플롯의 기초로서의 스토리는 플롯과 서사적 의미를 수용하기 위해 완전히 재편성되어 조직될 수도 있다.

토도로프(T.todorov)는 이야기를 장중 인물의 세계로, 리본 케넌은 스토리를 일련의 사건으로 설명한다. 프린스(Gerald Prince)는 등장 인물과 관계를 갖는 여러 사건의 인과적인 연쇄를 스토리로 정의하고 있다. 즉 스토리는 핵사건과 주변사건들이 서로 결합하여 소연속(micro-sequence)을 이루고 소연속은 서로 결합하여 대연속(macro-sequence)을 이루며 대연속은 다시 결합하여 완전한 이야기를 형성하는 것이다. 사건들이 결합하여 단위가 커지면서 스토리를 형성해가는 원리는 시간적 연속(temporal succession)과 인과관계(casuality)에 의해서이다.

3. 스토리텔링의 요소

스토리텔링의 내용적 구성 요소는 메시지, 갈등, 등장인물, 플롯이다(홍영숙, 2011).

가. 메시지

스토리텔링은 단순한 이야기를 전달하는 것이 아니다. 대부분 전달하고자 하는 목적이 있다. 명확한 메시지 전달을 위하여 하나의 스토리에는 하나의 메시지만을 담아야 한다. 하나의 스토리 안에 많은 메시지를 담으면 전달하려고 하는 메시지가 불분명해진다.

나. 갈등

스토리텔링은 적절한 갈등 상황을 포함하고 있어야 한다. 갈등이 없으면 지루하고 상상력이 끼어들 여지를 주지 못하게 된다. 인간은 본능적으로 불안정한 상황이 보다 안정화되도록 문제를 해결하려고 한다. 좋은 스토리는 갈등이 해소될 때까지 적절한 갈등을 제공하여 청자를 잡아 놓는다. 그리고 중요한 메시지는 이 갈등의 해소 과정을 통하여 메시지를 전달하게 된다. 학습 과정에서의 갈등은 이야기를 보다 생명력 있고 긴장감 있게 만든다.

다. 캐릭터

스토리텔링에서는 효과적인 메시지 전달을 위하여 정해진 역할을 수행하는 등장인물 즉 캐릭터가 있어야 한다. 등장인물은 청자에게 각 인물들의 역할을 보완하면서 스토리의 전개를 위한 행동을 만들어 간다. 일반적인 스토리에서는 성공적인 갈등을 만들어 내기 위하여 서로 다른 성격을 가지고 있는 인물들을 등장시키는데 주인공의 여정을 방해하는 적대적인 인물이 자주 등장하며 주인공은 이런 갈등 속에서 투쟁해 나가면서 결국 성공하거나 실패함으로써 말하고자 하는 메시지를 전달하게 된다.

라. 플롯

플롯은 이야기의 전개를 어떻게 구성할 것인가를 말한다. 이는 청자들이 흥미를 잃지 않도록 정밀하게 구성할 필요가 있다. 일반적으로 기승전결이나 시작, 중간, 끝 부분으로 나누어 스토리를 전개한다. 시간적인 순서에 의하여 갈등이 점차 고조되지만 결국 해소되고 결말을 맺게 된다. 이 구조는 아주 단순한 이야기에서도 반영된다. 그러나 복선을 깔거나 반전을 내세워 시간과 사건을 다양하게 구성할 수도 있다. 좋은 플롯은 구성이 치밀하고 세밀하여 각 등장 인물의 성격에 어울리게 사건이 일어나고 갈등이 정교하게 조직된다. 따라서 이야기의 메시지를 전달하는 데 지루하지 않게 갈등 상황을 적절하게 제시하면서 등장인물이 과업을 수행하도록 개연성과 전체적인 통일성을 가지도록 할 필요가 있다.

스토리텔링의 방법적 요소는 톤(tone), 진실성과 현실성, 지연, 생략, 비밀의 생성과 노출, 다양화 등 <표 1-3>과 같이 정리할 수 있다.

〈표 1-3〉 스토리텔링의 방법 구성 요소

구분	특징
톤(tone)	• '어조', '말투', '글 등의 분위기', '음조', '음색' • 사람이 말을 전달할 때 사용되는 목소리의 전반적인 것
진실성	• 재미있는 이야기라도 진정성이 떨어지고 거짓말이라는 것을 알게 될 때에는 신뢰성이 떨어짐
현실성	• 주변에서 일어나는 내가 알고 있는 일을 듣는 것보다는 나에게도 일어날 법한 이야기를 듣는 편이 훨씬 더 오랜 시간 흥미를 가짐
지연	• 더욱 재미있게 이야기하기 위해서 결말을 바로 이야기하지 않고 조금 시간을 끌다가 공개하는 것
생략	• 청자 및 독자에게 여운을 주기 위해 문장의 구절을 간결하게 축소하거나 삭제하는 것
비밀의 생성과 노출	• 알 수 없는 수수께끼처럼 비밀을 해결하다가 청자의 궁금한 정도가 절정에 도달했을 때 노출 및 공유
다양화	• 다양하고 새로운 인물의 등장을 통한 주의 환기 및 관심 유도

4. 스토리텔링의 기능

가. 이야기는 인간의 본질적 요소

서사는 세계의 많은 것을 논리적·순차적으로 파악하려는 인간 본성에 바탕을 두고 있다. 다시 말하면 서사는 흘러가는 시간 속에 존재하는 개별적인 사건들을 어떤 인과 관계 속에 편입시킴으로써 인식 및 해석을 용이하게 하기 때문에, 이미 그 안에 이야기를 하는 사람의 시각과 입장이 반영되어 있고, 듣는 사람에게 그것들을 쉽게 받아들이게 만들 수 있다는 것이다. 이를 또 다른 말로 표현하면, 우리가 세계를 이해하기 위해서는 불가피하게 개별적인 사건이나 현상을 어떤 이야기로 구성해야 하고, 우리는 그런 행위를 통해 세계와 자신의 행동을 더 명확히 이해할 수 있게 된다는 것이다.

서사야말로 우리로 하여금 세계에 대한 인식, 생각, 기억, 행동들을 성공적으로 정리할 수 있게 해주는 유용한 도구이며, 개인들 간의 의사소통과 공감을 돕는 가장 강력한 수단이다. 예를 들어 내가 누구인가라는 정체성에 대해 "○○○"는 음성이나 문자 기호로 나를 지시하게 된다. '학생', '선생님', '시인' 등은 사회적 역할과 지위로 나를 규정하는 정체성이다. '꽃을 좋아하는 여자', '친구를 좋아하는 사람' 등 자신의 인간적인 한 측면으로 '나'를 규정할 수도 있다.

그러나 이들의 공통점은 모두 '나'라는 존재의 횡단면을 보여주는 것이다. 다시 말하여 끊임없이 변화하고 있는 과정의 나를 규정하는 것이 아니라 시간이 정지된 한 단면을 '나'로 표현하고 있다. 시간의 흐름에 따라 끊임없이 변화하고 있는 한 사람의 정체성을 이야기(narrative) 외에 달리 규정할 수 있는 방법이 없을 것이다.

이야기는 본질적으로 시간 속에서 펼쳐지는 속성을 지니고 있다. 책이나 비디오 같은 매체에 문자나 영상의 형태로 기록되어도 엄연히 이야기는 시간 속에서 펼쳐지는 실체이기에 한 사람의 종적인 정체성을 담아낼 수 있는 것이다. 그렇기 때문에 당신이 누구인지 말해 보라면 반드시 자신의 삶의 이야기(narrative)를 꺼낼 수밖에 없다. 이야기하기는 세상과 우주와 한 인간의 삶의 총체에 대해 해석하는 행위이며, 인간 스스로 자신의 정체성을 확인하고 다른 사람에게 알릴 수 있는 유일한 수단이며 방법인 것이다.

나. 이야기의 심미적 기능

이야기는 정서적 공감과 카타르시스라는 심미적 기능이 있다. 이야기란 말의 일상적이며 관행적인 의미, 따분해하고 권태에도 시달리는 우리의 빈곤하고 메마른 일상적 삶에 긴장과 눈부신 활력을 불어넣어준다. '그 사람에게는 이야기가 있어'.라고 말하는 것은 그 사람이 범상치 않은 삶의 내력을 감추고 있다는 표현에 다름 아니다. 아기자기하고 우여곡절로 점철된 경험의 내용을 가르키는 것이다.

삶은 단순히 정보만 습득하여 변화하는 것이 아니다. 인간의 변화는 정보가 아닌 감정에 의해 이루어진다. 자신뿐만 아니라 다른 사람의 체험, 생각, 느낌을 이야기를 통해 전달하거나 받으면서 정서적 감동이나 만족감을 얻는 미적 경험을 하게 되는 것이다.

따라서 스토리텔링은 커뮤니케이션의 격을 높여주는 경험의 깊이가 있으며, 감성의 전략이기도 하며, 유머로써 각박한 삶을 이완시키고 풍부하게 해준다.

다. 이야기의 오락적 기능

이야기의 오락적 기능은 현대에 들어와서 대단히 중요한 요소이다. 디지털 시대는 우리의 마음을 '즐거움'으로 가득 채워줄 하드웨어와 소프트웨어를 풍부하게 공급하고 있다. 지식 자체의 진지성, 인간 자체의 진지한 사고보다는 즐거움, 유희를 즐기도록 유도한다.

스토리텔링은 매우 오래된 엔터테인먼트의 양식이지만, 이야기 자체가 막대한 이윤을 창출하는 문화상품이 된 것은 근래의 일이다. 이야기를 실어 나르는 매체는 과거 구전(舊傳)에서 문자와 책·라디오·텔레비전과 같은 공중파 매체들, 영화·비디오·인터넷으로 확장되었으며 현재 디지털 매체의 발전으로까지 이어졌다. 이런 매체의 눈부신 발전과 함께 이를 운용할 콘텐츠의 기본이 되는 이야기가 가장 부가가치가 높은 산업으로 자리매김된 것이며, 그 원동력은 바로 이야기의 즐거움 때문이다.

영화계에서 흥행 몰이를 한 「왕의 남자」의 경우 부가가치 창출액이 749억에 육박한 것이 그 실례라 할 수 있다. 국내 시장 규모만 2조 원(2005년)에 가까운 온라인 게임의 경우, 원재재나 대량 설비투자 없이 기획력과 아이디어만으로 높은 이익을 낼 수 있는 고부가가치적 산업으로, 스토리텔링이 그 바탕을 이루고 있음은 물론이다.

과거 예술작품을 감상하거나 행위를 함으로써 얻는 쾌락은 실용적인 이해관계와 거리가 있는 것이었지만, 현대와 같은 자본주의와 시장경제체제 아래에서 이야기 경제적 이윤과 부를 창출하는 근원이 되기에 새로이 각광받고 있다. 재미있고 독특한 하나의 이야기가 대중들을 유혹하고, 이 이야기가 다양한 매체를 거쳐 확산되면서 막대한 부가가치를 올리기 때문이다.

5. 스토리텔링의 기술

스토리텔링의 기술은 언어적 기술과 비언어적 기술로 <표 1-4>과 같이 구분할 수 있다(김남순, 2006).

〈표 1-4〉 스토리텔링의 기술

구분		특징
언어적 기술	목소리	• 이야기 속에서 대화로 이루어진 부분을 읽을 때는 이야기를 전개할 때 읽는 목소리와는 다르게 더화자의 성격에 알맞게 목소리를 변형하여 구사
	속도	• 학습자들이 이야기를 들으며 삽화나 그림을 보면서 생각할 수 있는 속도 유지
	강세	• 화자가 전달하고자 하는 이야기의 중요 정보를 담고 있는 낱말 강조
비언어적 기술	시선	• 이야기를 전달할 때 학습자와 시선을 맞추며 이해의 정도를 파악해 가면서 진행
	쉼 (pause)	• 말하기에 나타나는 '쉼'은 방금 무슨 말을 했으며 앞으로 또 어떤 말을 할 것인지 학습자가 생각할 시간 제공
	얼굴표정 및 몸짓	• 기쁨, 슬픔, 흥분, 행복 등을 나타내는 얼굴표정을 짓고 머리를 끄덕이거나 손을 들어 무엇을 가리키는 등 이야기 내용에 맞는 몸짓

2장 스토리텔링을 활용한 교육

1. 스토리텔링의 학습 과정

〈표 1-5〉 스토리텔링의 학습 과정(7단계)

구분		특징
준비	이야기 선정	• 높은 문학적 그리고 예술적 성질을 지니는 것, 이야기를 쉽게 이해할 수 있고 흥미를 유도하는 것, 삽화가 크고 교사 자신이 좋아하는 것
	이야기 재구성	• 학습자의 수준에 맞는 쉬운 어휘로, 단순한 구조로, 짧게 줄이거나 여러 문장으로 나누고 이해하기 쉬운 대화형의 문장으로 재구성 • 이야기 전개상 중요하지 않은 사건은 생략할 수 있으며 수업에서 학습해야 할 요소들을 이야기 속에서 자주 반복될 수 있도록 재구성
지도	도입	• 전개될 수업에 흥미를 느끼게 하는 단계 • 어떤 이야기일지 상상하거나 그림을 보고 이야기의 내용을 말해 보는 활동
	전개	• 이야기를 소개하는 단계 • 여러 가지 자료를 사용하여 이야기를 사실적이고 흥미롭게 들려 주는 활동
	집중	• 교사가 의도한 학습이 이루어지는 단계 • 새로운 단위나 계산법 등을 배우는 활동
	확장	• 문제 해결 수준이 다양한 학습자들에게 다양한 기회를 제공해 주는 단계 • 아동 상호간에 서로 도움을 주고받으며 문제 해결이 가능한 소집단별 협동 학습
	정리	• 수업활동을 마무리하는 단계 • 간단한 자료를 나누어주고 해결하게 함으로써 이해도를 점검하는 시간으로 사용

스토리텔링의 학습 과정은 이야기 선정, 이야기 재구성을 포함하는 준비 단계와 도입, 전개, 집중, 확장, 정리 등의 지도 단계로 <표 1-5>와 같이 구분할 수 있다(백영미, 2007; 김영민, 1996).

특히, 스토리텔링의 학습 단계는 스토리텔링 전활동, 본활동, 후속활동으로 <표 1-6>과 같이 구분할 수 있다(Ellis & Brewster, 1991).

〈표 1-6〉 스토리텔링의 학습 과정(3단계)

구분	특징
스토리텔링 전활동	• 학습자가 이야기를 듣기 전에 자신의 기존 경험을 활성화하고 동기를 유발하는 단계 • 아동들의 이야기에 대한 사전지식과 배경지식이 활성화될 수 있는 활동들이 필요 • 이야기의 그림이나 책의 표지를 보고 이야기의 내용 상상하기, 제목을 보고 이야기의 주제나 줄거리 예상하기, 이야기와 관련된 경험 이야기해보기, 새로운 단어 소개 및 의미 이해하기 활동
스토리텔링 본활동	• 아동들에게 이야기를 소개하는 단계 • 아동들의 수준에 적합하게 재구성된 이야기를 자연스럽게 이야기하기
스토리텔링 후속활동	• 이야기 만들기, 역할극 꾸미기 등의 활동을 통해서 아동들의 이해도를 점검하는 단계 • 교실 학습을 바깥 세계와 연결하는 구실을 하고 수준이 다양한 기회 제공

2. 스토리텔링의 교육 방법

스토리텔링의 교육 방법은 전체 맥락 제시, 이야기식 구조, 비유와 예시, 감정과 가치의 확인, 학습자의 경험에 기반, 유머 활용, 이미지와 시각적 자극 등으로 <표 1-7>과 같이 구분할 수 있다(윤필현·한주희, 2010).

〈표 1-7〉 스토리텔링의 교육 방법

구분	특징
전체맥락 제시	• 학습을 통해 달성해야 할 목표 및 내용구조를 명확히 인식 • 도입부에서 프로그램의 맥락을 명확하게 설정
이야기식 구조	• 이야기 구조는 구어체, 학습자가 이해하기 쉬운 어휘, 현재 또는 과거의 단순한 시제 사용, 문장 길이의 축소 또는 분리, 중요하지 않은 부분의 생략 등을 사용
비유와 예시	• 복잡한 아이디어나 내용을 무미건조하게 학습자에게 제시하는 것을 지양 • 적합한 비유, 은유, 유추를 활용
감정과 가치의 확인	• 단순한 내용의 진술에 그치지 않고 철학과 원리에 대한 깨달음을 강조 • 이성적 접근과 감성적 접근을 동시에 고려
학습자의 경험에 기반	• 학습된 지식이 유용하게 사용되는 실재 맥락과 통합하여 재현 • 자신의 생각과 지식을 재구성하는 기회를 제공
유머의 활용	• 유머를 통해 긴장이 해소될 수 있도록 함
이미지와 시각적 자극	• 학습자의 호기심과 기억력을 자극할 수 있도록 시각적 표현을 많이 사용

3. 스토리텔링의 교육 유형

스토리텔링을 스토리구성(Story－Making)으 관점을 포함하여 Story－Telling, Story－Making, Story-Showing, Story－Doing, Story－Writing, Story－Singing으로 이해할 수 있다.

스토리텔링에서 텔링(Telling)을 단지 스토리를 '말하는 것'에 한정시키지 않고, 화자와 청자가 상호작용하면서 다양한 매체를 활용하여 여러 가지 표현 방식으로 하나의 스토리 의미를 구성 또는 창조하는 스토리 구성(Story－Making)까지를 포함하는 관점으로 확장할 수 있다(채은숙·박민구, 2012).

또한 교육학의 관점에서 보면, 학습의 과정과 스토리텔링은 같은 유사성을 갖는다(오영범·박상섭, 2010).

우리 주의를 둘러싼 상황을 인식하는 것에서부터 시작해 학습자가 학습 자료

자체에만 관심을 두며 사전 지식, 경험과 연결을 짓지 않는 Making Sense 단계, 학습자가 새로운 학습 자료를 자신의 인지 구조에 동화하고 사전 지식과 관련지어 이해하면서 수용하는 Making Meaning 단계, 최초 학습 자료는 동화를 통해 수정되면서 새로운 아이디어를 생성하고 명확한 생각으로 문제해결 전략을 실행하고 판단하는 Working with Meaning 단계, 학습자 자신의 이해 구조를 평가하고 지식을 전달하는 능력을 기술하는 Transformative Learning 단계가 스토리텔링을 통한 학습 단계와 유사성을 갖는다. Story－Telling, Story－Expanding, Story－Processing, Story－Reconstructing의 단계가 그것이다.

이와 같이 살펴본 스토리텔링의 교육 유형을 정리하면 다음과 같다.

〈표 1-8〉 스토리텔링의 교육 유형

구분		정의
활동별	Story-Telling	스토리 구성의 하위 요소로 말하기
	Story-Making	다양한 방식으로 의미를 구성하여 이야기를 만들어가는 것
	Story-Showing	디지털 게임, 놀이, 연극, 펜터마임, 드라마, 광고, 영화, 애니메이션 등 스토리 보여주기
	Story-Doing	구체적 조작을 통하여 실제로 하기
	Story-Writing	만화, 포스터, 수학 글쓰기, 편지 등 스토리 쓰기
	Story-Singing	뮤지컬, 노래 등 스토리 노래하기
학습 과정별	Story-Telling	스토리 자체에 대한 이해를 목적으로 말하고 듣기
	Story-Expanding	자신의 사전 지식과 경험을 바탕으로 스토리를 되짚어가며 인지 구조를 확장하면서 반성적으로 이해하기
	Story-Processing	반성적 대화, 사건에 대한 다양한 관점을 통해 의미를 형성하기 (의미와 맥락 간의 상호 관련, 특정 이야기의 중요성 파악 등)
	Story-Reconstructing	다양한 관점으로부터 스토리 및 잠정적 해결책을 비판적으로 평가하기(스토리의 재조명)

4. 스토리텔링의 교육적 효과

스토리텔링은 단순한 '말하기'가 아닌 '생동감 있는 이야기 전달'이다. 이러한 스토리텔링의 교육적 효과는 다음과 같다(허유경, 2010; 장영신, 2009; Zaro & Salaberri, 1995; Ellis & Brewster, 1991).

첫째, 지루하지 않게 신뢰성을 줄 수 있다.

둘째, 학습유형이 다른 모든 학습자에게 설득력이 있다.

셋째, 이야기 참여자 간의 의사소통 과정에서 상호작용이 활발히 일어나며, 이야기를 통해 인성교육이 이루어진다.

넷째, 아동의 문학 이해 능력과 이야기와 관련된 의사소통 능력을 향상시킬 수 있다.

다섯째, 학생의 동기를 유발시키고, 상상력을 자극하고 향상시킬 수 있다.

여섯째, 아동들이 자신감을 쌓는 데 도움이 되고, 사회적·감성적 발달을 유도해준다.

일곱째, 듣기 능력 향상 및 새로운 어휘 습득 등 언어학습에 유용하며 학습에 대한 흥미와 자신감을 갖게 해주고 상상력을 자극하여 사고를 확장시켜 창의성을 확장시킨다.

특히, 지금까지 살펴본 스토리텔링의 교육적 효과를 언어발달 측면, 정서발달 측면, 사회성발달 측면, 사고력발달 측면으로 구분하여 살펴보면 <표 1-9> 와 같다(김남순, 2006).

〈표 1-9〉 스토리텔링의 교육적 효과

구분	특징		
언어 발달	• 어휘 습득	• 문법구조 인식	• 의사소통 능력 향상
정서 발달	• 감성지능 발달	• 인성교육	
사회성 발달	• 폭넓은 세계 간접적인 경험		• 타인에 대한 이해
사고력 발달	• 상상력 및 창의력 향상		• 이해력 및 사고력 발달

3장 미래교육에 필요한 인성 역량

1. 미래 교육의 특징 및 방향

4차 산업혁명 시대를 대비하여 미국, 영국, 프랑스, 일본 등 세계 각국의 교육정책 현황을 소개하면 <표 1-10>과 같다(서혜숙, 2017).

❙〈표 1-10〉 4차 산업혁명 시대 세계 각국의 교육정책 현황

국가	SW교육	디지털교과서(교수학습) 관련 정책	교육환경(인프라) 정책	개인맞춤형 서비스
 미국	모든 학생을 위한 컴퓨터 과학교육 정책 추진 발표 ('16년 1월)	디지털교과서 활용 가이드라인('15년)에 따라 주 단위의 디지털교과서 확산 중	학교 인터넷 개선, 디지털 학습 강화를 위해 민간과 협력하여 ConnectED('13년) 추진, 학교 무선망 확충, 학생용 기기(아이패드, 구글 크롬북 등) 보급 확대	사립학교의 24%가 맞춤학습 시스템 이미 사용 또는 사용 예정
 영국	'14년 9월부터 초중등학교 모든 학령에서 SW교육 필수화	케임브리지, 옥스포드 등 민간출판사 주도 디지털교과서 개발 · 활용 확산	(런던) 2,500개 학교에 고속보안네트워크, 문서작성 및 스토리지, 화상회의 시스템 제공	영국학교는 edu-tech에 매년 900만 파운드 이상 투자

국가	SW교육	디지털교과서(교수학습) 관련 정책	교육환경(인프라) 정책	개인맞춤형 서비스
 프랑스	'16년 9월 신학기부터 SW를 중학교 정규 과목화	연구학교 시범적용('09~'11년)을 거쳐 디지털교과서 활용 확산 중	디지털학교 프로젝트로 '20년까지 교사 100%, 초중학생 70%에 기기(PC, 스마트패드) 보급 계획	정부보조금으로 초등학교에 맞춤학습 솔루션 보급
 일본	'12년부터 중학교, '20년부터 초등학교 SW교육 필수화	'20년부터 디지털교과서 전면 도입 계획	'14년부터 초중고 인프라 개선사업 추진, '20년 모든 학교 무선망 완비 목표(교육정보화 비전)	일본 총무성은 교육클라우드 정책을 추진하여 학습분석 관리

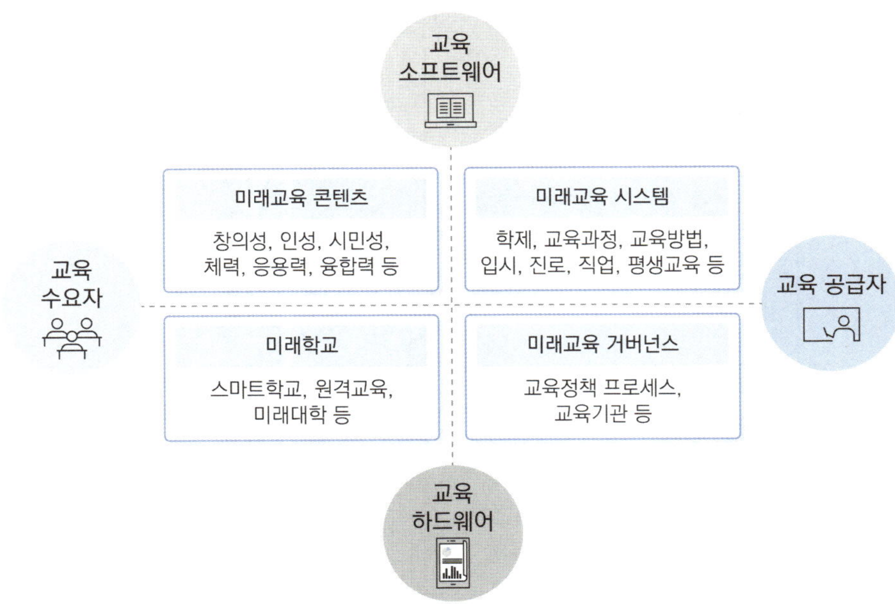

▲ [그림 1-1] 4차 산업혁명 시대 미래 교육 혁신 프레임워크

특히, 3차 산업혁명 시대 특징인 표준화·규격화·정형화된 교육의 방향을 탈피하여 4차 산업혁명 시대에는 다양성·창의성·유연성을 강화하는 방향으로 교육이 변화해야 한다. 이러한 변화를 위해서는 미래교육 콘텐츠, 미래교육 시스템, 미래학교, 미래교육 거버넌스 등 교육 관련 모든 체계가 총체적으로 상호 협력하여 [그림 1-1]과 같은 교육 혁신 프레임워크를 설계해야 한다(안종배, 2017).

한편, 4차 산업혁명 시대 미래교육의 혁신 방안은 제도, 학교, 사회, 기술 측면에서 교육과정, 학습평가, 교수학습 영역 등 [그림 1-2]과 같이 도식화할 수 있다(김진숙, 2017).

▲ [그림 1-2] 4차 산업혁명 시대 미래교육의 혁신 방안

안종배(2017)는 4차 산업혁명 시대를 주도할 미래창의혁신 인재 양성을 미래교육의 비전으로 제시하였고 글로벌 경쟁력 갖춘 미래 창의혁신 인재를 양성하는 교육, 개인의 창의성과 다양성이 존중되고 행복한 삶과 건강한 사회의 지속 발전에 기여하는 교육을 미래교육의 목표로 제안하였다. 4차 산업혁명 시대의 미래교육의 비전·목표를 토대로 미래교육의 혁신 방향을 정리하면 [그림 1-3]과 같이 도식화할 수 있다.

1 미래교육 시스템 혁신	2 미래학교 혁신	3 미래교육 콘텐츠 혁신	4 미래교육 거버넌스 혁신
• 4차 산업혁명 시대에 대응하는 유연한 학제 • 자율적 교육과정과 평가 • 다양한 진로·직업 교육 • 자율적 입시제도와 대학제도 • 다양한 장학 복지	• 4차 산업혁명 시대에 대응하는 창의적 미래 • 지역과 함께하는 학교 • 교사 역할과 교사 시스템 및 교사의 영역 변화 • 교육 공간의 변화 • 직업학교와 대학 모습의 변화	• 4차 산업혁명 시대에 대응하는 창의적 인지 역량 • 인성적 정서 역량 • 협력적 사회 역량 • 생애 학습 역량을 함양할 수 있는 교육 콘텐츠	• 4차 산업혁명 시대에 대응하는 새로운 미래교육 정책 결정 프로세스 • 교육 거버넌스의 새로운 패러다임 • 미래대학 학교 단위 거버넌스의 변화

▲ [그림 1-3] 4차 산업혁명 시대의 미래교육 방향(안종배, 2017)

특히, 4차 산업혁명 시대를 준비하기 위해서는 학생들이 현재에 잘 적응하는 교육 방향을 설정하기보다는 현재 학생들이 10년, 20년 이후 미래에 잘 적응할 수 있는 역량을 길러주는 교육 방향을 설정할 필요가 있다. 즉, 기존의 선다형 평가 위주의 교육 방법, 단순 암기식 수업 형태, 정답 위주의 입시 체제 등은 미래에 존재하지도 않을 지식을 가르치기 위해 오히려 '시간과 노력의 낭비'라는 결과만 초래할 수 있기 때문에, 4차 산업혁명 시대에 필요한 미래교육의 패러다임을 전환할 필요가 있다. 이에 우리나라 교육부에서는 4차 산업혁명 시대의 미래를 전망하고 현재 우리나라 현실을 감안하여 미래교육의 방향에 관하여 유연화, 자율화, 개별화, 전문화, 인간화 등 [그림 1-4]와 같이 5가지를 제시하였다.

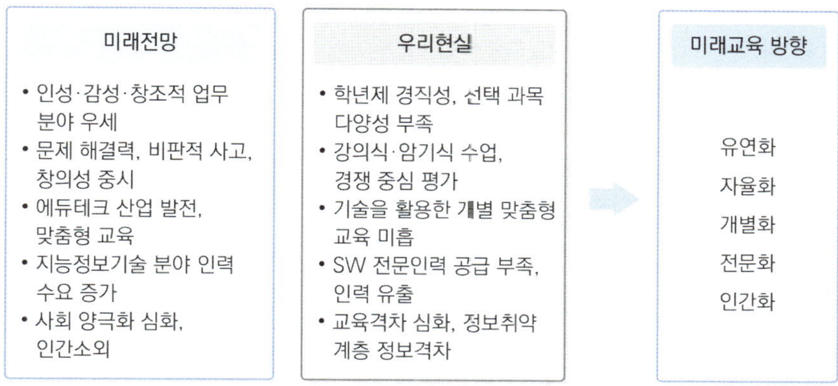

▲ [그림 1-4] 4차 산업혁명 시대의 미래교육 방향(교육부, 2016)

또한, 4차 산업혁명 시대에 적합한 미래교육의 목적을 '창의융합 인재 강국 만들기'로 제시하고 구체적인 미래교육의 방향과 추진 전략을 [그림 1-5]와 같이 발표하였다(교육부, 2016).

한편, 4차 산업혁명 시대가 도래함에 따라 불확실한 미래 변화에 빠르게 적응하여 가치 있고, 생산성 높고, 유의미한 아이디어와 산출물을 개발할 수 있는 창의 인성을 갖춘 인재상을 요구한다. 이러한 21세기 미래인재는 정보통신기술의 발달에 따라 진화하는 지식 기반 사회에 유연하고 탄력 있게 대처할 수 있는 역량이 구비되어야 한다. 따라서 이러한 인재 양성을 위해서는 기존의 표준화된 내용으로 순차적 지식 암기 및 습득을 중요시하는 기존의 교육 패러다임이 아니라, [그림 1-6]과 같이 교과 및 체험활동이 융합된 다양하고 특성화된 내용으로 창의적 사고 역량에 중점을 두는 새로운 교육 패러다임이 필요하다(계보경 외, 2106).

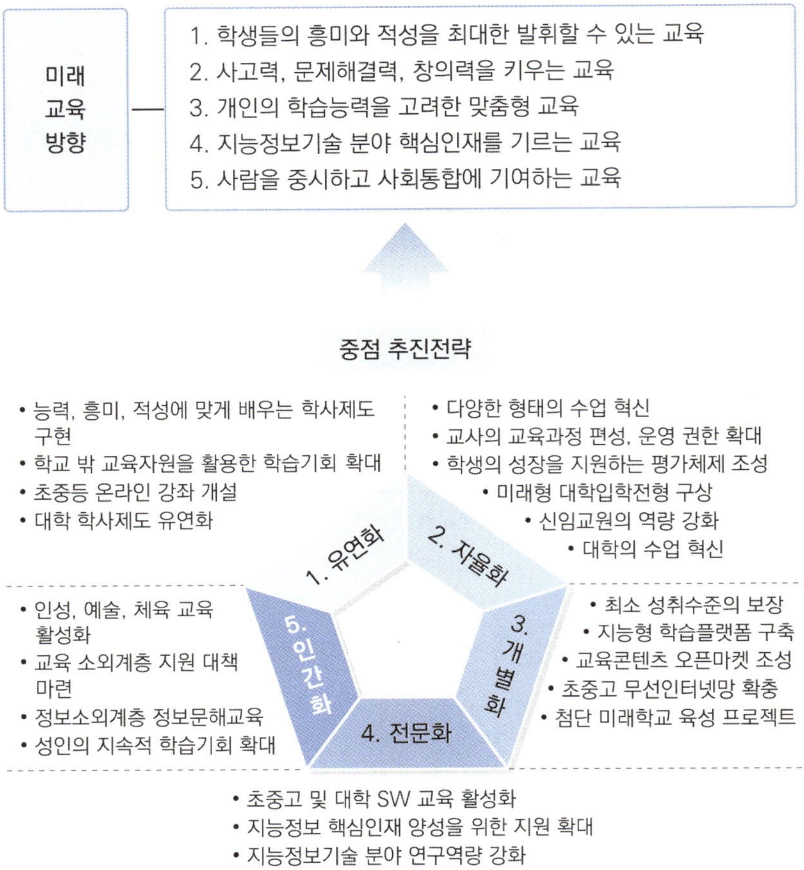

▲ [그림 1-5] 4차 산업혁명 시대의 미래교육 추진 전략(교육부, 2016)

	교육목표/내용	교육방법/매체/서비스	교수자	학습자
기존의 교육 패러다임	• 선형적·순차적·정형화·표준화된 지식 습득 • 이론 중심 내용 • 짜인 과도한 분량 • 위계적·수렴적 사고 • 암기지식 측정 중심의 평가 • 인지적 영역에 초점	• 오프라인 교육 • 강의식 수업(교수자 중심 교육방법) • 교과서(텍스트) 중심의 획일적 교육 • 면대면 상호작용	• 지식전달자	• 수동적 학생 • 외재동기 또는 내재동기 • 단선형 인간 • 학력중심 • 학습·일 분리 • 개인학습 중심
새로운 교육 패러다임	• 다차원적·비선형적·비구조화된 지식 습득 및 활용 • 현장 중심 내용(멀티태스킹) • 유연하고 수준별 적절한 분량 • 창의적·발산적 사고 • 수행 과정 및 결과에 대한 종합적 평가 • 인지적·사회적·정의적 영역 고루 포함	• 온·오프라인교육(Blended Learning) • 토론식/문제기반 수업(학습자 중심 교육방법) • 교과와 체험활동이 창의융합된 다양하고 특성화된 교육 • ICT 및 멀티미디어 기반 쌍방향 상호작용	• 지식조력자/촉진자/코치/카운셀러	• 능동적 학생 • 자기결정성동기 • 창의·융합형 인간 • 역량 중심 • 학습·일 병행 • 학습공동체

▲ [그림 1-6] 4차 산업혁명 시대 미래교육의 변화 방향

2. 인성 역량의 개념 및 구성요소

인성교육에서 길러야 할 핵심 역량은 공간적 범위의 확대에 따라 <표 1-11>과 같이 제시할 수 있다.

〈표 1-11〉 인성 핵심 역량과 지적, 도덕적, 시민적 덕성

영역	인성 핵심 역량	관련 덕성
도덕적 주체로서의 나	자기성찰 능력	지혜, 성실
	창의력	지혜, 자주
	문제 및 갈등해결 능력	지혜, 협동
	자기관리 능력	절제, 성실
	긍정적 태도	존중, 자주
우리 · 타인과의 관계	공감과 수용 능력	배려, 정의
	대화와 소통 능력	협동, 존중
	대인관계 능력	존중, 배려
사회 · 국가 · 지구 공동체와의 관계	시민적 참여 능력	책임, 정의
	다문화 시민성	정의, 배려
자연 · 초월적 존재와의 관계	자연친화 능력	배려, 책임

출처 유병열(2015). 「인성교육의 덕교육적 접근과 실천 원리에 관한 연구」. 한국초등교육, 26(1), 309.

특히, 천세영 외(2012)의 연구와 교육부(2012)의 「학교폭력근절종합대책」에서 발표된 3영역, 6역량, 6핵심 덕목의 모델을 바탕으로 하고 있다. 즉, 미래 사회의 핵심 역량으로서 요구되는 사회성과 감성 능력을 기르는 데 초점을 맞추고 여기에 실제적 삶 속에서 겪게 되는 옳고 그름에 대한 윤리적 판단 능력과 책임 있는 의사 결정을 기를 수 있는 핵심 윤리적 가치·덕목을 인성의 구성 요인으로 하였다. 이에 따라 인성을 도덕성, 사회성, 감성의 3영역으로 분류하고 3영역에 따른 6개의 역량인 핵심 가치 인식, 책임 있는 의사결정, 사회적 인식, 대인관계, 자기인식, 자기관리와 6개의 핵심 덕목인 정직, 책임, 공감, 소통, 긍정, 자율을 제시하였다(<표 1-12> 참조).

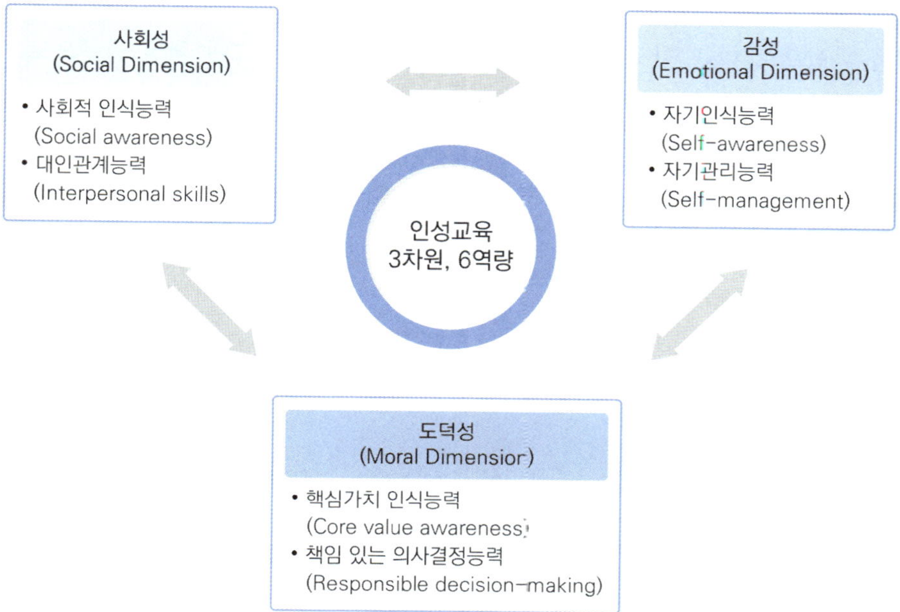

출처: 차성현(2012). 「인성교육 개념의 재구조화」, 제6회 청람교육포럼 겸 제53차 KEDI 교육정책포럼 발표자료.

▲ [그림 1-7] 인성의 3차원과 핵심역량

❙ 〈표 1-12〉 인성의 3가지 차원과 핵심 역량

차원	역량	핵심덕목	주요 내용
도덕성	• 핵심가치인식 • 책임 있는 의사결정	정직 책임	다양한 윤리적 상황에서 중요한 핵심가치가 무엇인지를 인식하고 판단하는 능력과 책임 있는 의사결정을 하는 능력
사회성	• 사회적 인식 • 대인관계	공감 소통	다양한 상황과 장소에서 타인의 생각 · 감정 · 관점을 이해 · 파악하며, 타인과 긍정적인 관계를 형성 · 유지하고 소통하는 능력
감성	• 자기인식 • 자기관리	긍정 자율	자신의 강점 · 약점 · 흥미, 능력 등을 파악하며, 개인적 목표를 설정하고 목표달성을 위해 자신의 생각과 행동을 조절 · 실행하는 능력

교육부에서는 2013년 8월에 교육기본법, 국가 교육과정 등에 제시된 주요 인성을 바탕으로 미래 인재에게 요구되는 친사회적 인성을 7대 핵심 덕목으로 선정하고, 학생들이 이 덕목들을 학교급별로 학년 수준에 맞게 체계적으로 갖출 수 있도록 종합적인 인성교육을 추진하였다. 당시 교육부에서 제시한 기본 인성 덕목은 정직·책임·존중·배려·공감·소통·협동의 7가지이며, 이들을 도식화하면 다음과 같다(교육부, 2013: 5).

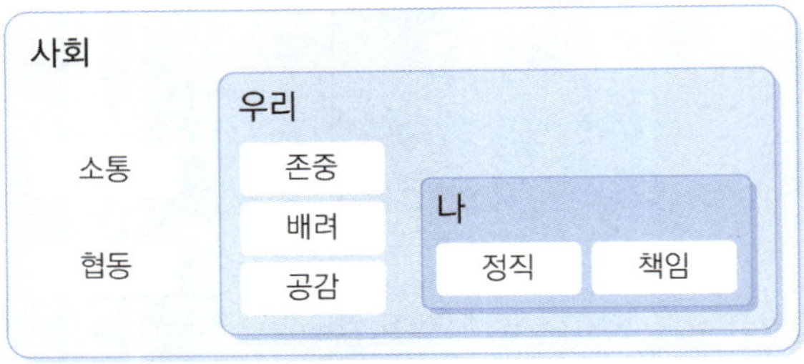

▲ [그림 1-8] 교육부 인성교육 7대 핵심덕목

이 외에도 미국 인격교육의 이론적 토대를 구축하고 실천적 지침을 제공해 온 리코나는 지혜, 정의, 불굴성, 자기통제, 사랑, 긍정적 태도, 근면, 성실, 감사, 겸손이라는 10개의 덕목을 강조하고 있으며(Lickona, 2004), 인격교육 및 인격심리학 연구자인 버코위츠(M. Berkowitz)는 자기통제, 감정이입, 사회적응, 자존감, 사회적 기술, 순종, 양심, 도덕추론, 정직, 이타심을 강조한 바 있다(Berkowitz & Grych, 2000: 55-72). 또한 미국의 대표적인 인성교육 기관인 조셉슨 연구소(Josephson Institute)[1]에서는 '6가지 주요 덕목(6 pillar virtues)'을 제시한 바 있다.

1) 조셉슨 연구소는 1980년대 초 미국 인성교육이 다시 활성화되는 초기에 설립된 서부 기반 인성교육 기관이고 학생을 위한 인성교육 기관으로서는 미국에서 가장 선도적이다.

〈표 1-13〉 조셉슨 연구소의 '6가지 주요 덕목(6 Pillars virtues)'[2)]

주요 역량	하위 덕목	포함 요소
진실성 (trustworthiness)	①정직하기 ②속이거나 훔치지 말기 ③믿을만한-약속 지키기 ④옳은 일을 할 수 있는 용기 갖기 ⑤좋은 평판 다지기 ⑥충성-가족, 친구, 국가에 대하여	용기 충성
존중 (respect)	①타인을 존중하기(황금률을 따라) ②차이를 관용하고 수용하기 ③예의를 갖추고 나쁜 말을 쓰지 말기 ④다른 사람의 감정을 고려할 것 ⑤위협하거나 때리거나 상처 입히지 말기 ⑥화냄 · 모욕 · 반대에 평화롭게 대처할 것	관용 인내
책임 (responsibility	①할 일을 할 것 ②미리 계획할 것 ③끈기 있게 해볼 것 ④항상 최선을 다할 것 ⑤자기통제 ⑥자기수양 ⑦결과를 생각하고 행동할 것 ⑧책임 있는 말과 행동 · 태도를 가질 것 ⑨좋은 모범이 될 것	인내 절제 신중함
공정성 (justice)	①규칙대로 놀기 ②차례를 지키고 공유할 것 ③열린 마음과 경청하기 ④다른 사람을 이용하지 말 것 ⑤다른 사람을 마구 비난하지 말 것 ⑥모든 사람을 공정하게 대할 것	수용성 진실성
배려 (caring)	①친절할 것 ②공감을 갖고 배려를 보여줄 것 ③감사를 표할 것 ④용서할 것 ⑤도움이 필요한 사람을 도울 것	
시민의식 (citizenship)	①학교와 지역사회의 개선을 위해 동참할 것 ②협력 ③지역 사회의 일에 참여할 것 ④사회 소식에 관심을 가지고 투표할 것 ⑤좋은 이웃이 될 것 ⑥법과 규칙을 지킬 것 ⑦권위를 존중할 것 ⑧환경을 보호할 것 ⑨ 자원봉사를 할 것	자연사랑

한편, 인성교육의 덕목을 개인적 차원과 관계적 차원으로 구분해 보면 <표 1-14>와 같이 정리할 수 있다.

2) 한국교육과정평가원(2011), 『교과교육과 창의적 체험활동을 통한 인성교육 활성화 방안』, 26쪽에서 재인용.

〈표 1-14〉 인성의 차원 및 덕목

차원	덕목	정의
개인적 차원	지혜	어떤 상황에서 취해야 할 것이 무엇이고, 버려야 할 것이 무엇인지를 분별하는 것
	용기	자신이 옳다고 믿는 것을 지지하고 옹호할 수 있는 능력과 의지
	성실	거짓됨이 없이 자기가 하는 일에 정성을 다하는 자세
	절제	스스로의 욕구 감정 등을 잘 통제하고 다스리는 것
관계적 차원 (타인 · 공동체 · 자연과의 관계 차원)	효도	인(仁)을 행하는 근본이 되는 것으로서 부모의 은혜에 감사하고 이에 보답하고자 하는 것
	예절	사람이 만든 질서에 따라 나와 남을 구분하고 그 구분에 따라 알맞게 표현하는 것
	존중	정중하고 사려 깊은 방식으로 다른 사람들을 대함으로써 그들이 존엄성을 가진 가치 있는 존재라는 것을 보여주는 것
	배려	다른 사람의 행복이나 복지 등에 관심을 가지면서 그들의 필요나 요구에 민감하게 반응을 보이는 것
	책임	공동선의 실현을 위해 각 구성원들에게 부여된 역할과 의무를 충실히 이행하는 것
	협동	사회의 공동선(common good)을 창출하고 증진하기 위해 구성원들이 힘과 뜻을 모아 노력하는 것
	준법	기본 생활규칙과 공중도덕, 법, 그리고 기타의 사회적 약속과 의무 등을 준수하고 실천하는 방향
	정의	각자에게 그의 정당한 몫을 주고자 하는 항상적이고 영속적인 의지

또한, 정창우(2015)는 인성 개념을 '개인적 차원'과 '관계 차원'에서의 인간다운 성품과 역량 개념으로 이해하고, 인성교육은 이러한 성품과 역량을 지니고 살아갈 수 있도록 도와주는 일로 규정하였다. 이를 바탕으로 선정한 핵심 인성 역량은 다음과 같다.

〈표 1-15〉 인성교육을 위한 핵심 인성역량

차원		덕목	정의
개인적 차원		도덕적 문제해결능력	어떤 문제를 윤리적 관점에서 합당하게 해결하는 능력(도덕적 의사결정능력, 도덕적 상상력 및 추론 능력 포함)
		긍정적 태도	삶에 대해 낙관적이고 긍정적인 관점을 지니고, 난관에 직면했을 때 꿋꿋하게 되튀어 오르는 능력(회복탄력성 포함)
		도덕적 자기관리능력	자신에 대한 참된 이해를 바탕으로 바람직한 자아정체성을 형성하고, 자신의 행동과 정서를 도덕적으로 관리하고 개발하는 능력
		도덕적 자기성찰능력	자신이 행한 경험적 사실을 도덕적 관점에서 반추하면서 어떻게 살아갈 것인가에 대해 사색하는 능력
관계 차원	타인과의 관계 영역	도덕적 의사소통능력	다른 사람의 입장을 경청하고 그들과 합리적으로 소통하며 균형 잡힌 관점과 이해를 공유할 수 있는 능력
		도덕적 대인관계능력	다른 사람을 존중·배려하고, 갈등을 관리하며, 다른 사람과 도덕적으로 원만한 관계를 유지하고 협력하는 능력
	공동체와의 관계 영역	공동체의식	자신의 역할과 행동에 책임을 지며, 인권을 존중하고 법을 준수하는 바람직한 공동체의 실현에 참여하고 공헌하는 능력
		다문화·세계시민의식	세계화·다문화 사회에서 문화적 다양성을 존중하고 바람직한 국가 정체성을 형성하며, 지구적 문제 해결을 위해 참여하고 실천하는 능력
	자연과의 관계 영역	환경윤리의식	인간과 자연과의 관계를 올바로 이해하고, 생태의식과 환경에 대한 규범적인 노력을 토대로 인간과 자연의 건강한 미래를 설계하는 능력

출처: 정창우(2015), 『인성교육의 이해와 실천』, 교육과학사. p. 126

우리나라에서는 역량을 창의력, 문제해결력, 의사소통능력, 정보처리능력, 대인관계능력, 자기관리능력, 시민의식, 다문화이해능력, 신체적 건강·체력, 진로 관련 능력의 10개로 구분하고 있는데, 핵심역량과 관련지어 최종적으로 확정된 기본 인성덕목을 제시하면 다음과 같다(박창언 외, 2013).

❙〈표 1-16〉 핵심 역량과 기본 인성덕목

<table>
<tr><th>차원</th><th>역 량</th><th>기본 인성덕목</th><th>주요내용</th><th>하위 요소 예시</th></tr>
<tr><td rowspan="6">개인</td><td>핵심가치 인식</td><td>①정직</td><td rowspan="2">다양하고 복잡한 상황에서 핵심가치가 무엇인지를 인식하고 판단하는 능력, 이러한 판단에 따른 책임과 의무를 결정하고 실천하는 능력</td><td>공정한 판단, 절약하는 생활, 성실한 생활, 권리와 의무 · 책임, 올바른 마음, 양심, 용기, 의지, 정의감 등</td></tr>
<tr><td>책임 있는 의사결정</td><td>②책임</td><td>약속/규칙, 차례, 정숙, 안전, 책임감, 절제심, 준법정신, 인내, 성실, 의지 등</td></tr>
<tr><td>자기인식</td><td>③긍정</td><td rowspan="2">자신의 과거 · 현재 · 미래의 모습에 대한 비판적 성찰을 통하여 자신의 특성을 파악하고 긍정적인 자아상을 도출하는 능력, 자신이 설정한 목표 달성을 위하여 자신의 생각과 행동을 조절하고 실행하는 능력</td><td>열정, 자부심, 자기존중, 자기표현, 자발성, 자신감, 자아수용, 자위, 자율, 자조, 자존심, 자주 등</td></tr>
<tr><td>자기관리</td><td>④자율</td><td>성실, 인내, 자기통제, 절약정신, 절제심, 정리정돈, 청결, 일관성, 근면, 단정, 의지, 시간계획, 과업계획 등</td></tr>
<tr><td rowspan="2">문화적 소양</td><td>⑤예절</td><td rowspan="2">우리의 예법과 공동체에 대한 이해 능력, 타문화 집단에 대한 지식과 이해를 기반으로 다원적 가치를 존중하는 능력</td><td>감사, 인사, 공중도덕, 단정/애교, 애향, 애국, 평화, 통일, 독도교육, 국토순례, 의식행사, 정체성 확립활동. 공동체 의식, 연대, 예의범절, 우애, 우정, 의리, 연민, 이타심, 자비심, 자선, 자애, 조화, 허용 등</td></tr>
<tr><td>⑥존중</td><td>이질성 · 다양성 가치, 타문화에 대한 지식과 이해, 상이성에 대한 존중, 다원화적 가치 지향성, 인류애, 인도, 관용, 박애, 허용 등</td></tr>
</table>

차원	역 량	기본 인성덕목	주요내용	하위 요소 예시
사회	사회적 인식	⑦공감	다양한 상황에서 타인의 관점과 감정을 이해 · 파악하고, 타인과 긍정적인 관계를 유지하고 소통하는 능력, 그리고 공동의 문제를 위하여 합력할 수 있는 능력	불우이웃 돕기, 일손돕기, 나눔, 봉사, 반성과 마무리, 용서, 공감, 공정, 봉사정신, 선의, 연민, 연대, 이타심, 인도, 자비심, 자선, 자애, 참여, 평등의식 등
	대인관계	⑧소통		적응, 사제동행, 서로 돕는 생활, 문화 간 어울림(다문화 교육), 장애이해, 자기이해, 국제이해, 민주시민, 역할활동, 여가활용 교육, 자살예방, 학교폭력예방, 유괴방지, 안전예방교육, 타인권리침해 예방교육, 편견극복, 정보통신 윤리교육, 재난 및 재해 예방, 난민구호, 인권보호, 성교육 등
	민주시민 의식	⑨시민의식	애국심을 기반으로 하면서도, 폐쇄적인 극수주의를 극복하고 인류공통의 문제해결에 협력할 수 있는 세계시민적 사고 능력	권위의 존중과 수용, 평등, 양심, 표현의 자유, 정의의 자유, 관용/애국심, 용기, 충성, 애국심, 애향심 등
		⑩공존		청결, 정리정돈, 자연보호, 위생, 저탄소 생활습관, 녹생성장, 분리수거, 문화재 보호활동. 난민구호, 인권보호, 환경보전의식, 박애, 인도, 인류애, 시민성, 공정, 관용 등

[그림 1-9]에서 위쪽은 개인적 차원과 사회적 차원을 나타내고, 왼쪽은 핵심역량을 나타내는 것이다. 그리고 아래쪽은 기본 인성덕목을 나타내고 있다(박창언 외, 2013). 이와 같은 3차원 모형은 기본 인성덕목과 개인적 차원 및 사회적 차원, 그리고 핵심역량과의 관계를 이해하는 데 도움이 된다.

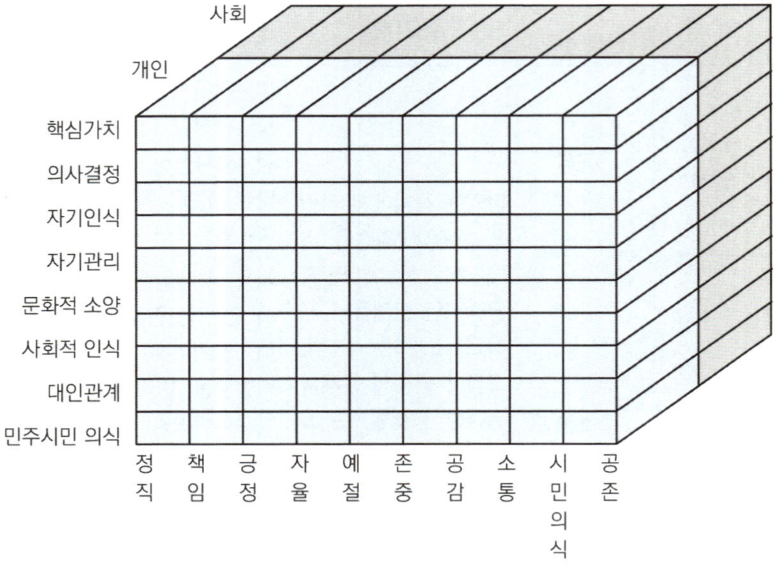

▲ [그림 1-9] 기본 인성덕목과 그 차원 및 핵심역량의 관계

제2부

인성 역량 향상을 위한 스토리텔링 교육의 실제

4장 스토리텔링으로 이해하는 '나':
자아 존중감 강화전략

5장 스토리텔링으로 이해하는 '너':
관계 형성 강화전략

6장 스토리텔링으로 이해하는 '우리':
사회성 강화전략

미래교육에 필요한 인성 역량 향상을 위한
스토리텔링의 이론과 실제

4장 스토리텔링으로 발견하는 '나' : 자아 존중감 강화전략

'왜 꼬라보고 지x이야.'

'내가 만만하냐.'

'니 아xx x지기 전에 작작해라.'

조폭 영화의 대사가 아니다. 감정이 극대화되어 원색적인 말로 물들어진 중학교 교실 풍경이다. 교무실에 앉아 있다 보면 복도에서 들려오는 소리가 심상치 않을 때가 많다. 혹시 싸우는 것은 아닐까 하고 빛의 속도로 밖을 살펴보면 장난치면서 걸어가는 아이들의 뒷모습을 보게 되는 경우가 많다.

왜 이렇게 욕설과 비속어의 사용이 많아졌을까? 청소년의 67%가 욕이나 비속어를 일상적으로 사용한다는 국립국어원 연구보고서가 있다.[3] 인터넷과 스마트폰이 일상화되면서 온라인상에서 자신을 숨긴 채 감정을 여과 없이 표출하는 순간이 잦아졌기 때문일 것이다. 이러한 자극적인 언어는 뇌 기능에 영향을 줄 수 있다는 점에서 심각하게 생각해 보아야 할 문제이다. 욕설을 들었을 때 반응하는 뇌는 변연계로, 인간의 본성과 감정에 관여하는 '감정의 뇌'에 해당된다. 이 부위가 지속적으로 부정적인 자극을 받으면 스트레스가 누적되어 폭력적이고 공격적인 성격으로 변할 수 있다.[4] 이런 점에서 자아개념 형성기의 청소년들에게 무분별하게 사용되는 자극적 언어는 정서적 고통과 정신 건강에 악영향을 미칠 수밖에 없다.

특히 놀라운 점은 낮은 자존감, 부정적 사고, 우울감, 무기력 등의 모습을 보

3) 김대희 외(2019). 「청소년의 언어문화 개선을 위한 연구 개발」. 국립국어원.

4) 그림책사랑교사모임(2019). 「그림책 학급운영」. 교육과실천.

이는 학생들이 자신들의 열등감을 감추기 위해 더 많은 욕설을 사용한다는 것이다. 이런 아이들의 공통점은 부모나 친구에게 관심과 인정을 받고자 하는 욕구는 높은 데 반해 능력이 부족하여 주변의 무관심과 부정적인 반응으로 점점 자신감이 떨어져서 나타나는 특징을 갖고 있다. 이는 청소년 시기에 형성되어야 할 긍정적 자아개념이 형성되지 못한다는 말이기도 하다.

의사소통 능력은 자기 자신에 대한 지각과 평가로 자아개념을 어떻게 형성시켜 왔느냐에 따라 달라진다.[5] 자아개념의 하위개념인 자아 존중감은 자신에 대해 긍정적으로 생각하는 것인데, 이 자아 존중감이 높은 사람은 자신을 긍정적으로 평가하기 때문에 자신감이 높고 어디서나 에너지가 넘친다. 그러나 자아 존중감이 낮은 사람은 자신을 보잘 것 없는 사람으로 생각하며 열등감, 공격성, 우울감, 소외감과 같은 부정적 정서를 나타낸다. 그러한 정서가 언어의 사용에도 영향을 미치게 되는 것이다.

타인과의 공감적 소통을 위해서는 욕설이나 비속어가 아닌 순화된 언어의 사용이 필요하다. 이를 위해 자신을 이해하고 소중히 여기며, 존중하는 마음을 키우는 자기 치유에서부터 교육은 시작되어야 한다. 자신을 먼저 이해하고 사랑할 수 있어야 타인을 이해하고 공감하는 마음의 여유가 형성되기 때문이다. 자기성찰을 통한 자존감이 형성되었을 때 비로소 배려 깊은 언어의 선별적 사용이 가능하리라 생각된다. 이런점에서 자존감이 낮고 자신에 대한 이해가 부족한 학생들이 스토리텔링을 활용한 '나를 발견'하는 수업이 필요한 이유이다.

4장에서는 인성교육의 첫 번째 전략으로서 스토리텔링을 활용한 자아 존중감 강화전략 프로그램을 소개하고자 한다. 이 수업에서 활용되는 스토리텔링은 자기와 대면하게 하여 온전히 자신에게 몰입할 수 있도록 하는 역할을 한다. 본 수업에서의 자아 존중감은 공동체 속에서 개인이 스스로 어떻게 생각하느냐의 문제이며, 자기 자신을 소중하게 여기는 정도와, 자신을 가치 있는 사람으로 생각하는 정도를 의미한다. 따라서 자아 존중감 강화전력으로서 스토리텔링은 소통과 공감의 통로를 통해 학생 스스로 자기를 정확히 이해하고 가치를 발견하여, 올바른 진로를 선택하도록 하는 데 목적을 둔다. 다음은 수업내용으로 <표

---

5) 박인기 외(2012). 「학생 언어문화 개선을 통한 인성교육 강화 방안 연구」. 한국교육정책연구소.

2－1>과 같다. 이 수업과정은 학사일정에 맞게 학생들의 스토리텔링을 바탕으로 구성된 것으로 창·체의 자치시간이나 교과, 진로시간에 활용하면 좋을 것으로 생각된다.

〈표 2-1〉 자아 존중감 증진 프로그램 흐름도

인성 전략	단계	인성 수업 주제	수업내용	스토리텔링 방법[6]
1. 자아 존중감 강화 전략	1-1. 약속 정하기	1-1-1. 나와의 약속 정하기	• '발레리나 강수진의 발' 사진을 이용한 교사의 스토리텔링 • 명화를 활용한 학생의 스토리텔링 • 수업시간에 지켜야 할 약속 스스로 생각하기 • 명화 스토리텔링과 나와의 약속 작성 • 최선을 다해 약속을 지킬 것을 다짐하며 손도장으로 사인	지각 ↓ 인지 ↓ 공감 ↓ 표현 ↓ 실천
		1-1-2. 학급 약속 정하기	• 그림책으로 덕목에 대한 다양한 스토리텔링 • '행복가치 카드'를 이용해 행복한 학급에 필요한 덕목 함께 나누기 • 창문토의방법과 칠판나누기를 통한 행복한 학급약속 의견 모으기 • 모둠별 학급약속 표현하기 • 게시판에 게시 후 실천하기	지각 ↓ 인지 ↓ 공감 ↓ 표현 ↓ 실천

6) 본 저서에서 활용되는 스토리텔링 방법은 지각, 인지, 공감, 표현, 실천의 과정을 거친다. 첫 번째 '지각'은 '눈으로 보기' 단계로 자신의 감정을 솔직히 드러내어 자신을 바라보는 스토리텔링을 위한 첫 발걸음이다. '인지'는 '머리로 보기' 단계로 실질적으로 학생들의 스토리텔링이 시작되는 시점이다. 눈으로 시각 이미지를 관찰한 후, 내용적 요소를 파악하는 것으로 무엇이 표현되어 있는지를 인지하는 단계를 말한다. '머리로 보기' 단계는 '눈으로 보기'에서 감각적으로 인식했던 것을 자신이 생활하면서 겪었던 경험, 느낌, 감정을 나타낼 수 있도록 하는 가교역할을 한다. 다음으로 '공감' 단계는 '가슴으로 보기'로 학생의 감정, 정서, 태도 등을 공감하여 이야기하는 단계로 정서적인 부분이다. 이 과정에서 학습자들의 인식, 사고

인성 전략	단계	인성 수업 주제	수업내용	스토리텔링 방법[6]
	1-2. '나' 소개 하기	1-2-1. 사물에 말 걸기	• '연필의 고백' 영상 활용한 사물과 공감하기 • 사물을 통한 교사 스토리텔링 • 사물의 형 · 색 · 쓰임새를 고려한 물건 선택 • 사물에 일상적인 말 걸기(학생 스토리텔링): 사물에 의미를 부여하며 대화 • 사물과의 대화를 친구와 공유 • 주변 사물과 자신의 성격 연관 짓기 • 글과 그림으로 표현 • 모둠별 롤링페이퍼 활동: 서로 닮은 물건을 찾아 표현 • 자기소개 발표하기	지각 ↓ 인지 ↓ 공감 ↓ 표현 ↓ 실천
		1-2-2. '나' 사용 설명서	• 실생활 속 픽토그램으로 교사 스토리텔링 • 픽토그램의 의미 알기 • 다양한 픽토그램을 이용한 학생 스토리텔링 • 색 · 형에 따른 픽토그램 의미 알기 • 멀티플로우 비주얼싱킹으로 감정의 원인과 결과에 대한 원인 찾기 • 나에 대한 자료탐색 • 나를 표현할 픽토그램 아이디어 스케치 • 동료 간 피드백 • 수정 · 보완된 픽토그램 디자인 • 배지 제작하여 착용	지각 ↓ 인지 ↓ 공감 ↓ 표현 ↓ 실천
	1-3. '나' 발견 하기	1-3-1. 일상 속 나	• 교사의 아침 풍경 스토리텔링 • 눈을 감고 나의 하루 일상을 생각 • 나의 일과 중 가장 의미 있고 소중한 부분, 미래의 모습을 생각하며 글과 그림으로 표현(학생 스토리텔링) • 친구들과 공유	지각 ↓ 인지 ↓ 공감 ↓ 표현

가치관의 형성 및 변화가 있는 단계이다. '표현'은 실질적인 행동으로 나타나는 단계로 서로에게 공감할 수 있는 주제를 선택하여 자신뿐 아닌 다른 학습자에게도 의미 있는 작품 활동 과정이다. 마지막으로 '실천'은 학습자의 주변 상황을 지각하고 문제를 인지하여 자신과 타

인성 전략	단계	인성 수업 주제	수업내용	스토리텔링 방법[6]
		1-3-2. 나의 가치 발견	• 행복가치 카드를 활용한 학생 스토리텔링 • 나에게 중요한 가치발견 • 만다라트 기법을 통하 행복한 삶을 위한 목표세우기	지각 ↓ 인지 ↓ 공감
		1-3-3. 미래의 내 모습 발견	• 직업멘토 카드를 이용한 진로 마인드맵 작성하기 • 나에게 맞는 직업 탐색 • 젠탱클 방법을 활용한 직업의 시각화하기 • 친구들과 공유하기	인지 ↓ 공감 ↓ 표현
		1-3-4. 나에게 보내는 편지	• 음악을 들으며 학생 스토리텔링 • 학생에 '내가 소중한 존재'임을 인지 • '나에게 보내는 편지' 작성하기 • 교실 밖으로 나가 자신이 작성한 글과 자연과 조화롭게 사진찍기 • 핸드폰 화면에 저장하여 매일 자기 암시하기	인지 ↓ 공감 ↓ 표현 ↓ 실천

인의 감정에 공감하는 마음이 생활화되는 단계이다. '스토리텔링'을 활용한 수업이 진행되는 동안 형성된 타인에 대한 공감 능력이 언어적으로 또는 비언어적으로 생활 속에서 실천하는 것이다(이지영, 2018).

1-1 약속 정하기

새 학년이 시작되면 빛깔 있는 학급운영을 위한 급훈, 운영방안 등에 대한 질문들이 메시지 창에 가득하다. 그러면 담임교사는 아이들과의 원활한 한해살이를 위해 어떤 방식으로 학급을 이끌어갈지에 대한 고민이 많아진다. 교사들 사이에서는 '3월만 잘 견뎌내면 그 다음은 수월하다'라고 할 정도로 3월은 가장 바쁜 시기이다. 그러다 보면 교사들은 학급 자치시간을 활용하여 자신이 중요하게 생각한 가치를 바탕으로 학급 규칙을 미리 정해두고 아이들에게 일방적으로 전달하는 경우가 많다. 아마도 대부분의 교사들이 그럴 것이다. 과연 학생 주도하에 정하지 않은 학급 규칙이 잘 지켜질까? 처음에는 잘 지켜질지 모른다. 하지만 시간이 지날수록 흐지부지해져 교사가 아무리 잔소리를 하더라도 아이들 귀에 공허하게 맴도는 소리에 불과함을 알 것이다.

학교생활의 첫 단추, 학급 규칙을 어떻게 만드는 것이 좋을까? 교사의 일방적인 생각으로 정해서도 안될 것이고, 마냥 학생들의 자율에 맡겨두는 것도 안될 것이다. 매년 학교는 새로운 학기가 시작되기 전 교육공동체가 모여 작년의 교육활동에 대한 반성과 개선방안에 대해 논의하고 올해의 학교 비전에 대해 고심하는 시간을 갖는다. 이렇게 공동체 협의에 의해 정해진 학교 비전 및 목표아래 교사가 생각하는 가치를 큰 틀로 만들고 그에 따른 구체적인 규칙을 아이들이 스스로 생각하고 토의를 거쳐 만들 수 있도록 해야 한다.

모든 학생의 합의로 만들어진 학급 규칙은 자신뿐 아니라 학급구성원 모두의 약속이 된다. 개개인이 책임의식을 갖도록 하는 것이다. 책임은 사회적 규약에 따라 행동하게 하는 것으로 이러한 사회적 약속을 이행하지 않았을 때 불이익을 기꺼이 받아들여야 함에 대한 지각[7])으로써 공동체를 유지하기 위한 하나의 약속인 것이다.

하나하나의 책임감이 모인 규칙은 학생들의 지키고자 하는 의지로 나타나게 되고, 이를 통해 잘못된 행동에 대해서는 서로 고쳐주는 적극성이 보이게 된다.

7) 네이버 지식백과.

더구나 학생들과 함께 만든 규칙을 실천하는 과정에서 변화하는 아이들 모습을 지켜보는 것 자체가 의미 있을 것이다.

그런 점에서 학년의 시작, 수업의 시작을 약속 정하기로 하는 것이 어떨까 생각한다. 좁게는 수업 약속을, 넓게는 학급의 규칙 정하기는 학생의 바람직한 행동·습관 형성에 도움이 될 것이다. 충분한 시간을 갖고 자신만의 규칙, 학급의 규칙을 만들고 지킬 수 있도록 돕는다면 학생 스스로 책임의식을 느끼며, 자율적으로 지키기 위해 노력하는 태도가 형성될 것이다. 학생들의 이러한 마음가짐 자체가 중요하다.

자아 존중감 강화전략으로 첫 번째 방법인 자기 스스로가 책임의식을 가질 수 있는 '약속 정하기' 수업을 소개하고자 한다. 전체 수업의 흐름도는 다음과 같다.

차시	인성학습주제	학습활동
1-2차시	나와의 약속정하기 -미술 에세이	• 이미지로 공감 대화 나누기 • 나와의 약속 표현하기 • 약속 다짐하기
3차시	행복한 학급을 위해 필요한 것은 무엇일까?	• 그림책 '쿠키, 한입의 인생수업' 읽으며 덕목에 대한 다양한 경험과 생각 나누기 • 행복한 학급을 위해 필요한 덕목 함께 나누기
4-5차시	행복한 학급 약속 만들기	• 학급에 필요한 규칙에 대해 토의·토론으로 생각 모으기 • 학급 규칙 만들어 실천하기

1-1-1. 나와의 약속 정하기

1-2차시 미술에세이

'미술에세이'는 명화 속에 담긴 이야기를 스토리텔링하고, 그 내용을 수업시간에 지킬 수 있는 약속과 연관시켜 표현하는 방법이다.

활동1 》 이미지로 공감 대화 나누기

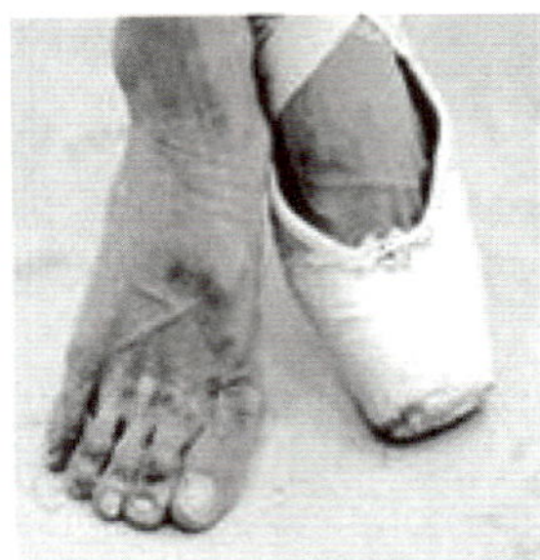

강수진의 발

'강수진의 발' 이미지를 화면에 띄우자 인상을 쓰며 '아휴'라는 탄식 섞인 반응들이 나온다. '저 발의 주인공이 누구일까?'라는 물음과 함께 이미지에 대한 교사 스토리텔링[8]이 시작된다.

교 사	화면에 보이는 발의 주인공은 누구일까요?
	(잠시 침묵)
학생A	할머니 발 같아요. 발이 늙었어요.
학생B	발레리나 강수진의 발인 거 같아요.
교 사	네, 맞아요. 우리가 잘 알고 있는 발레리나 강수진의 발이에요. 발이 어떤

8) 교사의 스토리텔링 과정에서는 교사가 스토리텔러(storyteller)로서 수업을 진행하는 안내자의 역할을 한다. 수업의 목표를 효과적으로 달성하기 위해 학생들의 사고를 깨우고 흥미를 유발할 수 있도록 하는 것이다.

가요? 일반 사람들의 발과는 사뭇 다르죠.

학생A 굉장히 아파 보여요.

학생B 징그러워요. 더러워요.

교 사 네, 선생님이 봐도 징그럽고, 왠지 아파 보이네요. 이 발의 주인공인 강수진은 중학교 1학년쯤 발레를 시작했다고 합니다. 일반적으로 무용하는 사람들에 비해 늦은 나이였죠. 그러나 누구보다 더 열심히 연습에 매진했습니다. 매일 사람들이 집으로 돌아가고 나면 어두컴컴한 연습실에 홀로 남아 토슈즈 서너 켤레가 헤지도록 연습에 매진했는데요. 그 결과 독일 슈투트가르트 발레단에 동양인 최초 최연소로 입단해 수석무용수까지 됐습니다. 그리고 현재 국립발레단 예술감독에 취임해 후학들을 가르치고 있습니다. 여러분들 어떤가요? 발이 흉측한가요?

학생B 대단한 발이네요.

교 사 네, 그래요. 흉측해 보였던 발이 강수진의 노력을 알고 나니 아름답게 느껴지죠. 이런 아름다운 발로 표현되는 발이 또 있죠? 누구의 발이 있을까요?

학생A 축구선수 박지성이요.

학생B 피겨선수 김연아요.

교 사 네, 맞아요. 평발임에도 불구하고 한 경기를 모두 뛰는 2개의 심장을 가진 박지성. 그리고 부상이 끊이지 않아 피와 땀, 눈물이 고스란히 남아있는 피겨여왕 김연아의 발이 있죠. 강수진, 박지성, 김연아의 발을 보면 꿈의 실현을 위해서는 피나는 노력과 인내가 필요함을 알수 있습니다. 여기엔 스스로의 마음가짐이 중요합니다. 그래서 오늘은 첫 수업으로 나와의 약속을 스토리텔링으로 표현해볼까 합니다.

활동2 >> 나와의 약속 표현하기

교사는 명화 네 개의 작품을 제시한다. 명화 선별의 기준은 기본적인 수업 예절이나 학생들이 고쳤으면 하는 태도, 바라는 점 등을 고려하여 이야기가 나올 수 있는 그림으로 선정한다. 제시된 명화를 이용하여 스토리텔링 후 스스로가 수업시간에 실천할 수 있는 약속을 생각하여 '나와의 약속'을 작성하도록 안내한다. 학생의 활동 전 '강수진의 발' 이미지로 작성한 교사 스토리텔링 내용을 예시로 제시한다.

이미지 스토리텔링

- 나비처럼 춤추는 발레리나의 토슈즈 속에는 뭉그러진 발톱이 숨어있다. 화려한 몸짓도 아름답지만 발톱의 희생 또한 눈물겹게 아름답다. 나의 꿈을 이루기 위해서라면 힘든 일도 참고 노력해야겠다.

나와의 약속

- 수업시간 졸거나 떠들지 않고, 최선을 다해 활동에 참여하기

두 개의 명화를 이용한 학생들의 스토리텔링 활동 과정을 제시하면 다음과 같다.

첫 번째, 인상주의 작가 에드가 드가의 「기다림」이라는 작품을 제시한다. 순간 침묵이 흐르며 학생들은 무슨 그림인지, 누구의 작품인지 궁금한 듯한 표정으로 바라본다.

드가 「기다림」

교사는 학생들이 이미지만을 보고 여기에 어떤 이야기가 있을지를 상상하도록 유도하며 활동지에 작성하도록 지도한다. 작성의 시간이 충분히 주어진 후 교사는 학생들이 그림에 집중할 수 있도록 믈음을 던진다.

교 사　이 그림 속의 인물들은 무엇을 하고 있나요? 답은 없습니다. 그림의 제목은 나중에 알려주겠습니다. 이미지만을 보고 스토리텔링해 보세요.

학생A　발레 대회에 나가 자신의 차례가 될 때까지 대기실에서 기다리고 있는 것 같아요. 그래서 자꾸 시계를 보고 있어요. 초조해 보여요. 옆에 있는 사람은 엄마구요.

학생B　저는 발레리나보다 저기 검정색을 입은 사람이 눈에 더 들어왔어요. 누군가 죽어서 장례식에 가려고 기다리는 거 같아요. 왠지 슬퍼 보여요.

학생A　느낌에 밖에는 비가 오는 것 같아요. 옆에 우산이 있잖아요. 그래서 더욱 쓸쓸해요.

교 사　이 그림은 유명한 인상주의 화가 에드가 드가의 「기다림」이라는 작품입니다. 드가는 서른여섯의 나이에 으른쪽 시력을 잃게 됩니다. 이 그림은 드가가 쉰 살에 그렸지만 그때까지도 자신의 오른쪽 눈이 뭔가를 볼 수 없다는 사실을 받아들이지 못하고 있었다고 합니다. 그래서 「기다림」이라는 작품은 드가의 눈과 같은 그림입니다. 왼쪽은 흰색 차림으로 자신의 몸을 혹사하고 있는 무용수를, 오른쪽은 검은색 차림의 무력한 중년의 여인으로 표현했습니다. 그래서 무용수는 혹사하고 있는 자신의 왼쪽 눈을, 무력한 모습의 중년의 여인은 자신의 오른쪽 눈을 표현하고 있죠. 초조하고 담담한 드가의 심리상태가 잘 드러나 있는 것 같죠?

학생A　그런 내용이 들어있었구나. 제가 이 그림을 보자마자 느꼈던 쓸쓸함이 그 이유였네요.

교 사　자 여러분들은 이 그림을 보고 어떤 이야기를 만들었나요? 그리고 어떤 약속을 결심했나요?

다음은 에드가 드가의 「기다림」 작품을 감상하고 학생들이 스토리텔링한 활동지이다.

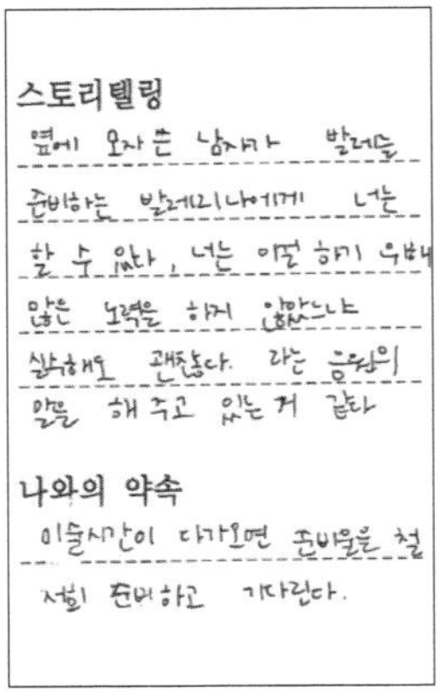
스토리텔링
옆에 오자는 남자가 발레를 준비하는 발레리나에게 너는 할 수 있다, 너는 이걸 하기 위해 많은 노력을 하지 않았느냐 실수해도 괜찮다. 라는 응원의 말을 해 주고 있는 거 같다

나와의 약속
미술시간이 다가오면 준비물을 철저히 준비하고 기다린다.

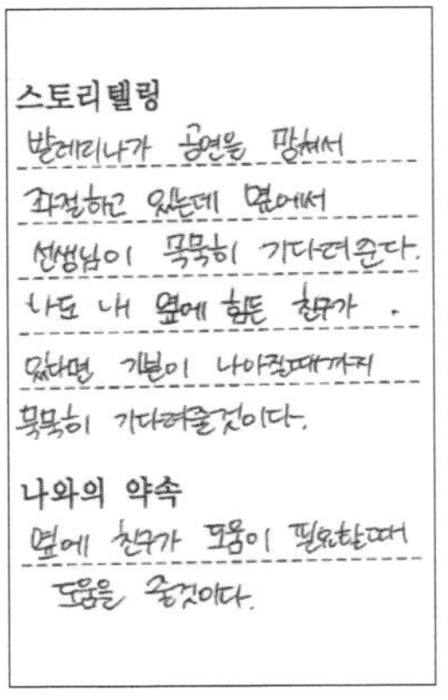
스토리텔링
발레리나가 공연을 망쳐서 좌절하고 있는데 옆에서 선생님이 묵묵히 기다려준다. 나도 내 옆에 힘든 친구가 있다면 기분이 나아질때까지 묵묵히 기다려줄것이다.

나와의 약속
옆에 친구가 도움이 필요할때 도움을 줄것이다.

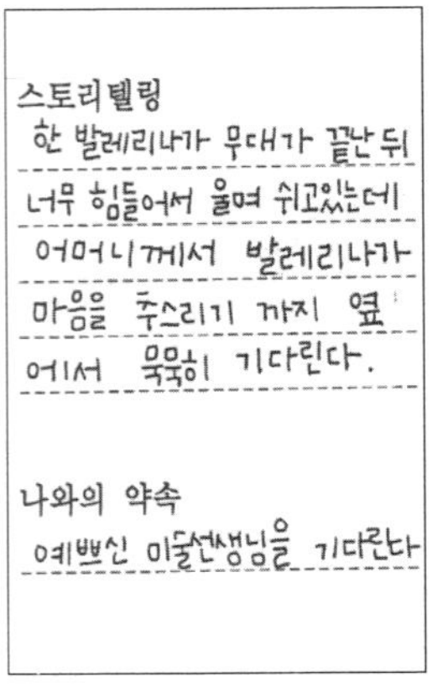
스토리텔링
한 발레리나가 무대가 끝난 뒤 너무 힘들어서 울며 쉬고있는데 어머니께서 발레리나가 마음을 추스리기 까지 옆에서 묵묵히 기다린다.

나와의 약속
예쁘신 미술선생님을 기다린다

두 번째 작품으로 야수파의 대표적인 작가 앙리 마티스 「춤」을 제시한다.

마티스 「춤」

화면에 그림이 띄워지자마자 여기저기서 웃는 소리가 난다. '저게 뭐야.', '옷을 벗고 있네.'라며 부끄러운지 얼굴을 가리거나 돌리는 학생들도 보인다. 요란한 반응 속에 교사는 학생들이 그림에 집중할 수 있도록 물음을 던진다.

교 사　　이 그림 속의 인물들은 무엇을 하고 있나요?

학생A　　잔디밭에서 강강수월래를 하고 있는 거 같아요.

학생B　　옷을 홀딱 벗고 손을 잡고 '둥글게 둥글게' 노래를 부르며 춤을 추고 있어요.

교 사　　왜 이렇게 손을 잡고 춤추고 있을까?

학생A　　무슨 좋은 일이 있나 봐요. 마을에 축제가 있는 건가? 그래서 마을 사람들이 함께 축제를 즐기는 거 같다요. 그런데 왜 옷을 벗고 있지? 원시인인가?

학생B　　(웃음) 정말 원시인 같아요.

교 사　　네, 맞아요. 앙리 마티스는 원시적인 느낌으로 그림을 그린 대표적인 작가이기도 해요. 더구나 「춤」은 음악에 취해 홀을 누비며 열정적으로 춤을 추고 있는 무희들의 모습을 보고 그렸다고 합니다. 관객들 사이에서 그들의 호응을 이끌기 위해 서로 손을 마주 잡고 춤추는 모습이었다고 해요. 여기에 원시적인 느낌의 형과 색이 더해지니 더욱 흥겨움이 느껴지죠. 여러분에게까지 그 느낌이 전달되었나요?

앙리 마티스의 「춤」을 감상하고 학생들이 스토리텔링한 내용은 다음과 같다.

이미지 스토리텔링

- 기쁜 일이 있는지 다 같이 기뻐 춤을 추고 있다.
- 마을에 좋은 일이 생겨서 주민들이 신이 나 함께 춤을 추며 재미있게 보내고 있다.
- 기쁜 일이 있을 때면 다 같이 축하해주면 더욱 즐겁다. 그래서 축하해주기 위해 모여 춤을 추고 있다.

나와의 약속

- 항상 친구들과 함께 즐겁게 할 것이다.
- 친구들과 즐겁고 재미있게 수업 시간을 보낼 것이다.
- 모둠 활동 시 친구들과 협동하여 수업에 참여할 것이다.

학생의 스토리텔링을 살펴보면 같은 그림을 보지만 느낀 생각은 각자 다르다는 것을 알 수 있다. 그러나 교사가 이 작품을 선택한 의도는 충분히 학생들에게 전달된 듯하다. 「기다림」을 통해 정한 약속은 수업을 열심히 준비해오시는 선생님을 기쁜 마음으로 기다리겠다는 것과 「춤」을 통해 친구들과 함께 즐겁게 수업에 임하겠다는 약속이다. 나 자신이 아니라 주변 사람에 대한 이해와 배려의 마음을 가지겠다는 표현인 것이다. 더구나 자신이 최대한 실천할 수 있는 약속을 고민하며 글로 시각화했다는 점에서 교사 입장에서는 충분한 결과이다.

「기다림」과 「춤」 외에도 본 저자는 미술 교사로서 아이들이 열정을 가지고 최선의 노력을 하기를 바라는 마음으로 이중섭의 「황소」를, 사물을 새로운 시각으로 바라보기를 기대하며 마르셀 뒤샹의 「샘」이라는 작품을 소개하였다. 이 또한 다양한 스토리텔링이 이루어졌으며 교사의 의도대로 약속을 작성하는 아이들의 모습을 발견할 수 있었다.

활동3 >> **약속 다짐하기**

활동지 작성이 끝나고 나면 나와의 약속을 큰소리로 읽도록 안내한다. 그리고 교탁으로 나와 자신이 작성한 활동지에 손도장을 찍는 의식을 갖는다.

실천을 약속하며 손도장을 찍는 학생

이 과정에서 '왜 이렇게 해요?', '선생님 저 못 믿으세요?', '이러시면 조금 부담스러운데….'라고 말하는 학생들로 한동안 교실이 소란스러워진다. 그러나 손도장을 찍는 이 과정이 싫지만은 않은지 웃는 얼굴을 하고 있다. 교사는 손도장을 찍는 아이들에게 다시 한번 다짐을 받는다. 학생들은 즐거운 듯 '네, 열심히 노력하겠습니다.'로 수업시간 마음가짐을 약속한다. 이 활동은 다시 한번 약속에 대한 책임감을 내면화시켜줌으로써 자신의 의지를 굳건하게 하는 효과가 있다.

다음은 학생의 '미술 에세이' 활동지 내용이다.

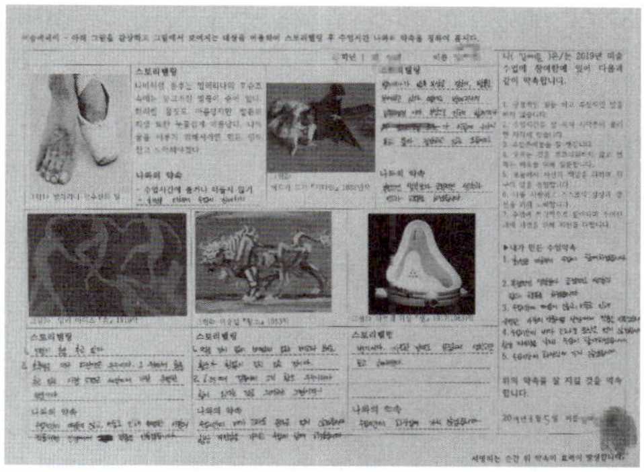

- 부정적인 생각보다 긍정적인 생각으로 말과 행동을 하겠습니다.
- 친구들과 함께 열심히 하겠습니다.
- 항상 자신감을 가지고 참여하겠습니다.
- 수업시간 화장실을 가지 않겠습니다.

이 외에 학생들의 약속으로는 다음과 같다.

학생A

- 아무리 수업이 듣기 싫어도 묵묵히 열심히 듣겠습니다.
- 수업에 즐겁게 참여하겠습니다.
- 수업시간에 몰래 과자를 먹지 않겠습니다.
- 편견을 갖지 않겠습니다.

학생B

- 친구와 의견이 달라 싸워도 친구가 진정될 때까지 기다려 주겠습니다.
- 친구들과 함께 즐겁게 하겠습니다.
- 항상 성숙한 생각을 하겠습니다.
- 창의적으로 생각하겠습니다.

교사는 이 활동지를 작성한 학생의 얼굴을 넣어 학급 뒷편에 부착하였다. 이는 학생이 매일 확인하며, 약속한 내용을 기억하고 꾸준히 지킬 수 있도록 격려와 지지를 하기 위함이다. 다음은 '나와의 약속'을 시각화해 학급 게시판에 붙여 놓은 모습으로 아이들은 매일 확인하며 실천의 노력을 할 것이다.

'나와의 약속'에서 인성학습을 위한 첫 번째 주제인 미술 에세이는 명화를 감상하며 작품에서 보이는 내용을 자신만의 이야기로 스토리텔링한다는 점에서 상상력을 자극하고, 과거와 현재 그리고 미래의 기억과 경험으로 내재된 자신의 감정을 솔직히 표출하는 효과가 있다. 이는 자신도 모르게 내재되어 있는 생각과 감정을 이해하는 발판이 되어 타인의 생각과 감정을 공유하는 공감력 향상에 영향을 준다. 여기에 나와의 약속이라는 활동을 더하면서 자신의 학교생활을 되돌아보고 스스로 책임감을 부여함으로써 약속의 중요성을 인식하도록 하는 것이다.

자신의 약속을 정할 수 있도록 작성하는 활동지는 다음과 같다.

활동지 예시

나와의 약속

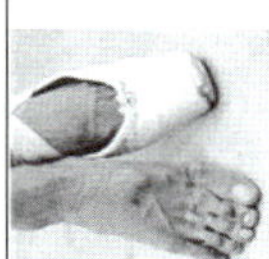

그림1> (   )의 발

♡스토리텔링

나비처럼 춤추는 발레리나의 토슈즈 속에는 뭉그러진 발톱이 숨어 있다. 화려한 몸짓도 아름답지만 발톱의 희생 또한 눈물겹게 아름답다. 나의 꿈을 이루기 위해서라면 힘든 일도 참고 노력해야겠다.

☆나와의 약속

- 수업시간에 졸거나 떠들지 않기

그림2> 에드가 드가 『기다림』 1882년작

♡스토리텔링

☆나와의 약속

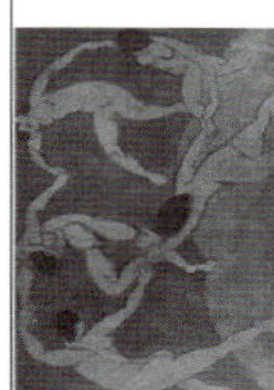

그림3> 앙리 마티스 『춤』 1919작

♡스토리텔링

☆나와의 약속

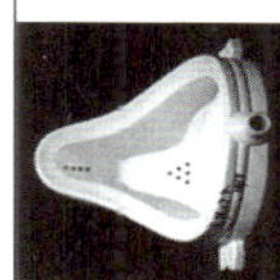

그림4> 마르셀 뒤샹 『샘』 1917(1963)작

♡스토리텔링

☆나와의 약속

나 ○○중학교 학년 반 (   )은/는 2020년 미술 수업에 참여함에 있어 다음과 같이 약속합니다.

▶내가 만든 수업약속

1.

2.

3.

4.

위의 약속을 잘 지킬 수 있도록 노력할 것을 약속합니다.

20 년 월 일

인

서명하는 순간 위 약속의 효력이 발생합니다.

1-1-2. 학급 약속 정하기

3차시 행복한 학급을 위해 필요한 것은 무엇일까?

학생 스스로가 자신이 지켜야 할 수업에 대한 규칙을 정하였다면 조금 더 범위를 넓혀 학급 내 공동체 생활에서 준수해야 하는 약속을 정할 차례이다. 공동의 합의로 만들어져야 하는 학급 규칙은 학생들이 쉽게 지키고 실천할 수 있는 내용으로 구성해야 한다. 그러나 아이들은 어떤 내용으로 해야 할지 모르는 경우가 많아 자칫 잘못하다 장난스럽게 만들어지거나 벌을 주기 위한 규칙으로 만들어질 우려가 있다. 학생들 모두의 눈높이에서 공감할 수 있는 내용으로 꾸준히 실천 가능한 규칙이 필요하다. 그러기 위해서 우선 그림책을 통해 가치의 뜻을 이해하고 어떠한 덕목으로 학급의 규칙을 만들 것인지 생각해 보려고 한다.

활동1 >> **그림책으로 덕목에 대한 다양한 경험과 생각 나누기**

「쿠키 한입의 인생수업」9)

교 사　　그림책 제목은 「쿠키 한입의 인생수업」입니다. 이 책의 제목과 그림을 보면 무슨 내용이 담겨있을 것 같나요?

학생A　　쿠키 만드는 방법?

9) 어이미 크루즈 로젠탈(2008). 「쿠키 한입의 인생수업」. 책읽는곰.

학생B　　동물을 키우는 방법?

학생C　　동물에게 쿠키를 주는 방법?

교 사　　그림과 제목으로 봐서 유추해볼 수 있는 것이 음…. 쿠키, 어린아이, 동물이네요. 그렇다면 한입의 인생수업이란 무엇일까요?

학생A　　살면서 필요한 것을 배우는 것이요.

교 사　　네, 잘 말해주었습니다. 그럼 쿠키 한입의 인생수업이라는 것은 쿠키를 만들면서 배울 수 있는 것이겠죠. 그럼 어떤 것을 배울 수 있을까요?

학생B　　밀가루 양이 얼마나 들어가는지, 그리고 그 외의 설탕, 소금, 이스트 등에 대한 지식 등이 아닐까요?

학생C　　구워낼 때 오븐의 온도요.

교 사　　과연 그런 내용인지 살펴보기로 해요.

그림책 속의 내용은 한 아이가 쿠키를 만들면서 겪는 과정에서 나타나는 인생의 덕목(협동, 인내, 공경, 믿음 등)을 말과 행동으로 설명하고 있다. 우리는 사회 공동체 속에서 더불어 살아가기 위해 갖추어야 할 덕목이 있다. 그러나 그러한 덕목의 의미를 제대로 알지 못하면서 사용하거나 모르고 있는 경우가 많다. 이 그림책은 22개의 덕목을 서로 돕는다는 것, 참는다는 것, 당당하다는 것, 겸손하다는 것, 어른을 공경한다는 것, 믿음을 준다는 것, 공평하다는 것, 남을 배려한다는 것, 욕심이 많다는 것, 마음이 넓다는 것, 부정적이라는 것, 예의 바르다는 것, 정직하다는 것, 부러워한다는 것, 우정이란, 열린 마음이란, 후회한다는 것, 만족스럽다는 것, 지혜롭다는 것 등으로 아주 쉽게 설명해 주고 있다.[10] 이번 활동은 그림책에 적혀있는 이러한 덕목을 아이들과 읽으며 다양한 가치가 갖고 있는 의미에 대해 이해하고 생각해 볼 기회를 갖는 데 목적이 있다.

10) 그림책사랑교사모임(2019). 「그램책 학급운영」. 교육과 실천.

활동2 》 행복한 학급을 위해 필요한 덕목 함께 나누기

가치에 대한 이해를 바탕으로 학급 규칙이 왜 필요한지에 대한 물음으로 활동은 시작된다.

교 사	나라에 법이 있는 이유는 무엇일까?
학생A	잘못된 행동을 하지 못하게 하기 위해서요.
학생B	규제를 두지 않으면 사람들이 자기가 하고 싶은 대로 하기 때문에 혼란스러워져요.
학생C	그래서 법이 없으면 물건을 훔쳐도 되고, 신호등도 지키지 않아도 벌을 받지 않아서 나라의 질서가 없어져요.
교 사	그렇다면 우리 반에 규칙이 없다면 어떻게 될까?
학생A	친구들끼리 말을 함부로 해서 싸움이 많이 일어날 거 같아요. 학교폭력에 대해 엄한 규칙이 있으니까 그게 무서워서라도 학생들이 조심하는 경우가 있죠. 만약 그런 규칙이 없다면 아마….
학생B	지각이 많아질 거 같아요. 만약 9시까지 등교라는 규칙이 없다면 저는 계속 지각할 거 같아요.
학생C	(웃음) 나도 그랬을 거야. 지각하면 선생님께 혼나니까. 지금은 안하는거지.
학생B	그래서 규칙이 없다면 무질서해져서 많은 학생들이 피해를 볼 거 같아요.
교 사	네, 잘 말해주었습니다. 여러 가지로 어렵고 불편한 상황이 발생하게 되겠죠. 이것은 본인뿐 아니라 모두에게 피해가 가는 상황이 되죠. 그래서 오늘은 우리 모두가 행복하게 생활할 수 있는 학급을 만들기 위한 학급 규칙을 만들어보는 시간을 갖고자 합니다.

아이들이 나누고 있는 이야기를 통해 학급의 질서를 위해서는 규칙이 필요하다는 것을 알 수 있다. 그럼 본격적으로 학급 규칙을 만들기 위한 활동을 시작해보기로 한다. 우선, 행복가치 카드 16장을 4~5명으로 구성된 모둠별로 제공한다.

행복덕목카드

이 카드는 그림책 「쿠키, 한입의 인생수업」에서 나온 내용을 바탕으로 만든 덕목 카드이다. 16장의 카드 중에 학급에서 가장 필요한 덕목이 무엇인지 고민한 후 개인당 1장을 고르도록 하여 [그림 2-1]와 같은 창문토의 활동을 실시한다.

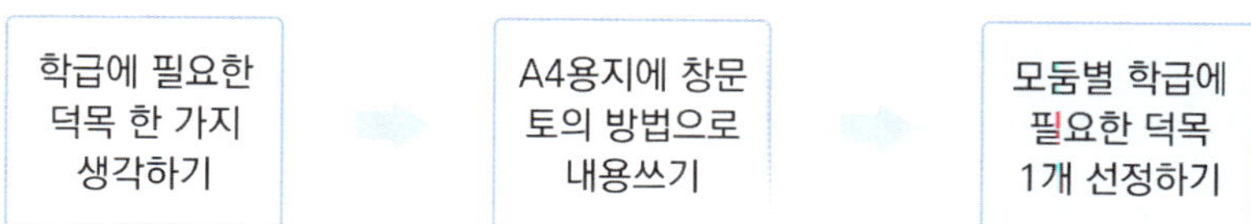

▲ [그림 2-1] 창문 토의 과정

창문토의는 케이건(kagan, 1994)이 만든 것으로 모둠 구성원의 각자 개성과 의견의 공통점을 파악할 수 있어 의사결정에 효과적인 방법이다. 4명이 한 모둠을 만들고 [그림 2-2]와 같은 창문토의 학습지를 만들도록 하여 주제에 맞게 의견을 작성하고 돌아가며 질문하게 한다. 이 과정을 통해 모둠 구성원들이 서로 어떤 공통점과 차이점을 가지고 있는지 알게 되는 기회를 갖는다(조혜민, 2017).

▲ [그림 2-2] 창문토의 학습지

창문토의 방법은 다음과 같다.

1. 모둠별로 제공된 A4용지를 가로로 놓은 상태에서 1명의 학생이 가운데에 사각형을 그리도록 한 다음 창문의 네 귀퉁이에서 대각선 방향으로 선을 긋도록 한다.
2. 각 칸마다 자신의 이름을 쓰고 고른 덕목과 그 덕목을 고른 이유를 적고 의견을 나눈다. 이때 자신의 경험에 바탕을 둔 이야기는 공감대 형성에 효과가 있을 것이다.
3. 모둠원이 적은 낱말 중에서 동일한 것을 포함하여 가장 많이 나온 덕목, 또는 의견을 교환하는 과정에서 모둠원의 동의하에 선정된 1개의 덕목을 최종적으로 고른다.
4. 선정한 덕목이 왜 필요한지에 대해 모둠원과 구체적으로 이야기를 나눈 후 중앙 네모칸에 모둠의 결정을 정리하여 작성한다.

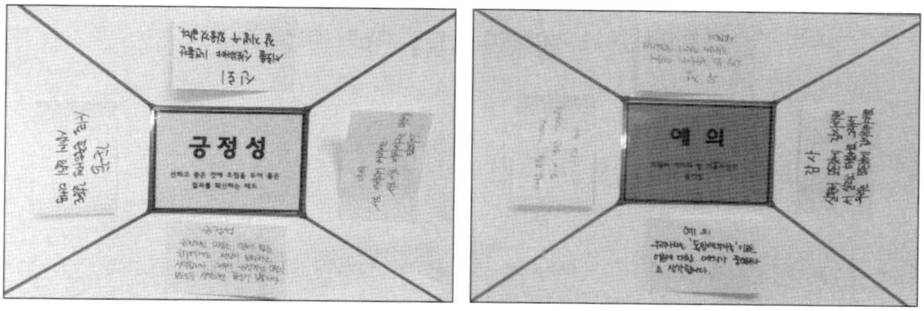

창문토의 활동지

이러한 창문토의 과정을 통해 학생들은 서로의 생각을 나누고 반박하고 설득하면서 논리적으로 분석하는 사고력을 형성하게 된다. 또한 상대방의 의견을 경청하고 그에 따른 다른 의견을 제시하기 위한 사고를 함으로써 창의적이고 종합적인 능력이 발달하게 될 것이다. 더불어 자신의 의견을 포스트잇에 간단하게 적는 과정을 거치며 자신이 생각한 내용을 한 번 더 정리하여 이야기할 수 있다는 점에서 발표에 어려움을 겪는 학생들에게 부담을 덜어주는 역할을 한다. 이런 점에서 모둠별 토의 활동에 활용하기 좋다.

이렇게 모둠별 합의에 의해 나온 가치 덕목을 포스트잇에 적어 교실 앞 칠판에 붙인다. 이때 교사는 동일한 덕목끼리 유목화시켜서 붙인다. 그리고 각 모둠장이 앞에 나와 자신의 모둠에서 나온 의견을 발표하고, 그 외 학생들은 경청하도록 한다. 그리고 재투표를 통해 최종적으로 행복한 학급을 위해서 필요한 덕목 두 가지를 선정한다. 이렇게 선정된 덕목은 학급 운영에 있어 구체적인 규칙을 정하는 기반이 된다.

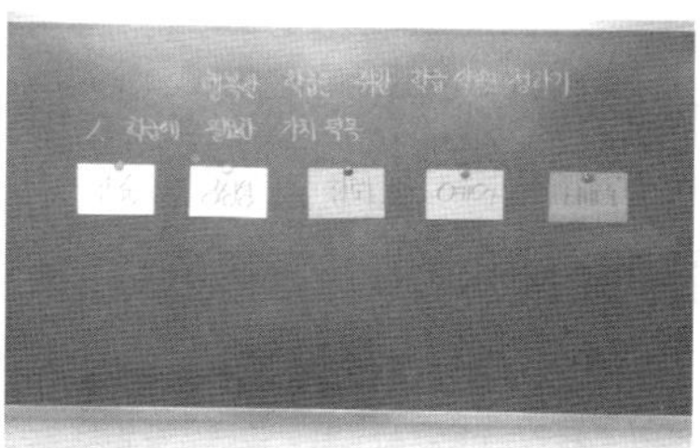

- 다섯 모둠의 포스트잇을 정리하여 색깔별 종이에 크게 제시한 모습

- 전체 학생의 합의에 의해 최종 선정된 으리 반의 행복한 가치 덕목, 즉 '예의'와 '신뢰'

4-5차시 행복한 학급 약속 만들기

활동1 ⟫ 토의 · 토론을 통한 의견 모으기

최종적으로 합의된 덕목 2개(예의, 신뢰)가 결정되었다면 본격적으로 덕목에 도달하기 위해 실천해야 하는 구체적인 학급 규칙을 정할 차례이다. 학급 규칙 선정을 위한 방법은 [그림 2-3]과 같다.

모둠별 창문 토의로 덕목 실천을 위한 약속 세 가지 쓰기 → 모둠별 학급 약속 3개 선정하기 → 칠판 나누기로 모둠의 학급 약속 쓰기 → 가장 많이 나오고, 좋은 내용 중 학급 약속 5개 선정

▲ [그림 2-3] 학급 약속 선정과정

활동순서를 구체적으로 살펴보면,

1. 학급에서 필요한 가치 덕목을 정할 때와 같은 창문 토의 방법으로 모둠에서 덕목을 지킬 수 있는 학급 약속과 하지 말아야 할 언행을 개별로 세 가지씩 제시한다.

2. 모둠에서 나온 내용 중 동일하거나 많이 나온 의견을 합의하에 세 가지 선정한다.

3. 모둠별로 칠판에 나눠 적는다.

4. 모둠의 학급 약속 중에서 가장 많이 나온 내용이나 좋은 내용을 중심으로 학급 전체의 약속 다섯 가지를 선정한다. 이때 비슷한 내용을 묶어서 한 개의 내용으로 만들어도 좋다.

위의 과정을 통해 학생들이 선정한 첫 번째 가치 중 '신뢰'를 실천하기 위해서는 '믿음'이 필요하다고 한다. 그 내용으로 약속 잘 지키기, 서로 배려하기, 친구의 말 믿기 등이 있으며, 하지 말아야 할 언행으로는 거짓말하지 않기, 건성으로 대답하지 않기, 남에게 말 옮기지 않기 등이 있다. 두 번째 가치 중 '예의'를 위해서는 '관계' 형성이 중요하다고 했다. 이를 위해서는 선생님께 웃으며 인사하기, 남의 물건을 사용할 때 양해 구하기, 비난이 아닌 긍정의 언어 사용하기 등이 있으며, 하지 말아야 할 언행으로는 욕설과 비속어 사용하지 않기, 이성 간 예의지키기 등 구체적인 의견이 나왔다.

이렇듯 학생들이 직접 토의·토론에 참여하여 정한 학급 약속은 실제로 자신들이 생활하면서 필요하다고 느꼈던 것으로 모든 학생이 공감할 수 있는 내용이다. 그리고 남이 아닌 '우리가 정했다'는 자부심으로 약속을 지키기 위한 명분이 되기도 한다. 담임교사 입장에서는 일일이 잘못된 행동에 대해 지적하지 않고도 '너희들이 만든 규칙이잖아.'라는 한 마디만으로 문제를 해결할 수 있어 잔소리를 줄일 수 있다는 점에서 가장 매력이 있다. 이로써 학생, 교사 모두가 행복해지는 학급 규칙 만들기가 아닐까 생각된다.

활동2 ›› 학급 규칙 만들어 실천하기

선정된 학급 약속 다섯 가지는 모둠별로 직접 꾸며 교실 전면 게시판에 게시하여 학생들이 기억하고 꾸준히 지킬 수 있도록 한다. 여기에 학생들이 약속을 잘 실천하는지에 대한 성찰 일기식의 체크리스트도 함께 제시한다면 학생 스스로가 더욱 꾸준히 실천할 수 있는 계기가 될 것이다.

이렇게 학급 약속 정하기는 그림책을 통해 막연하게 알고 있던 가치에 대한 의미를 이해하고, 우리 반만이 추구하려는 가치가 무엇인지에 대해 알며, 그에 맞는 학급 규칙을 정하고자 거치는 토의·토론 과정이 민주적으로 이루어졌다는 점에서 큰 의미가 있다. 또한 아이들이 스스로 하고 싶은 것을 금지하는 역할을 할 뿐 아니라, 상대방과 나 그리고 우리를 배려하고 존중하는 태도를 함양하기 위해 나의 욕망을 절제함으로써 자율로 나아가게 하는 바탕이 될 것이다.

다음은 학급 공동체 협의에 의해 만든 학급 약속이다.

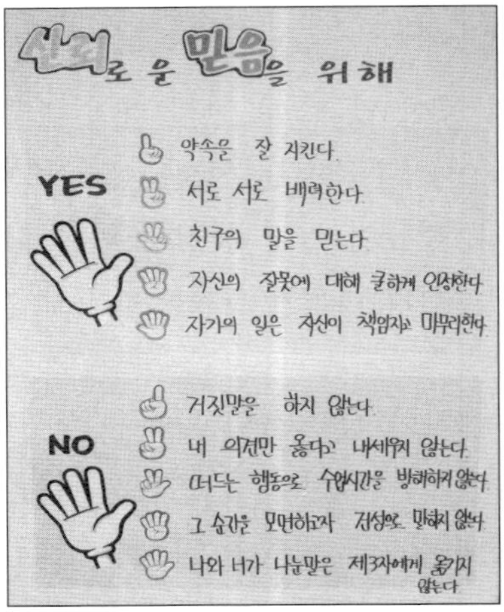

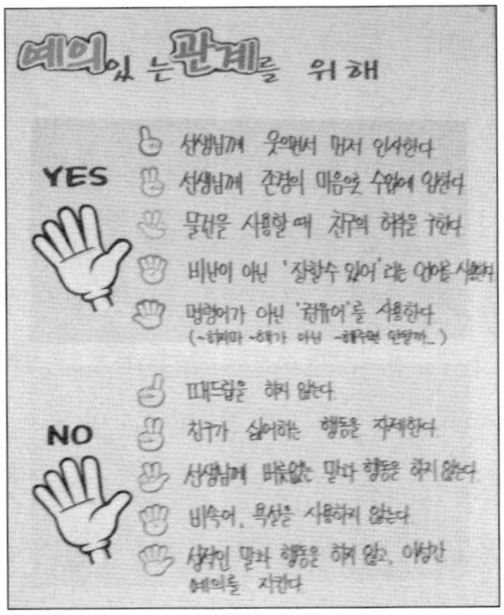

1-2 '나' 소개하기

이번 수업의 내용은 자아 존중감 강화전략의 두 번째 방법인 '나' 소개하기이다. 새 학기 첫 만남. 교사는 기대감과 떨리는 마음으로 자신의 이름과 과목, 학급운영과 수업계획에 대해 소개하며 수업을 시작한다. 교사는 자신이 가르칠 학생이, 학생들은 같이 지낼 반 친구들이 궁금한 것은 당연한 일이다. 그래서 형식과 방법은 다르지만 이름과 성격, 좋아하는 것, 싫어하는 것 등 자신에 대해 알리고자 하는 정보를 서로에게 소개한다. 하지만 처음 만난 어색한 사이에서 막연하게 자신의 성격이나 특징을 소개하는 '자기소개하기' 방법은 학생들에게 부담감으로 다가올 수 있다. 그래서 자유롭게 자신의 모습을 솔직하게 표현하지 못하고 머뭇거리며 소개를 마치는 경우가 많다. 그렇다면 부담 없이 편하게 자신을 소개하는 방법은 무엇이 있을까? 각 교과마다 다양한 방법이 있겠지만, 본 저자는 사물과 시각 이미지를 이용한 '나' 소개하기 수업 두 가지 방법을 소개하고자 한다.

첫 번째 방법으로 '사물에 말 걸기'이다. 이 수업은 우리가 손쉽게 사용하지만 대수롭지 않게 생각하는 일상 사물을 이용해 진행된다. 그냥 지나칠 수 있는 사물에 관심을 가지고 의미를 부여하여 친구처럼 편안하게 대화를 시도하는 것이다. 그리고 자신을 직접 소개하는 것이 아닌, 자신을 매일 보는 사물에 비유하여 간접적으로 소개하는 방법이다. 이 수업은 국어와 미술의 융합으로 이루어지며, 비유적 표현 내용을 이해하고 그림으로 표현한다는 점에서 효과적인 자기소개로 연결되며, 주변을 돌아보고 여유와 이해·배려의 공감능력 향상에 영향을 줄 것이다.

각 교과의 성취기준은 다음과 같다.

국어	학습단원	1. 문학과 표현
	성취기준	[9국05-02] 비유와 상징의 표현 효과를 바탕으로 작품을 수용하고 생산한다.
	평가기준	비유나 상징적 표현을 활용하여 자기소개를 할 수 있다.
미술	학습단원	3. 나와 친구 탐색하기 - 사물에 말 걸기
	성취기준	[9미01-01] 자신과 주변 대상 · 환경 · 현상의 관계를 탐색하여 나타낼 수 있다.
	평가기준	사물에 비유하여 자신의 특징을 효과적으로 표현한다.

사물의 쓰임새를 이해하고 이를 활용한 '사물에 말 걸기' 수업의 흐름도는 다음과 같다.

차시	인성학습주제	학습활동
1차시	연필의 고백	• 영상을 통한 사물에 대해 공감하기
2차시	사물에 말 걸기	• 사물과의 공감 대화 나누기 • 공감의 사물 표현하기
3차시	사물을 활용한 나 소개하기	• 나를 상징하는 사물 표현하기 • 내 짝은 어떤 사물과 닮아 있을까? 표현하기

두 번째 방법으로 '나' 사용설명서이다. 이 수업은 미술교과의 표현 영역 중 한 단원인 픽토그램을 활용하여 자신을 소개하는 것이다. 자신에 대한 정확한 이해를 바탕으로 단순하고 상징적인 시각 이미지를 이용하여 자신의 성격을 소개하는 방법으로, 친구에 대한 이해와 배려를 이끌어낼 수 있음으로써 좀 더 성장할 수 있는 계기를 마련한다.

전체 수업의 흐름도는 다음과 같다.

차시	학습주제	학습활동
1차시	픽토그램이란	• 픽토그램을 이용한 다양한 경험 나누기 • 픽토그램을 활용한 스토리텔링
2차시	무엇 때문에 기분이 나빠질까?	• 그림책 「소피가 화나면, 정말 정말 화나면」을 읽으며 감정에 대한 경험 나누기 • 감정의 원인과 결과에 대해 공감 대화 나누기
3-4차시	'나 사용설명서'	• 자신의 감정의 절제 방법 이야기 나누기 • 감정 키워드로 표현 후 동료 간 피드백하기 • '나 사용 설명서' 디자인하기
5차시	나 소개하기	• 친구에게 가장 알리고 싶은 '나' 배지 제작 • 배지를 착용하고 생활하기

1-2-1. 사물에 말 걸기

아이들이 눈을 뜨자마자 확인하는 스마트폰, 매일 사용하는 연필과 볼펜, 눈 돌리면 흔히 볼 수 있는 등굣길 이름 모를 풀·나무 등 우리 주변에는 많은 사물이 있다. 이 수업은 그냥 지나칠 수 있는 사물에 관심을 가지고 의미를 부여하여 대화를 시도하는 과정으로 처음에는 어색한 대화가 될 수 있다. 그러나 내가 아닌 다른 사물에게도 그만의 쓰임새가 있고 서로 다른 역할이 있음을 인식하게 될 것이다.

1차시 연필의 고백

활동1 》 영상을 통한 사물에 대해 공감하기

지식채널e 「연필의 고백」

'쓰는 일은 저의 사명이고 천직입니다.
만약 당신이 저를 이해할 수 있다면….'

연필의 고백으로 시작되는 영상을 시청하면서 우리 주변에서 흔히 볼 수 있는 물건에 대해 다른 각도로 생각하고 이해할 수 있는 시간을 갖는다. 그리고 바로 교사의 스토리텔링으로 수업은 시작된다.

"연필은 집, 학교 어디서든 편하게 메모하거나 그림을 그리고 하물며 간단한 구멍을 뚫을 때도 유용하게 쓰이는 물건입니다. 그러나 컴퓨터, 태블릿, 핸드폰 등 간편한 기기가 등장하면서 연필을 등한시하게 되었죠. 어딘가 교실 뒤편, 쓰레기통 속에 뒹굴고 있는 연필을 많이 발견하게 됩니다. 너무 가까이에 있어 아무 의식 없이 함부로 사용하고 있는지 모르겠네요. 한 번쯤은 우리 주변을 둘러보고 사물의 이야기에 귀 기울여야 하지 않을까요? 연필이 여러분에게 고백을 하고 있습니다. 이런 고백에 여러분은 어떤 말을 해줄 수 있을까요?"

학생들은 조용히 영상을 시청한 후 자신의 연필을 찾기 시작한다. 그리고 '저는 연필을 많이 써요.', '난 연필이 없는데….', '저는 연필이 5자루나 있어요.', '저는 연필이 있는데 요즘 샤프를 써요.' 등 다양한 반응을 보인다. 「연필의 고백」 영상과 교사의 스토리텔링은 아이들에게 가까이에 있는 사물에 대해 한 번 더 생각해보게 하고, 다양한 시각으로 바라보고 이해할 수 있는 마음을 갖도록 한다.

다음은 학생들이 연필의 고백에 대해 화답한 내용이다.

- 내가 연필이 되어 생각해보니 너에 대한 가치에 대해 몰랐던 것 같아. 앞으론 힘들지 않도록 소중히 보관할게. 그동안 미안했어.
- 나도 널 많이 썼었지만 쓰다 보니 샤프가 편해졌어. 하지만 넌 누군가에게 아직도 쓰이고 있는 물건이야. 그러니 힘내!
- 시간이 지날수록 연필 너를 사용하지 않아 서운했을 것 같아. 너는 색이 바래지지 않고 유용하잖아. 앞으로도 잘 사용할게.
- 샤프심이 없을 때 연필 네 덕에 글을 썼고, 공부를 했어. 그리고 나의 기록을 남길 수 있게 해줘서 정말 고마워!

2차시 사물에 말 걸기

활동1 사물과의 공감 대화 나누기

조용하고 어색한 분위기 속에서 속이 보이지 않는 보따리를 교탁 위에 올려놓는다.

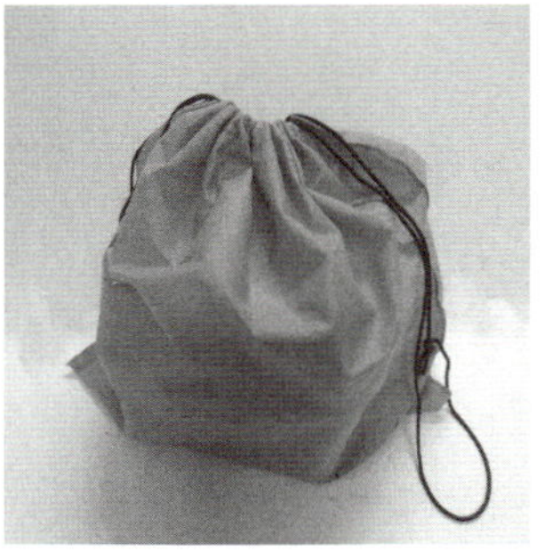

보따리 속에는 무엇이 들어있을까? 궁금한 눈으로 바라보는 아이들의 눈빛이 느껴진다.

학생A	선생님 그거 뭐예요? 먹는 건가요?
학생B	책인가?
학생C	화분?
학생A	달그락 소리가 나는 걸 보면 여러 가지 물건인 거 같은데….
교 사	이 보따리 속에는 무엇이 들어있을까요?

선생님이 들고 온 보따리가 크고 무거워 보여 다양한 추측의 대답이 오고 간다. 조용하고 어색한 분위기가 깨지는 순간이다. 교사는 보따리를 풀어 교탁 위나 교실 바닥에 펼쳐놓는다. 보따리 속에는 우리 주변에서 흔히 볼 수 있는 물건들이 가득 들어있다. 쓰레기 같기도 하고 수업에 활용되는 물건 같기도 하고 아이들은 궁금해하며 쳐다본다.

"오늘은 사물에게 말을 걸어 보는 수업을 하려고 합니다. 보따리 속에 있는 내용물은 뭐 특별한 것이 아니라 우리 주변에서 흔히 볼 수 있는 물건입니다. 딱풀, 연필깎기, 물감튜브…. 각각의 역할을 가지고 있는 물건이지요. 딱풀은 종이나 다른 사물을 붙여주는 역할, 연필깎기는 앞 영상에서 본 연필을 세밀하게 깎아주는 역할…. 오늘 우리는 다양한 사물과 대화를 시도해보려고 합니다."

수업의 주제를 소개하고 아래와 같이 <비밀>이라는 제목으로 사물과의 대화를 시도한 학생의 표현을 제시한다. 그리고 어떤 사물을 비유하여 표현하였을지에 대해 생각해보게 한다.

> < 비밀 >
>
> 너는 아무 말드 없이
> 입을 꾹 다물고 있구나!
> 무슨 비밀을 가지고 있는지
> 억지로 열기 전까지
> 입을 꾹 다물고 있구나!

한 고등학생의 대화 내용[11)]

처음에는 무슨 내용인지 몰라 계속 화면만 쳐다보던 아이들은 한 학생이 '아무 말 없이 쳐다보고 있는 인형이요.'라는 대답을 던진다. 그러자 책가방, 가위, 풀, 지퍼, 사물함, 클립, 필통, 파일 등 다양한 대답이 나온다. 자신의 흑역사를 적어둔 공책이라는 재미있는 표현도 한다.

<비밀>은 한 고등학생이 '집게'를 연상하며 적은 내용이다. 형태나 쓰임새를 생각하며 사물과의 대화를 시도한 것이다. 하지만 책가방, 사물함, 흑역사가

11) 전국미술교과모임 밴드에 올려진 학생의 글 참고.

적힌 공책 등으로 답한 아이들은 비밀이라는 단어에 주안점을 두었던 듯하다. 비밀을 담을 수 있는 공간이 어디일까를 생각하며 어느 아이는 책가방·사물함이 자신에게 안전한 공간이라고 생각했을 것이고, 어떤 아이는 자신의 부끄러운 모습이 적혀있어 꼭꼭 숨길 수 밖에 없었을 비밀의 공간이 공책이었을 것이다. 그리고 지퍼, 가위, 클립 등으로 답한 아이들은 형태와 쓰임새를 생각하며 유추했을 것이다.

정확한 답이 없는 물음이었지만, 아이들의 대답을 살펴보면 사물과의 대화글을 읽고 연상한 물건이 각각 다름을 알 수 있다. 아이들 각자의 관점에서 바라본 시각에 의해 사물을 인지하고 있다. 그리고 답이 정해져 있지 않아서 그런지 서로의 대답에 대해 '그건 아니야.'라고 부정하지 않았다는 점에서 이 수업은 이해와 공감이 함께하는 활동이다.

활동2 〉〉 공감의 사물 표현하기

교사는 보따리 속 물건 중 하나를 집어 사물과의 대화를 시도한다. 학생은 교탁 위나 바닥에 펼쳐진 다양한 물건을 바라보며 교사가 사물과 대화하는 내용을 경청한다.

"목공풀아! 너는 시간이 지나면 왜 자꾸 속이 다 보이게 되니? 나도 너처럼 마음이 투명한 사람이 되고 싶다."

"왜? 나는 내 속이 다 보여 부끄러운데. 그래서 보이기 싫은데 자꾸 시간이 지나면 다 보여."

"그렇구나, 너에게도 그런 불편함이 있구나. 그래도 너처럼 사람들도 투명해지면 마음을 볼 수 있으니 친구들과 얘기할 때 편해질 거 아니야."

이 대화를 듣고 아이들은 교탁 앞으로 나온다. 물건을 보고 어떤 물건을 선택해야 할지 우왕좌왕한다. 그때 교사는 물건의 형태와 색채, 쓰임새를 생각하며 물건을 고를 수 있도록 조언해준다. 이 과정에서 곰곰이 생각하여 신중하게 선택하는 아이가 있는가 하면 그냥 보이는 대로 물건을 가지고 자리로 돌아가는 아이, 친구 따라 물건을 가지고 가는 아이 등 다양한 모습이 보인다. 여기서 교사는 아이들이 아직 표현하지 않았지만 어떻게 표현할지 그리고 그 아이의 성격이 어떨지 대략 짐작해 볼 수 있다.

다음으로 나눠준 종이와 스케치 도구로 사물을 관찰하여 그림으로 표현하도록 안내한다. 이때 교사는 그림을 못 그려 망설이고 있는 학생에게 그림 그리는 솜씨를 보기 위함이 아니므로 사물을 대고 그려도 무방함을 얘기한다. 단, 다른 친구들이 무슨 물건인지 인지할 수 있도록 그려줄 것을 당부한다. 그리고 표현된 그림 옆으로 사물의 쓰임새를 이용하여 사물에 말 걸기를 시도하도록 지도한다. 일반적인 형태나 색, 쓰임새, 좋은 점, 불편한 점 등 다양한 각도에서 말 걸기를 할 수 있도록 하며, 더 나아가 그 사물의 마음까지 들여다 볼 수 있는 공감의 말 걸기를 유도한다.

다음은 사물에 말 걸기를 시도한 학생의 활동지 내용이다.

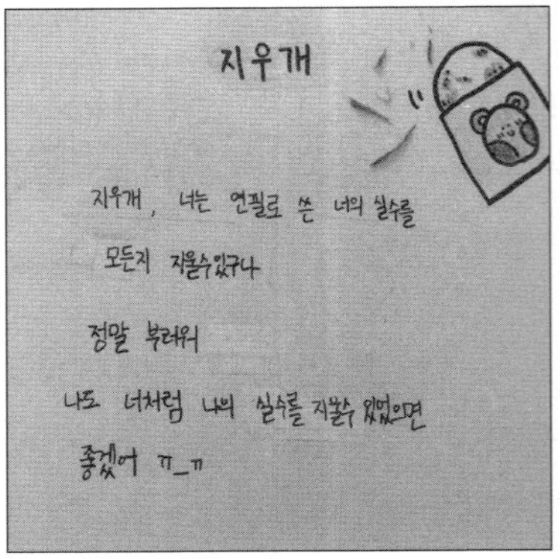

"지우개, 너는 연필로 쓴 너의 실수를 뭐든지 지울 수 있구나. 정말 부러워. 나도 너처럼 나의 실수를 지울 수 있었으면 좋겠어."

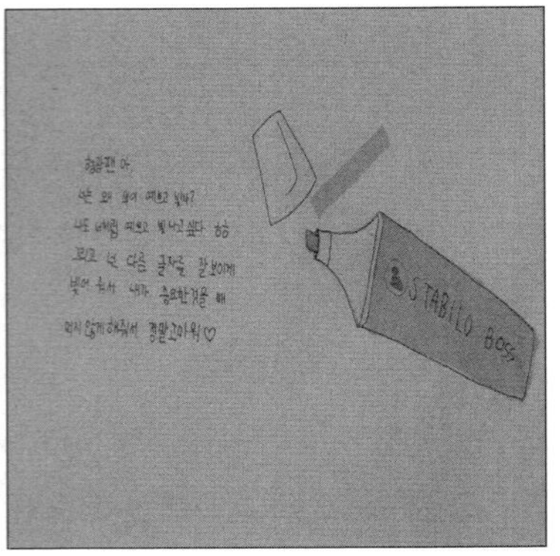

"형광펜아, 너는 왜 색이 예쁘고 빛나? 나도 너처럼 예쁘고 빛나고 싶다. 그리고 넌 다른 글자에 잘 보이게 빛을 줘서 내가 중요한 것을 빼먹지 않게 해줘서 정말 고마워."

학생들은 처음에는 어려워하지만 각자 선택한 사물을 관찰하고 어떤 역할을 하는지에 대해 곰곰이 생각한다. 컴퓨터, 마우스, 핸드폰, 신발주머니, 필통, 집게핀, 연필깎이, 두루마리 휴지 등 교사가 제시하지 않은 다양한 물건들이 표현되기도 한다.

학생들 각자 자신이 선택한 사물과 말 걸기를 모두 작성하면, 돌아가며 어떤 사물과 어떤 대화를 시도했는지 소개한다. 이때 경청을 유도하기 위하여 사물과 말 걸기 중 가장 공감이 가고 '나와 비슷한 느낌이다'라고 생각되는 사물에 대해 뒷면에 제시된 활동지(76쪽 참조)에 적도록 한다. 아이들은 사물의 특징과 그 사물만의 역할과 소중함에 대해 소감을 얘기하며 마음을 나눈다. 이는 평범하고 사소한 물건이지만 자세히 보고 그 역할을 생각해보면 중요하지 않은 것이 없음을 아이들이 느낄 수 있을 것이다.

3차시 사물을 활용한 나 소개하기

활동1 》 나를 상징하는 사물 표현하기

전 시간에 활동한 '사물과의 공감 대화'를 떠올리며 나를 상징하는 사물을 찾아 비유하여 자기를 소개하는 수업이다. 본격적으로 일상의 사물을 이용한 '자기소개하기'를 위해 교사가 먼저 자신의 학창 시절 경험담을 이야기하며 자신을 소개한다.

> "선생님은 중·고등학교 때 친구들이 좀 많았어. 공부를 잘해서, 놀기를 잘해서, 유머 감각이 있어서가 아니라 친구들 이야기를 잘 들어주었기 때문이야. 졸업 후 친구들 말로는 선생님이 비밀도 잘 지켜주고 공감해주니 참 편했다고 하더라. (웃음) 지금도 여러분들의 이야기를 경청하고 공감해주는 선생님이 되고 싶기에 선생님을 소개하면, 나는 지우개입니다. 다른 사람의 마음에 난 상처를 잘 들어주어 그 상처가 아프지 않도록 지워주기 때문입니다."

교사 스토리텔링은 경험을 토대로 자신의 성격을 제시하고 그에 맞는 사물에 비유하여 표현하는 것이다. 우선, 아이들이 자신의 성격이 어떤지 생각하여 나열하고 그 성격에 맞는 사물이 무엇이 있는지 연상할 수 있도록 한다.

▶ 예

나의 성격	사물	사물의 특징
급하다	성냥	빨리 붙었다 꺼진다.
	양은냄비	빨리 끓었다가 식는다.
	불도저	앞뒤 재지 않고 밀어 붙인다.

'저는 ( )입니다. 그 이유는 ( )이기 때문입니다'

그리고 위와 같은 문장 ( )안에 자신을 상징할 수 있는 사물의 이름을 넣고 그 이유를 스토리로 표현할 수 있도록 한다. 다음은 학생 자신을 상징하는 물건으로 자신을 소개한 내용이다.

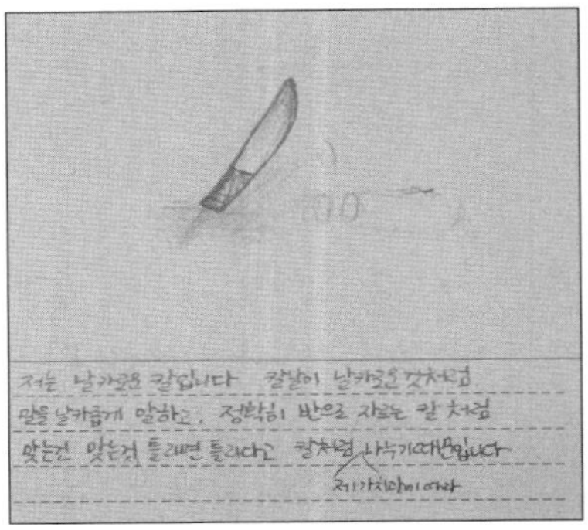

"저는 날카로운 칼입니다."
"그 이유는 칼날이 날카로운 것처럼 날카롭게 말하고, 정확히 반으로 자르는 칼처럼 맞는 건 맞다 틀리면 틀리다고 제 가치관에 따라 나누기 때문입니다."

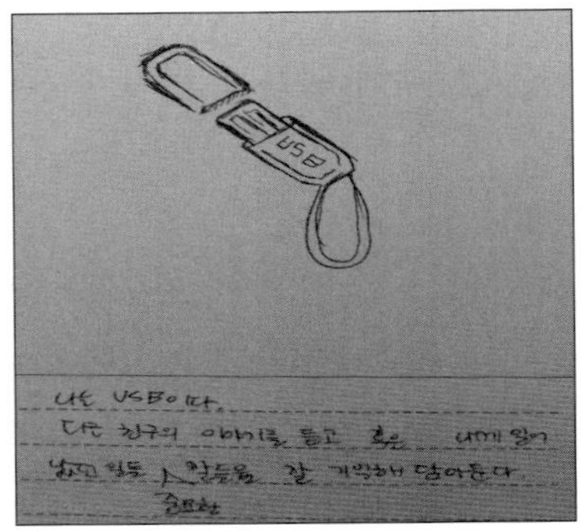

"나는 USB입니다."
"그 이유는 이야기를 듣고 혹은 내게 일어났던 일들, 중요한 말들을 잘 기억해서 담아두기 때문입니다."

활동지 작성이 끝난 후 친구들과 공유의 시간을 갖는다. 발표자는 자신이 어떤 아이인지 사물을 통해 조금 더 명료하게 인식하고, 경청하는 학생은 사물의 쓰임새를 생각하며 발표자와 연결시켜 그 친구를 조금 더 쉽게 이해하고 기억하게 된다. 이렇듯 '일상 사물에 말 걸기'와 '사물을 비유한 자기소개'는 자신을 표현하는 것에서 더 나아가 주변을 둘러볼 수 있는 계기를 마련하고 내 마음 속의 또 다른 내가 나에게 하는 말에 귀 기울일 수 있는 시간을 갖게 한다는 점에 효과가 있다.

다음은 그 외의 자신을 소개한 학생의 글이다.

- 저는 금고입니다. 중요한 것을 보관하는 금고처럼 친구의 비밀과 고민을 들어주고 함부로 남에게 터놓지 않기 때문입니다.
- 나는 냉·온풍기입니다. 친구들이 화가 나면 그 열을 식혀주고, 친구가 우울해하면 따뜻하게 녹여줄 수 있기 때문입니다.
- 나는 양초입니다. 끊임없이 타오르면서 왁스가 없어질 때까지 불꽃이 있는 초처럼 끈기 있는 성격을 지녔기 때문입니다.
- 나는 혈액입니다. 뇌에 산소를 공급해 사람을 활발하게 깨어 있게 하는 백혈구처럼 주변을 재미있는 분위기로 만들 수 있기 때문입니다.
- 나는 마스크입니다. 쓰고 있을 땐 조용하지만 벗으면 활발하게 이야기하기 때문입니다.
- 나는 색연필입니다. 여러 가지 색깔을 가지고 있는 색연필처럼 다양한 사람들과 친하게 지내는 것을 좋아하기 때문입니다.
- 나는 못입니다. 한 번 붙으면 오랫동안 붙어 있는 못처럼 친구들하고 오랫동안 친하게 붙어 있기 때문입니다.
- 나는 스마트폰입니다. 절대 삶에서 떼어놓을 수 없이 유용하고 똑똑하지만 방전되면 무기력해지기 때문입니다.
- 나는 연필깎이입니다. 연필이 뭉툭해져 잘 써지지 않을 때 항상 뾰족하게 깎아줘서 어려움 없이 쓸 수 있도록 옆에서 도움을 주기 때문입니다.

여기서 조금 덧붙인다면 사물에 비유하여 자기 소개하기뿐 아니라 옆에 있는 짝과, 혹은 모둠별 활동을 통해 롤링페이퍼로 친구 각자에게 갖는 사물을 찾아 소개하는 방법도 있다. 이러한 활동을 통해 어색했던 친구들과의 관계가 조금 더 부드럽고 가까워지는 계기를 마련해줄 수 있을 것이다. 다음은 자신을 닮은 사물을 글과 그림으로 작성할 수 있도록 표현한 활동지이다.

활동지 예시

날 닮은 너(사물)

1. 나를 표현할 수 있는 상징적인 물건을 그림으로 표현하고 어떤 이유인지 스토리텔링 해보자.

나는 ________입니다.
그 이유는,

나는 ________입니다.
그 이유는,

2. 친구가 나를 표현할 수 있는 상징적인 물건은 무엇인지 표현해보자.

제 친구______는 ________입니다.
그 이유는,

제 친구______는 ________입니다.
그 이유는,

1-2-2. '나' 사용설명서

우리는 새로운 물건을 사면 어떻게 할까? 아마도 어떻게 사용하는지에 대한 사용설명서를 읽을 것이다. 사용설명서에는 그 물건에 대한 명칭, 구조, 사용방법, 주의사항, 필수 준수사항 등이 적혀있다. 만약 그 내용을 숙지하지 않고 그냥 막 사용하게 된다면 쉽게 고장이 나거나 기본 기능조차 제대로 활용하지 못하게 될 것이다.

교우 관계 형성은 이런 물건 사용설명서와 같다고 생각한다. 대부분의 교우 관계에서 일어나는 갈등 요소는 오해에서 비롯된다. 'A는 이렇게 얘기했는데, B는 요렇게 이해하고, A는 이런 표현을 싫어하는데, B는 이런 표현을 친구와 친해지기 위한 재미있는 표현'으로 생각하는 등 아무것도 아닌 단순함에서 오는 오해들이며, 서로의 이해체계가 달라서 생기는 갈등이다.

그러므로 친구 관계 형성에 있어서 나에 대해 정확히 알고, 그 사실을 친구에게 구체적으로 설명하는 과정이 필요하다. 이 과정이 시각 이미지를 이용한 '나' 사용설명서 수업이다. 이 수업을 통해 서로에 대한 오해의 소지를 줄이고 좋은 관계를 형성하고 유지할 수 있는 시간을 갖고자 한다.

1차시 픽토그램이란?

활동1 ≫ 픽토그램[12]을 이용한 다양한 경험 나누기

시각정보 디자인의 한 종류인 픽토그램의 의미 전달 방식에 대한 이해도를 높이기 위해, 교사 스토리텔링은 고흐의 작품과 비행장의 사진을 화면에 띄우며 시작된다.

12) 픽토그램이란 그림을 뜻하는 픽토(picto)와 전보를 뜻하는 텔레그램(telegram)의 합성어로 국제적인 행사 등에서의 사용을 목적으로 제작된 그림문자이다. 언어를 초월해서 직감적으로 이해할 수 있도록 표현한 그래픽 심볼(Symbol)을 말한다(해냄애두 미술교과서).

"지난 겨울 방학을 맞이하여 선생님은 고흐의 「별이 빛나는 밤」의 작품을 실제로 보기 위해 뉴욕 현대미술관에 가려고 비행기를 탔습니다. 공항에 내렸는데 갑자기 배가 아픈 게 화장실을 가야 할 것 같았는데요. 처음 가는 장소이고 더구나 영어도 못하는데 어떻게 화장실을 찾았을까요?"

공항 사진과 픽토그램

학생A	(웃음) 선생님 정말로 그랬어요?
학생B	옆에 있는 사람에게 바디랭귀지로 물어보면 되죠?
교 사	옆 사람에게 물을 수 없을 정도로 선생님은 너무 급했어.
학생A	그럼 저기 첫 번째 그림에 보이잖아요. 화장실 그림을 찾으면 돼요.

교사의 스토리텔링에서 전해지는 당황스럽고 급박한 상황이 아이들은 재미있는지 웃으며 수업에 임한다. 그리고 자신도 그런 경험이 있는지 빠르게 상황 대처법에 대해 말한다. 교사가 픽토그램(그림문자)에 대해 따로 설명하지 않더라도 아이들은 화장실 기호를 이야기하고 있다. 이렇듯 시각 이미지는 일상생활 속에서 의식하지 못하지만, 우리 주변에서 쉽게 볼 수 있다.

'나 소개하기' 수업에서 픽토그램이라는 소재를 사용한 이유가 여기에 있다. 우리가 인식하지 못하지만 친숙하게 접하고 있는 이미지를 이용하여 그 속에 내포된 다양한 이야기, 즉 정보를 빠르게 전달할 수 있기 때문이다. 나에 대한 정보를 픽토그램 형식으로 만들어 친구들에게 쉽고 빠르게 전달한다면 공동체 생활 속에서 교우 관계 형성과 교류에 도움이 될 수 있지 않을까 생각한다. 그러기 위해서는 나에 대한 정확한 파악이 중요하다. 자신에 대한 이해를 바탕으로 타인에게 정확한 정보를 전달할 수 있기 때문이다.

활동2 》 픽토그램으로 스토리텔링 만들기

다양한 픽토그램 이미지를 칠판에 붙여둔다. 그리고 교사의 스토리텔링처럼 칠판에 제시된 이미지를 활용하여 상황을 구성하도록 안내한다. 모둠별 구성원들이 자신의 경험과 생각을 나누면서 재미있는 이야기를 만드는 것이다. 이는 픽토그램 하나하나가 갖는 의미를 정확하게 인지하고 있는지를 확인하고, 생활 속에서 어떤 역할을 하는지 자연스럽게 인식할 수 있도록 하기 위해서이다. 또한, 친구들과 서로 다른 경험을 공유하고 소통하면서 서로에 대한 성향을 파악할 수 있는 계기를 마련한다.

활동순서 는 다음과 같다.

1. 개인별로 픽토그램 5개를 선택하여 각자의 이야기를 만든다.

2. 모둠 구성원이 돌아가며 자신의 이야기를 나눈다.

3. 공통된 픽토그램과 공통된 내용, 조금 더 좋은 내용을 구성원과 함께 선정한다.

4. 선정된 내용을 바탕으로 수정과 보완을 거쳐 구체적인 내용을 구성하여 학급 전체와 공유한다.

활동 과정 중 픽토그램의 형과 색이 갖는 상징성에 대해서도 설명하며, 스토리 작성 시 고려하여 전개하도록 안내한다. 모둠별 나온 다양한 이야기들은 다음과 같다.

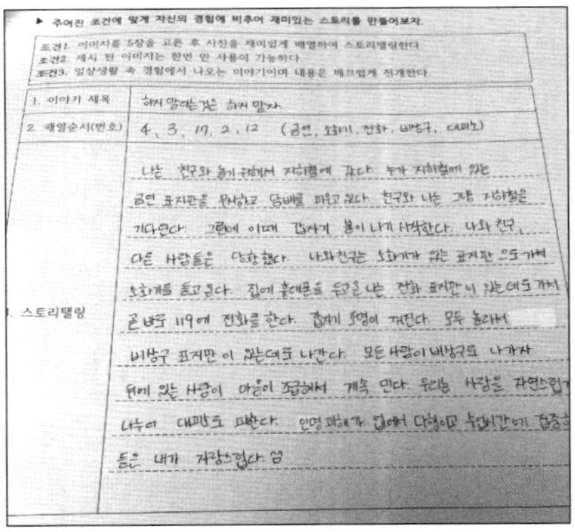

제목: 하지 말라는 것은 하지 말자

나는 친구와 지하철에 갔다. 누가 지하철에 있는 금연 표지판을 무시하고 담배를 피우고 있다. 그런데 갑자기 불이 나기 시작한다. 나와 친구, 주변 사람들은 당황해한다. 사람들은 소화기를 들고 오고, 나는 119에 전화를 한다. 갑자기 조명이 꺼진다. 모두 놀라서 비상구 표지판을 보며 밖으로 나가려고 한다. 뒤에 있는 사람이 마음이 조급해서 계속 밀어 위험했지만 다행히 인명 피해 없이 모두 대피소로 피했다. 수업시간 대피 모의훈련을 집중해서 들은 내가 자랑스럽다.

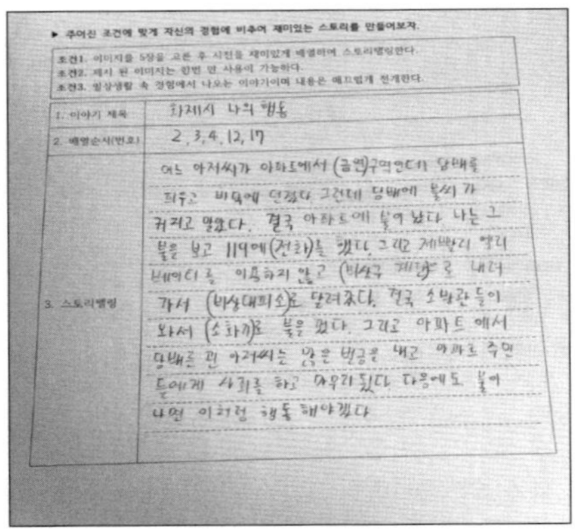

제목: 화재 시 나의 행동

어느 아저씨가 아파트에서 (금연구역)인데 담배를 피우고 바닥에 던졌다. 그런데 담배 불씨가 켜지고 말았다. 결국 아파트에 불이 났고, 나는 그 불을 보고 (공중전화기)를 이용하여 119에 신고를 했다. 그리고 재빨리 (비상구 계단)을 이용하여 (비상 대피소)로 달려갔다. 결국 소방관이 와서 (소화기)로 불을 껐다. 담배꽁초를 아무 데나 버린 아저씨는 많은 벌금을 내고 아파트 주민에게 사죄를 하고 마무리 되었다. 쓰레기를 함부로 버리지 말아야 한다.

제시된 픽토그램은 대부분 교통 표지판이나 비상 시설 이용 안내에 많이 쓰이는 이미지라 학생들의 스토리텔링은 안전과 관련되어 전개되는 경우가 대부분이다. 4.16 세월호 참사로 안전교육은 아침마다 제공되는 나침반 안전교육과 의무적으로 받아야 하는 창·체시간 안전교육으로 더욱 강화되었다. 반복적으로 제공되고 있는 교육이 학생들의 스토리텔링으로 사고가 발생했을 때 스스로 어떻게 대처해야 하는지에 대한 방안까지 구체적으로 제시되고 있음을 아이들의 활동지를 통해 알 수 있다.

픽토그램을 활용한 스토리텔링의 과정에서 학생들은 시각 이미지가 상징하는 의미를 이해하고 스스로의 안전을 위해 어떻게 행동해야 하는지 알게 된다. 그리고 모둠 활동 과정에서 보여준 서로의 모습에서 친구의 성격을 각각 은연중에 파악했을 것이다. 이 과정에서 상호 간 감정을 상하지 않게 하면서 자신의 의견을 피력하려면 어떻게 해야할지에 대해 깨닫게 된다. 이는 다음 시간에 수업할 '감정을 어떻게 절제할 수 있는지'에 대해 미리 모둠 활동을 통해 몸소 터득하는 계기가 되었을 것이다.

2차시 무엇 때문에 기분이 나빠질까?

아이들은 학급 생활을 하는 동안 분노를 표출하는 경우가 많다. 화가 나는 이유는 다양하지만 그중 자신의 감정을 상하게 하는 것이 무엇인지 알 필요가 있다. '나' 사용설명서를 만들기 전 그림책을 통해 사람의 감정이 왜 상하게 되는지에 대해 아는 시간을 갖고자 한다.

활동1 》 그림책으로 감정에 대한 경험 나누기

아이들의 감정, 특히 분노의 감정은 어떻게 나타나는 것일까? 그림책 「소피가 화나면, 정말 정말 화나면」을 함께 읽으며 교사의 물음이 시작된다.

「소피가 화나면, 정말 정말 화나면」13)

교 사　　표지에 나와 있는 이 친구가 주인공인 소피인 거 같죠? 소피는 어떤 기분일까요?

학생A　　제목에서 보이듯 화가 났어요.

학생B　　입과 눈을 보면 저 애는 화가 나 있는 거야. 눈이 커지고 입술꼬리가 아래로 쳐져 있잖아.

---

13) 몰리 뱅(2003). 「소피가 화나면, 정말 정말 화나면」. 케이유니버스.

교 사	표지 그림과 제목에서 보이듯 화가 나있죠. 소피가 왜 화가 났을까요?
학생B	언니에게 자신이 재미있게 가지고 놀던 고릴라 인형을 뺏겼어요.
학생C	엄마가 언니 편만 들어줘서요. 그럴 때 정말 화가 나요. 진짜 그럴 땐 화나요. 저도 항상 엄마가 오빠 편만 들어주고 저만 혼내거든요. 그럴 땐 정말 이해가 안 가고 화 나죠.
학생D	장난감 트럭에 발이 걸려 넘어져서요.
교 사	화가 났다는 것을 어떻게 알 수 있었나요?
학생A	얼굴이 붉어지면서 소리를 질렀어요.
학생B	발까지 구르네요.
학생C	문을 쾅 닫고 밖으로 뛰쳐나가요.
학생D	저도 화가 나면 소리 지르고 문을 크게 닫아버리는데. 소피도 똑같네요.

소피의 감정을 상하게 하는 것은 자신이 재미있게 가지고 놀던 인형을 언니가 가로채 갔을 때, 엄마가 언니 편만 들어줄 때 등 자신이 원하는 것이 이루어지지 않거나 이해를 해주지 않는 경우이다. 그리고 그 화가 '붉어진 얼굴', '소리 지르기', '뛰쳐나가기' 등의 외적으로 표출된다는 점에서 우리 아이들도 소피와 다르지 않다. 단지 학교라는 공적인 공간에 있기 때문에 화나 분노라는 감정을 꾹꾹 누르고 있는 것뿐이다. 이러한 감정을 누르고 있다 보면 어느 순간 엄청난 괴력을 보이며 폭발하게 된다. 그러기 전에 우리는 아이들의 이러한 감정을 어떻게 풀어줄 수 있을지 생각해 보아야 한다.

활동2 >> 감정(분노)의 원인과 결과에 대해 함께 이야기 나누기

화가 나거나 분노의 감정이 일어날 수 있는 원인과 결과는 다양하다. 아이들이 학교 생활을 하면서 어떨 때 분노의 감정이 나타내는지 알아보기 위해 멀티플로우 비주얼싱킹[14]으로 표현해보도록 한다. 그리고 화나는 감정이 일어났을 때 어

14) 멀티플로우형 레이아웃은 주제를 중심에 놓고 원인을 왼쪽 부분에, 결과를 오른쪽 편에 배열하는 방법이다. 학생들은 원인과 결과를 분석함으로써 주제를 좀 더 명확히 이해할 뿐만 아니라 문제를 해결하기 위한 효과적인 방안까지 제시할 수 있다(비주얼싱킹).

떻게 대처할 것인가에 대해 짝과 공감 대화를 나누며 생각할 시간을 갖도록 한다.

아래 활동지에서 보듯 다양한 상황에서 아이들은 분노의 감정을 가지게 된다. 특히, 자신을 무시하거나 욕을 할 때 그리고 부모님에 대한 욕에 화가 난다는 반응을 보인다. 그리고 분노의 감정이 나타날 때 어떤 방법으로 해소하는지에 대해서는 자신도 똑같이 욕을 하거나 무시하고 더 감정이 격해질 때는 물건을 던지거나 주먹으로 때리는 과격한 행동으로 감정을 해결한다는 표현을 하였다. 이러한 행동을 통해 화가 풀리는지에 대한 물음에는 답을 하지 못했다. 다들 올바르지 않은 행동임을 알고 있는 것이다.

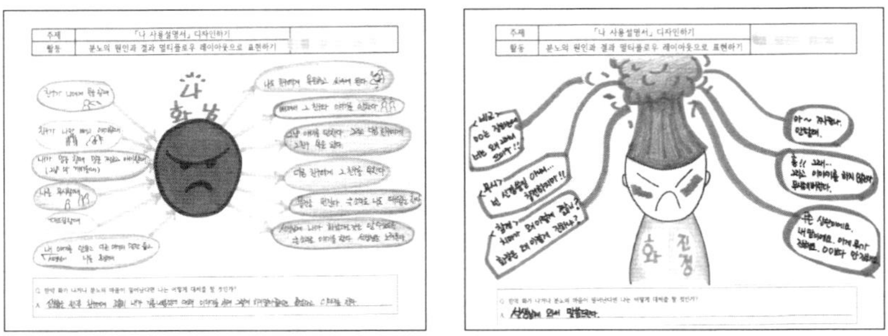

분노의 원인과 결과를 멀티플로우 비주얼싱킹으로 표현한 활동지

분노는 자신의 약점을 툭 건드리는 순간 마른 장작에 불이 타오르 듯 일어난다. 하지만 그 원인을 제거하지 않고서는 분노의 감정은 사라지지 않는다. 원인에 따른 감정의 해결 없이 그냥 그대로 둔다면 폭력을 가한 아이는 분노가 해소되지 않은 채, 폭력을 당한 아이도 또 다른 상처를 안은 채 생활하게 될 것이다.

그렇다면 '서로의 마음에 상처를 주지 않고 위로가 되고 도움이 될 수 있는 해결방법은 무엇이 있을까?'라는 물음을 던진다. 아이들은 한동안 생각하더니 '화가 났을 때 그 순간 심호흡을 하겠다.', '담임선생님께 도움을 요청하겠다.', '참고 그 친구를 이해하려고 노력해보겠다.'라는 결론을 내린다. 교사의 가르침에 의한 답이 아니라 친구와 공감의 이야기를 나누면서 그 순간 감정을 절제하기 위해 시간을 갖는 방법이 좋을 것 같다는 결론에 이른 것이다. 이처럼 아이들은 어떻게 하면 감정을 절제할 수 있는지 서로 알고 있다.

3-4차시 '나' 사용설명서

친구와의 공감 소통을 통해 분노의 감정이 나타났을 때 절제하고 상황에 대처할 수 있는 방법에 대해 알았다면, 이제는 자신에 대해 조금 더 구체적으로 탐색해 볼 시간이다. 앞 시간에 활동한 내용에서 보듯 분노의 감정은 자신의 콤플렉스를 툭 건드렸을 때 나온다. 그렇다면 나의 콤플렉스는 무엇일까? 어떤 상황에서 주체할 수 없을 정도로 분노가 일어나는 것일까? 아이들은 이것에 대해 심각하게 생각해보지 않았을 것이다.

'나' 사용설명서 수업은 나의 이러한 감정에 대해 들여다보고 그것을 주변 사람들과 공유하여 공동체 생활 속에서 이해와 배려의 마음을 형성하도록 돕는 방법이다.

활동1 》 자신의 감정 절제에 대한 노력 이야기 나누기

새로운 물건을 사면 그 물건을 어떻게 관리하고 어떤 것을 주의해야 하는지 자세히 적힌 설명서가 따라온다. 특히, 나에게 중요한 것일수록 그 설명서는 꼼꼼하게 읽고 숙지해서 활용한다. 그리고 설명서대로 그 물건을 사용하며 물건에 적응하게 된다. 그렇다면 우리도 나에 대한 정보를 알려줄 수 있는 설명서를 만들어 친구들과 공유하면 어떨까?

남들이 알아주기만을 기다리지 말고 나에 대해 '나는 이런 사람이야'라고 적극적으로 보여주는 것이다. 그러기 위해서는 자신에 대해 정확히 알아야 한다. '나에 대해 얼마나 알고 있니?' 활동지를 이용하여 자신에 대한 정보를 정리해보자.

이 활동은 '나' 사용설명서 디자인을 위해 자신을 탐색하는 사전 과정으로 다음은 활동지 예시이다.

활동지 예시

나에 대해 얼마나 알고 있니?

1. 내가 가장 잘하는 것과 고쳤으면 하는 것은?

나의 장점은….　　　　나의 단점은….

2. 친구들에게 듣기 싫은 말과 행동은?

3. 내가 화가 날 때 친구들이 어떤 말을 해주면 화가 풀리는가?

4. 선생님에게 듣기 싫은 말과 듣고 싶은 말?

듣기 싫은 말은….　　　　듣고 싶은 말은….

5. 나의 스트레스 해소법은?

6. 나에게 힘이 되는 말은?

막상 자신의 장·단점을 쓰려고 하면 무엇을 적어야 할지 고민이 많아진다. 그래도 자신에 대해 곰곰이 생각하여 최대한 솔직하게 작성하도록 한다. 충분한 시간이 주어져도 아이들은 활동지를 채우기 어려울 수 있다. 그만큼 아이들이 자신을 잘 모른다는 이야기일 수 있다. 그러면 옆에 있는 친구에게 도움을 요청하여 자신에 대한 객관적인 정보를 얻도록 한다. 내가 본 나의 모습과 친구가 본 나의 모습은 다를 수 있다. 내가 어떻게 친구를 대하고 있는지 그 친구 앞에서 어떤 모습을 보였는지 등 친구들의 객관적인 말이 자신을 이해하는 데 도움이 되리라 생각된다.

다음은 학생들이 자신에 대한 정보를 적은 내용이다.

학생A

- 나의 장점은 웃음이 많은 편이고, 화를 잘 내지 않는 것입니다.
- 나의 단점은 눈치가 없고, 낯을 많이 가리며, 시간조율을 못한다는 것입니다.
- 친구들에게 듣기 싫은 말은 '너 왜 그래?'입니다.
- 화가 풀리는 말은 '괜찮아.', '그랬구나 힘들었겠네.'입니다.
- 선생님께 듣기 싫은 말은 '○○는 잘하는데 너는 아니네.'입니다.
- 선생님께 듣고 싶은 말은 '잘했어.', '수고했어.'입니다.
- 스트레스 해소법은 매운 음식을 먹고, 음악을 들으며 누워있는 것입니다.
- 힘이 되는 말은 '난 네 편이야.', '넌 항상 잘하고 있어.'입니다.

학생B

- 나의 장점은 고민을 잘 들어주고, 말다툼이 있더라도 좋게 넘어가려고 하는 것이다.
- 나의 단점은 거절을 못하는 것이다.
- 친구들에게 듣기 싫은 말은 '그래도 너는 잘하잖아. 너는 그래도 해온 게 있잖아.'이다.
- 화가 풀리는 말은 '미안해.', '이번에는 더 잘할 수 있을 거야.'이다.
- 선생님께 듣기 싫은 말은 '저기', '거기', '너' 등 이름이 아닌 호칭이다.
- 선생님께 듣고 싶은 말은 '잘하고 있어.'이다.
- 스트레스 해소법은 힘들어질 때까지 계속 뛰거나 힘든 운동을 계속하는 것이다.

- 힘이 되는 말은 '지금까지 해온 게 있잖아, 지금은 포기하지마. 넌 잘 할수 있을 거야!'이다.

위의 내용을 살펴보면, 학생들이 친구나 선생님에게 듣고 싶은 말은 '잘할 수 있어.', '잘했어.'라는 말이다. 으레 아주 거창한 말일 것이라고 예상되나 그냥 '잘했어.'라는 그 자체로 인정하고 칭찬해주는 단 한마디이다. 아이들은 대단한 것을 바라는 것이 아니다. 자신을 있는 그대로 인정해주고 조금 더 앞으로 나갈 수 있도록 힘을 북돋워주는 격려의 말을 원한다. 이러한 긍정의 말에 아이들은 감정을 절제할 수 있는 힘을 얻을 수 있을 것이다. 서로에게 힘을 줄 수 있는 말이 오고 간다면 절제할 수 없는 감정이란 없을 것이다. '분노'로 가득 찬 자신이 아닌 앞으로 나아갈 수 있는 원동력, '열정'과 '용기'로 충만한 자신을 발견하게 될 것이다.

활동2 >> '나' 사용설명서 아이디어 스케치 및 피드백

<활동1>을 바탕으로 자신에 대한 내용을 작성해 보았다면, 이제 본격적으로 '나' 사용설명서를 픽토그램의 시각 이미지로 디자인할 차례이다.

활동순서는 다음과 같다.

1. '나에 대해 얼마나 알고 있니?' 활동지에 작성한 내용을 바탕으로 픽토그램으로 표현할 수 있는 자신의 키워드를 뽑아낸다.

예시

자신의 단점/싫어하는 말 · 행동	키워드
'나는 말을 잘하지만, 가끔 주체할 수 없이 말을 많이 한다.'	시끄러움 주의
'내가 가장 싫어하는 친구의 행동은 뒷담하는 것이다.'	뒷담 금지

2. 키워드에 맞는 형태와 색을 생각하며 이미지를 디자인한다. 이때 전달하고자 하는 내용이 잘 나타날 수 있도록 단순하면서도 상징적으로 표현하는 것이 중요하다.

3. 자신을 설명할 수 있는 시각적 소통 이미지로 디자인된 활동지를 짝과 공유하며 서로의 디자인에 대해 잘된 점과 보완해야 할 점을 피드백한다.

나에 대한 탐색을 통해 나온 자료를 바탕으로 픽토그램 기호로 단순화·상징화하는 일은 쉽지 않은 작업이다. 하지만 아이들은 자신에 대한 정보를 친구들에게 보다 정확하고 빠르게 전달하려고 최선을 다하는 모습을 보인다. 여기에 동료 간 피드백 과정은 친구가 싫어하는 말과 행동, 어떤 말을 하면 기분이 좋아지는지에 대한 정보를 교류할 뿐 아니라 서로의 성장을 돕는 역할을 한다. 다음은 아이들이 표현한 '나' 사용설명서를 위한 아이디어 스케치와 친구들의 피드백으로 수정·보완된 디자인 내용이다.

- 빨강: '금지' 의미
- 내용: 무시 금지
- 피드백: 남의 말을 무시하는 내용이 정확하게 드러났으면 좋겠음.

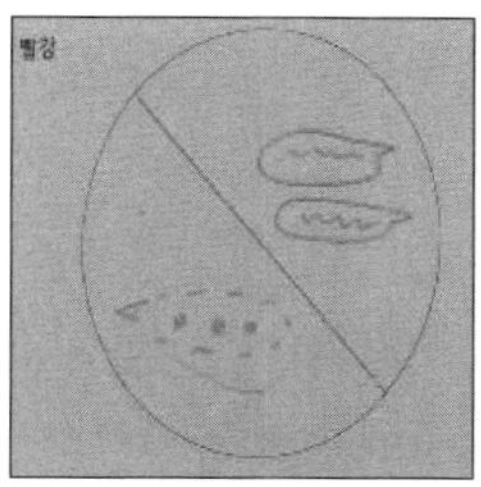

피드백 전

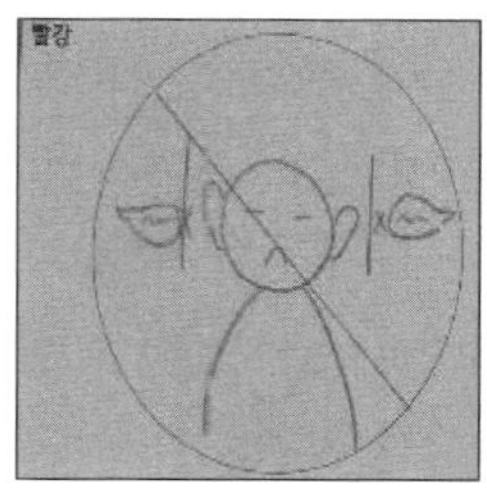

피드백 후

- 노랑: '주의' 의미
- 내용: 혼자 있고 싶으니 주의
- 피드백: 주변 사람들의 간섭에 화나는 자신의 모습이 강조되면 좋겠음.

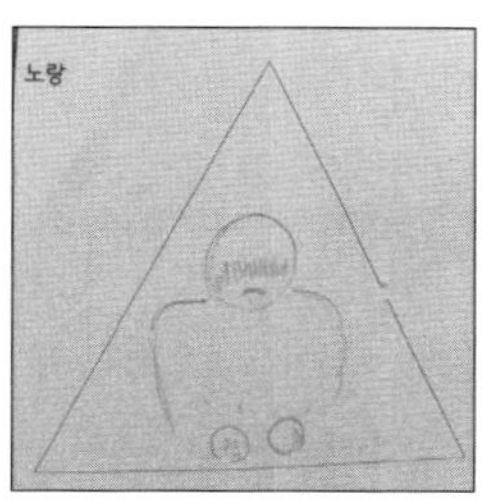

피드백 전

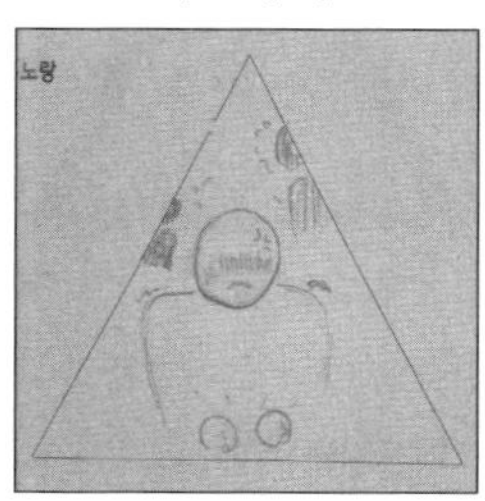

피드백 후

활동3 ≫ 자신의 사용설명서에 대해 발표하기

동료의 피드백 과정이 더해져, 나를 잘 전달할 수 있는 상징적 시각 이미지, '나' 사용설명서를 가독성 있게 구성하여 친구들과 공유한다.

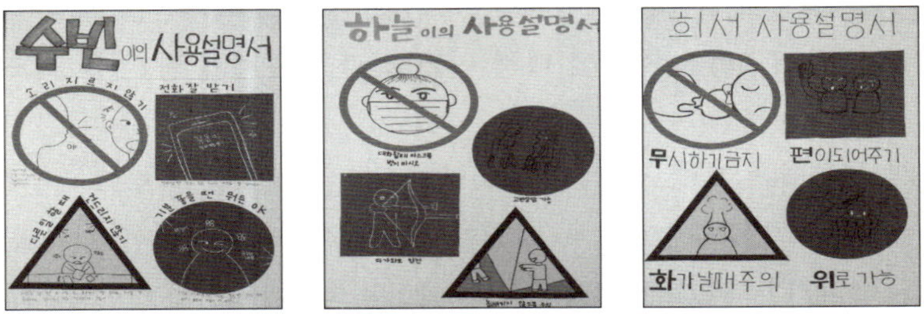

나 사용설명서 학생 결과물

아이들에게는 주변 환경에 의해 자신의 능력을 정하고 감정을 결정짓는 일이 생긴다. 예를 들어 남 앞에 나서서 발표할 때면 얼굴이 빨개지며 말을 더듬는 학생이 있다고 가정하자. 그 아이가 발표할 때마다 친구들에게 '홍당무'라고 놀림을 당하게 된다면, 그 학생은 어떻게 될까? 아마 친구들 앞에서 발표하기를 꺼리게 될 것이다. 친구들의 사소하고 대수롭지 않다고 생각하는 말과 행동이 당사자를 소극적으로 만들게 되고, 그 사람 기분을 우울하고 화나게 만드는 원인이 된다. 하지만 옆에서 감정을 건드리는 '홍당무'라는 말이나 행동을 자제하고 '괜찮아.', '잘하고 있어.'라는 격려의 말 한마디를 전한다면 상황은 달라질 수 있다. 놀림 받을까 두려워 발표를 기피하는 것이 아니라 용기 내어 발표하려는 노력을 시도할 수 있을 것이기 때문이다. 그러한 노력으로 발표할 때면 빨갛게 변하던 얼굴은 사라지고, 떨려서 더듬거리던 말투 또한 변화되어 자신감 있게 발표하는 자신을 발견하게 될 것이다. 그 아이의 콤플렉스로 작용하던 붉어진 얼굴과 더듬는 말은 감정을 상하게 하던 원인이 제거되자 단점을 극복할 수 있는 계기가 된 것이다. 자신의 단점을 알고 스스로 고치려는 노력도 중요하지만, 주변의 시선이나 환경에 따라 그 노력의 정도가 달라질 수 있음을 보여준다. 이는 주변의 도움도 많이 필요하다는 의미이다.

그러므로 내가 원하는 모습에 가까워지기 위해서는 자신에 대한 정확한 파악이 기본이 되어야 한다. 그 바탕 위에 주변의 관심과 격려는 내 장점을 발전시키고 단점을 보완하여 더욱 성장시키는 밑거름이 된다. 이로써 '나' 사용설명서 수업은 자신의 생각과 감정에 대한 정보를 시각적 이미지로 표현함으로써, 남이 바라본 '나'가 아닌 자신이 바라본 '나'에 대해 생각하고 성찰할 수 있도록 한다. 여기에 타인을 이해하려는 노력이 더해진다면 공감능력 향상에도 도움을 줄 것이라 생각된다.

5차시 '나' 소개하기

학기 초 이름표 위 나의 감정을 표현하는 배지를 달고 생활해보자. '나' 사용 설명서에서 표현한 내용 중 '금지'와 '주의'의 의미가 담긴 픽토그램은 '이 말과 이 행동만은 삼가해주세요.'라는 의미이다. 새 학기, 학생들은 서로 모르는 단순한 오해에서부터 종종 다툼이 발생한다. 이 활동은 오해를 불러 나의 감정을 상하게 하고 화를 절제하지 못해 싸움으로까지 번지는 일을 방지하는데 유용하게 사용되리라 생각된다.

활동순서는 다음과 같다.

1. '금지'와 '주의' 내용 중 가장 자신에 대해 친구들이 알았으면 좋을 것 같은 픽토그램을 선정하여 종이 가장자리 1cm 정도의 여분을 남기고 연필로 스케치한 후 색연필, 마커 또는 매직을 이용하여 채색한다.

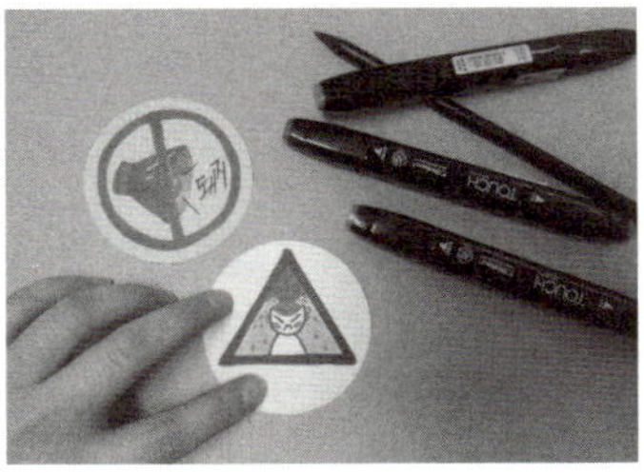

2. 프레스기에 표현한 픽토그램으로 배지를 제작한다.

▶ 제작과정

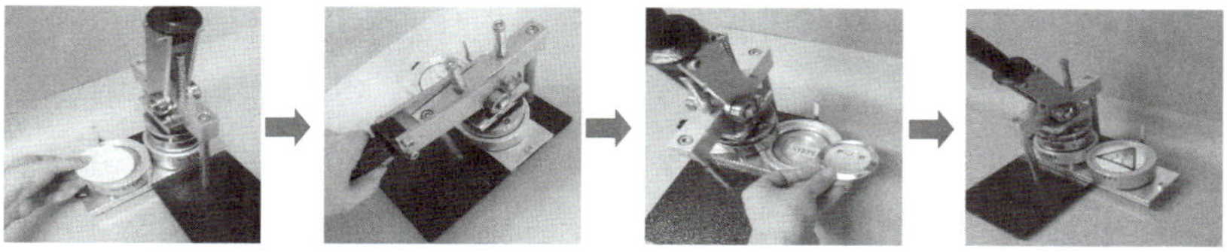

① ② ③ ④

① 프레스기 STEP1에 배지 덮개(안면)를 올리고 그 위에 픽토그램 그림과 코팅지를 올린다.
② ①의 내용물 위로 프레스기 손잡이를 내려 눌러준다.
③ STEP2에 배지 뒷부분을 넣고 다시 손잡이를 내려 눌러준다.
④ 손잡이를 놓고 옆으로 빼면 STEP2에 배지가 완성되어 있다.

3. 제작된 배지를 착용하여 생활한다.

1-3 '나' 발견하기

남들이 잘하는 것을 부러워하고, '나도 잘했으면 얼마나 좋을까?'라는 생각은 누구나 한 번쯤 해보았을 것이다. 그것은 나 자신에 대해 정확히 파악하지 못하고 내가 누구인지 모르는 정체성 부재에서 비롯된 생각일 것이다. '나는 세상에서 단 한 명의 귀중하고 충분히 아름다운 존재'인데 말이다. 자신을 믿고 사랑하는 사람은 성공한다. 그들은 자기가 갖고 있는 단점 때문에 자아를 부정하는 일 없이 자신의 장점을 살리고 단점을 커버하기 위해 좀 더 적합하고 좋은 방향으로 나아가기 위해 노력하기 때문이다.[15]

그러므로 나를 믿고 사랑하기 위해서는 '내가 누구인지' 알아야 한다. 남에게 보이는 겉모습이 아닌 온전한 나의 모습. 내가 무슨 생각을 하고 있는지, 내가 정말 좋아하는 것은 무엇인지 내면의 내가 하는 목소리에 귀 기울여 자신의 본 모습을 알아야 한다. 그러나 나를 제대로 알기란 쉽지 않다. 특히, 바쁜 일상을 살아가는 아이들에게 자신의 본 모습을 발견하고 진정한 가치를 찾아보라고 하기엔 시간적인 여유가 없다.

자아를 발견하는 자아 존중감 강화전략으로서 세 번째 방법인 '나' 발견하기는 시간적 여유가 있는 학년·학기를 시작하는 시점에서 진행하면 좋은 수업이다. 가장 평범한 일상에서 내가 어떻게 지내는지 제3의 눈으로 바라보게 하여 그 속에 내포된 자신의 중요한 가치를 발견하게 한다. 또한, 그 가치의 최종목표가 무엇인지, 그 목표를 실천하기 위해 어떠한 노력이 필요한지 구체적으로 계획을 세워보게 함으로써 자아 존중감을 함양시킬 수 있을 것이다.

'나' 발견하기 수업은 진로와 직업과 미술 교과의 융합으로 이루어진다. 수업의 과정은 미술 교과에서 나의 일상을 들여다보며 자신이 중요하게 생각하는 가치를 발견하기 위해 그림일기로 진행되며, 진로와 직업에서는 진로탐색의 과정을 거쳐 자신이 원하는 직업이 무엇인지 명료화시킨다. 그리고 젠탱글 방법으로 자신의 미래의 모습을 시각화하는 미술 활동이 진행된다.

---

15) 쉬세장(2020). 「하버드 감성수업」. 리드리드.

각 교과의 성취기준은 다음과 같다.

미술	학습단원	4. 주제표현의 다양한 탐색 - 나의 일상 그림일기로 표현하기
	성취기준	[9미02-01] 표현 의도에 적합한 주제를 다양한 방식으로 탐색할 수 있다.
	평가기준	자신의 일상의 모습을 되돌아보며 스스로 자신을 이해하는 성찰의 시간을 가질 수 있다.
진로와직업	학습단원	1. 자아 이해와 사회적 역량 개발 - 내가 좋아하는 것은? 내가 잘하는 것은?
	성취기준	[9진01-02] 다양한 방법으로 자신의 직업 흥미와 적성을 탐색할 수 있다.
	평가기준	만다라트의 방법을 통해 자신의 진로의 흥미와 적성을 탐색하고, 직업카드를 이용하여 자신이 원하는 직업을 찾아 설명할 수 있다.
미술	학습단원	1. 조형요소와 원리의 발견 - 나의 미래의 모습 젠탱클로 표현하기
	성취기준	[9미02-04] 주제의 특징과 표현의도에 적합한 조형요소와 원리를 탐색하여 효과적으로 표현할 수 있다.
	평가기준	선적인 요소를 이용하여 자신이 표현하고자 하는 주제를 효과적으로 표현할 수 있다.

수업의 전체 흐름도는 다음과 같다.

차시	학습주제	학습활동
1차시	일상 속의 '나' '나의 하루는 어떤가요?'	• 교사의 일상으로 공감 대화 나누기 • 그림일기로 나의 일상 표현하기
2차시	나의 가치 발견	• 행복가치 카드로 나에게 중요한 가치 함께 나누기 • 만다라트 기법으로 행복한 삶을 위한 목표 세우기
3-5차시	나의 미래의 모습 표현	• 진로 탐색하기 • 젠탱클 방법으로 자기 미래의 모습 표현하기
6차시	나에게 보내는 편지	• 음악으로 공감 대화 나누기 • 나에게 보내는 편지 작성하기

1-3-1. 일상 속 '나'

"알람을 듣고 일어나야지 생각하지만 도저히 일어나지지 않는다. 일어나기 위해 비몽사몽 상태로 스마트폰을 잡는다. ○○의 인스타에 들어가서 확인하고 댓글을 달고나서야 일어난다. 이제 학교를 가야지…."

○○중학교 ○○의 일기 중

학생의 그림일기

하루 일과를 표현한 학생의 그림일기이다. 일기는 하루 단위로 자신의 생활을 기록하는 것이다. 생활 속에서 가장 인상 깊은 중요한 일을 되돌아보며 진솔하게 작성하기에 자신의 삶과 밀접하게 관련된 글이다. 여기에 그림과 합쳐진 일기는 자신의 내면세계를 글뿐만 아니라 그림으로 표현하여 자신을 돌아보고 긍정적으로 발전시키며 부정적인 감정에 직면하게 하는 역할을 한다. 그래서 그림일기는 핸드폰과 인터넷 정보기기가 넘쳐나는 21세기를 사는 요즘에도 그려지고 있다. 그림을 그리는 도구가 태블릿과 같이 전자기기라는 형식으로 달라지기는 했으나 하루를 상기하고 기록하는 과정이라는 것은 예전이나 같다. 하루 일상을 성찰할 수 있는 '그림일기'라는 추억의 방법을 소환하여 아이들 스스로 자신의 일상을 들여다보는 시간을 갖고자 한다.

1차시 나의 하루는 어떤가요?

활동1 》 교사의 이야기로 공감 대화 나누기

교사 자신의 아침 풍경과 중요한 가치를 소개하는 스토리텔링으로 수업은 시작된다.

교 사　선생님은 아침형 인간이라 5시면 그냥 눈이 떠집니다. 주말에도 늦게까지 자고 싶은데 여지없이 그 시간이면 정신이 맑아지네요. (웃음) 그리고 눈을 뜨면 바로 일어나지 않아요. 이불 속에 더 있고 싶거든요. 하지만 그냥 누워있지만은 않아요. 오늘 할 일을 머릿 속으로 생각하고 먼저 해야 할 순서를 정하죠. 그리고 출근해서 메모지에 순서대로 적어두죠. 그렇게 해야 빠뜨리지 않고 차근차근할 수 있거든요. 그렇지 않으면 하루가 엉망이 되어버려 기분이 좋지 않아요. 선생님은 계획된 것이 참 좋아요.

학생A　저는 아침에 일어나기가 너무 힘들어요. 엄마가 화를 내면 그때 일어나요. 그래서 항상 지각을 해요.

교 사　그래, 선생님이 등교 맞이를 하다 보면 종 치고 나서 올라가는 ○○의 모습을 가끔 볼 때가 있어. 그런 모습에 담임선생님께서 ○○를 걱정하시더라. 조금만 일찍 일어나면 좋을텐데….

학생A　저도 그러고 싶은데…. 게임을 하느라 늦게 자다 보니 그게 잘 안돼요….

활동2 》 그림일기로 나의 일상 표현하기

그림일기의 형식은 자신의 하루 일과(아침 풍경, 점심 풍경, 방과 후 풍경)와 진로(미래 나의 모습)가 무엇인지 생각할 수 있도록 총 4가지로 구성되어 있다. 우선, 아침 풍경은 매일 반복된 일상이지만 일어나서 가장 먼저 하는 행동이나 매일 아침이면 꼭 해야 하는 중요한 일이 무엇인지를 생각하여 표현할 수 있도록 안내한다.

두 번째, 점심 풍경으로 학교 안에서의 모습이다. 학교 안에서 학생의 공통된 생활은 교과 수업이나 교우 관계이다. 내가 어떤 교과나 활동을 좋아하고 있는지 또는 어떤 것에 중요한 가치(공부, 친구, 음식 등)를 두고 있는지 구체적으로 표현할 수 있도록 한다.

세 번째, 방과 후 풍경은 학교 밖에서의 모습이다. 교사 입장에서는 학교 외 공간에서 아이들이 무엇을 하며 하루를 마무리하는지 궁금하다. 그리고 학생 입장에서는 이 시간이야말로 모든 학교 일과를 마치고 편안해지는 시간일 것이다. 그래서 더욱 자신을 드러낼 수 있는 시간이기도 하다. 이 활동을 통해 자신이 무엇을 하며 하루를 마무리하는지 스스로 생각해볼 수 있는 성찰의 시간을 주기 위함이다. 그 과정에서 자신이 무엇을 할 때 가장 즐겁고 행복한지를 발견할 수 있을 것이다.

마지막으로, 미래의 내 모습을 상상하여 그려볼 수 있도록 한다. 대부분 학생은 자신의 진로에 대해 구체적으로 생각해보지 않아 이 부분에서 어려워한다. 이런 경우에는 '20년 후 나는 무엇을 하고 있을까?'로 기간을 한정시켜 주면 학생들이 조금은 쉽게 접근할 수 있다. 그것 또한 어려워한다면 내가 좋아하는 물건이나 과목, 좋아하는 운동 등 자신이 좋아하는 것, 잘하는 것을 구체화시켜주는 질문을 던져주어야 한다.

대화의 예

교사	○○는 좋아하는 것이 뭘까? 아니면 잘하는 것?
학생	잘 모르겠어요. 음…. 잘하는 건지는 모르지만 그냥 축구를 좋아해요. 그래서 축구경기를 많이 보거나 게임도 축구게임 위주로 해요.
교사	실제로 축구를 하지는 않니?
학생	제가 키가 작아서 그런지 아무리 뛰어도 공을 쫓아갈 수가 없는 거 같아요. 그래서 잘하지는 못해요. 그런데 좋아하기는 한 것 같아요.
교사	좋아하는 것이 축구라면 진로가 축구선수가 아닌 축구 해설가나 스포츠 에이전시 매니저 등 다양한 직업도 있어. 4번째 그림은 그런 방향으로 생각해보도록 해봐.

그림일기를 작성하다 보면 일부 학생 중 '밥을 먹는다.', 'TV를 본다.', '학원을 간다.' 식으로 단답형으로 적는 경우가 있다. 이럴 때는 교사의 간접적인 안내가 필요하다. 'TV를 본다면 주로 무슨 프로그램을 보니?', '밥은 몇 시에 먹고 누구와 먹니?' 등의 구체적인 질문을 던져주며 학생이 자신의 일상을 자세히 스토리텔링할 수 있도록 유도해야 한다. 거기에 그 당시의 생각과 느낌까지 첨부하면 좋은 그림일기가 작성될 것이다.

다음은 그림일기 방식으로 자신의 일상과 미래 모습을 상상하며 표현한 학생의 활동지이다.

- 아침 풍경: 항상 7시 20분에 알람을 맞춰놓고, 울리면 엎드려서 알람을 끈 다음 그 자세로 다시 잔다. 그리고 8시에 일어난다.
- 점심 풍경: 밥을 먹을 땐 정신이 가장 맑다. 매일 안경을 쓰고 머리를 하나로 질끈 묶은 건강한 친구와 급식을 먹는다. 그러나 먹을 때 장난을 많이 쳐서 가끔 사고를 치기도 한다.
- 방과 후 풍경: 책상에 앉아서 공부를 한다. 책을 항상 옆에 쌓아두고 공부하기 때문에 책상이 난장판이다.
- 미래 나의 모습: 자상하고 친구 같은 좋은 초등학교 선생님이 되어 있을 것이다.

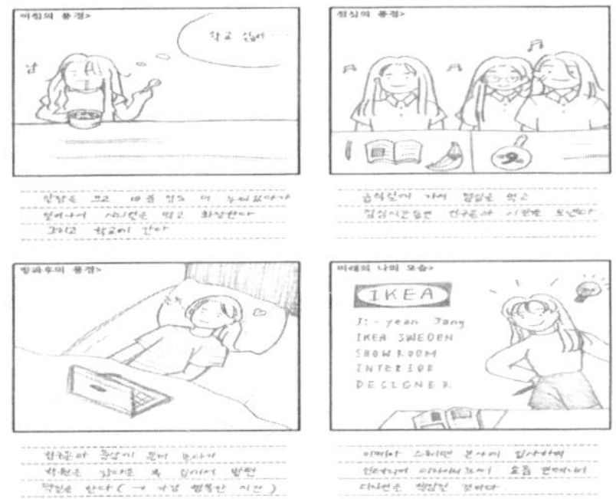

- 아침 풍경: 알람을 끄고 10분 정도 더 누워있다가 일어나서 시리얼을 먹고 화장한다.
- 점심 풍경: 급식실에 가서 점심을 먹고 친구들과 이야기하며 시간을 보낸다.
- 방과 후 풍경: 친구들과 중상에 들려 놀다가 학원을 갔다 온 후 침대에 누워 방탄 덕질을 한다. 가장 행복한 시간이다.
- 미래 나의 모습: 이케아 스웨덴 본사에 입사하여 인테리어 디자이너로서 쇼룸 인테리어 디자인을 책임질 것이다.

아침에 일어날 때면 힘들어하는 모습과 친구들과 함께 급식을 먹는 점심의 모습은 대부분 학생들에게서 비슷한 모습을 보인다. 그러나 방과 후에는 학원을 가거나, 친구들과 놀거나, TV · 컴퓨터게임 등 자신이 좋아하고 원하는 것을 하는 다양한 모습을 볼 수 있다. 아이들에게는 자신을 드러내며 하루 일상을 되돌아볼 수 있는 시간이 되었을 것이다.

이렇듯 '그림일기'는 그 당시의 감정 상태를 상기시켜 점진적으로 부정적인 사고방식을 긍정적인 사고방식으로 바꿔 나가도록 한다는 점에서 정서 함양에

도움을 준다. 거기에 진정으로 자신이 원하는 것이 무엇인지를 파악할 수 있는 계기를 마련하여 나에게 행복한 삶은 어떤 것일까를 생각할 수 있는 시간을 제공한다. 아래는 자기성찰의 계기를 마련해 줄 그림일기 활동지의 예이다.

활동지 예시

나의 일상은?

나의 하루를 그림일기로 표현해보고, 나의 미래는 어떤 모습일지 상상하여 봅시다.

아침 풍경	점심 풍경
아침에는….	점심에는….
방과 후 풍경	미래 나의 모습
방과 후에는….	20년 후 나는….

1-3-2. 나의 가치 발견

2차시 나의 가치 발견하기

학생들의 일과 중에는 다양한 일들이 많이 발생한다. 그중 가장 기억에 남거나 중요한 내용을 일기에 작성하게 되는데, 그 속에 내가 중요하다고 생각하는 가치가 있다. 학생이라면 공부일 수도 있고 친구가 될 수도 있다. 자신이 중요하게 생각하는 가치가 무엇인지 생각해보고 발견해보자.

활동1 》 행복가치카드[16)]로 나에게 중요한 가치 함께 나누기

행복카드-씨앗(학토재)

아침, 점심, 방과 후, 미래의 나의 모습을 표현한 그림일기를 보며 각각의 일상에서 중심이 되는 가치를 행복카드-씨앗에서 찾아보도록 한다. 아이들은 그냥 생각나는 대로 그렸다고 하지만, 그 내용 속에는 자신의 기준에서 은연중에 많이 하는 행동이나 가장 중요하다고 생각하는 모습을 그렸을 것이다. 이는 무의식 중에 내가 중요하게 생각하는 우선순위나 가치가 내포되어 있기 때문이다.

---

16) 행복가치-씨앗 카드는 6가지 성(性)인 체성(體性), 감성(感性), 사회성(社會性), 지성(知性), 조성(調性), 영성(靈性)을 발현시키기 위해 필요한 단어 63개를 선별하고 이에 대한 의미를 정의한 것이다. 이 단어들은 심리학, 윤리학, 경영학, 교육학에서 일반적으로 거론되는 욕구와 미덕에 해당된다.

아이들 개개인이 중요하게 생각하는 가치가 무엇인지 공감 소통을 통해 하나씩 들여다보고자 한다.

활동순서는 다음과 같다.

1. 칠판에 행복카드–씨앗 목록을 붙여두고 5~6명씩 원탁모형으로 둘러앉도록 한다.

2. 그림일기에서 자신이 중요하게 생각하는 가치가 무엇인지 생각해보고, 행복카드–씨앗에서 찾은 가치 단어 4장을 해당하는 그림일기 위에 올려놓는다.

활동 예시

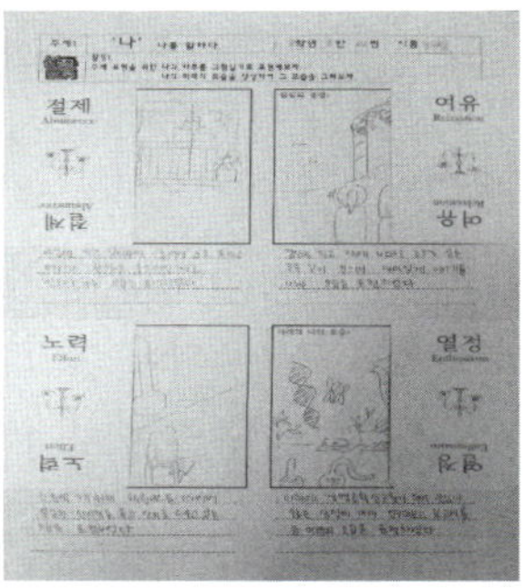

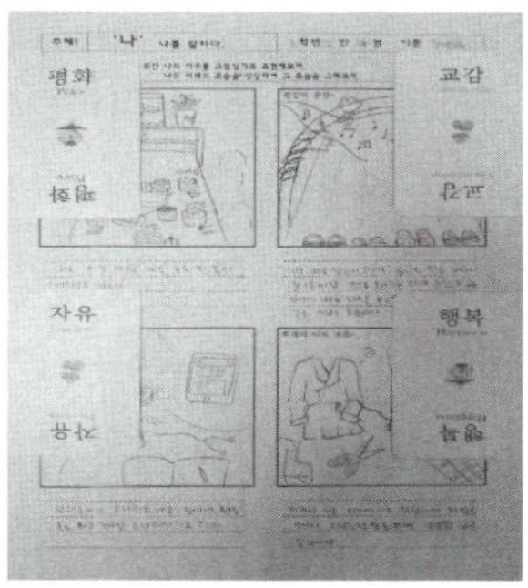

3. 가치 단어 뒷면에 적혀있는 가치의 의기가 무엇인지 큰소리로 읽어보도록 한다.

4. 4개의 가치 단어 중에 자신이 가장 중요하게 생각하는 가치 단어 하나를 선택한다.

5. 자신의 앞에 있는 꽂이에 가치 단어를 뒤집어서 꽂는다.

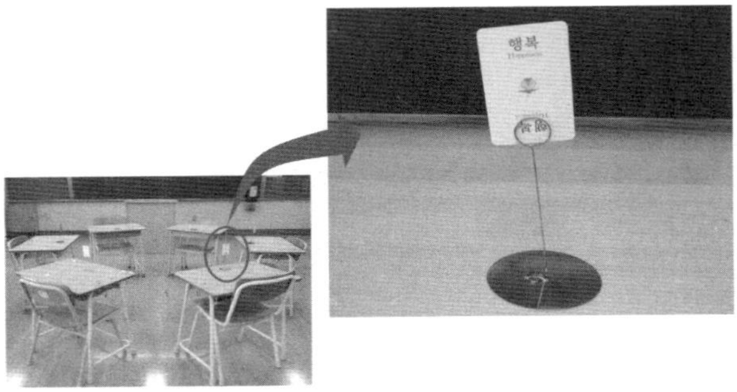

원탁모형으로 가치단어 발표하기

6. 친구들에게 자신의 가치 덕목이 보이게 카드를 제시하며 그 단어의 의미를 이야기한다. 그리고 그 단어를 선택한 이유를 공유한다.

학생의 대화 내용은 다음과 같다.

교 사 자신이 중요하게 생각하는 가치에 대해 생각해보았나요? 그중 나에게 가장 큰 비중을 차지하는 가치는 무엇인지 이야기하려고 합니다. 자신이 선택한 카드의 의미와 그 덕목을 뽑은 이유는 무엇인지 이야기해봅시다.

학생A 저는 여유를 뽑았습니다. 여유의 의미는 '어떤 일에 임할 때 성급하게 굴지 않고 느긋하게 상황 판단이나 행동을 하는 마음 상태'입니다. 저는 중학교에 올라와서 하루를 정신없이 보내는 것 같아요. 7교시까지 하기도 하고 학교가 끝나면 학원도 가야 하고 여유가 없어요. 친구들과 학교 정원을 걷는 점심시간의 여유로움이 좋아요. 그래서 친구들과 함께할 수 있는 여유로움이 있는 점심시간이 가장 기다려져요.

학생B 저는 노력을 뽑았습니다. 노력의 의미는 '사람이 어떤 목적을 이루기 위해 몸과 마음을 다해 애를 쓰는 것'입니다. 저는 장래희망이 패턴 디자이너입니다. 지금 방과 후에는 미술학원을 가는데 피곤하고 힘들지만 제가 하고 싶은 일을 위해서는 남들보다 공부와 그림이라는 두 배의 노력이 필요하거든요.

학생C 제가 뽑은 가치 카드는 두 장인데요. 호기심과 도전입니다. 호기심의 의미는 '좋아하는 것이나 모르는 것을 더 깊고 자세히 알고 싶어 하는 마음'입니다. 도전은 '예상되는 어려움과 위험이 있음에도 불구하고 자신이 하고자 하는 일에 뛰어드는 것'입니다. 저는 모든 것이 궁금합니다. 그래서 새로운 것에 도전하는 것을 좋아합니다. (웃음) 특히, 학교에서 매운맛 급식이 나올 때 어느 정도 매울지가 궁금해서 친구들은 먹지 않더라도 그냥 도전합니다.

학생D 저는 협력을 뽑았습니다. 협력의 의미는 '사람들이 공동의 목표를 위해 마음과 행동을 하나로 모으는 것'입니다. 저는 체육시간 친구들과 협력하여 축구 경기를 하는 것이 즐겁습니다. 축구 경기는 단체 경기라 누구 하나가 잘한다고 경기에서 이기는 것이 아니잖아요. 팀워크가 중요해요.

학생E 저는 평온을 뽑았습니다. 평온의 의미는 '고요하고 따뜻하며 안정된 마음을 품고 누리는 것'입니다. 모든 일과를 마치고 침대에 누워 핸드폰으로 좋아하는 가수 노래를 듣는 평온함이 좋아요.

학생들은 각자의 일상에서 생각하고 느낀 점을 한 단어의 가치 카드로 표현한다. 처음에는 막막해하며 발표하기를 꺼리지만 카드 뒤의 해설을 보면서 자신이 마음에 든 단어가 무슨 의미인지 이해하고 자신의 일상과 연결시켜 재미있게 적극적으로 발표하는 모습을 볼 수 있다. 이는 자신의 일상과 가치 카드에 적힌 내용(여유, 협력, 도전, 평온, 노력 등)이 각자에게 와 필요하고, 중요한지 구체화 시킬 수 있었기 때문이다.

"○○는 호기심을 만족시키기 위해 도전을, ○○는 공동체 목표 달성을 위해 협력을, ○○는 좋아하는 음악을 들으며 바쁜 일상을 평온하게 마무리하는 것을, ○○는 꿈의 실현을 위해 노력을 중요한 가치로 선택했어요. 그런데 그 많은 가치 중에 왜 도전, 협력, 평온, 노력을 선택했을까요?"

아이들의 발표내용을 정리하며 다시 한번 교사는 위와 같은 물음을 던진다. 그러자 학생들은 '좋으니까요.', '즐거우니까요.', '나에게 의미있거든요.'라는 대답을 한다. 이 질문을 한것이 무색할 정도로 아이들의 대답은 쉽게 나온다. 결국에는 자신이 원하는 즐거움을 느낄 수 있는 상태에 이르게 된 것이다. 이 만족의 상태를 우리는 '행복'이라고 한다. 행복가치－씨앗 카드의 정의에 의하면 행복이란 '충분한 만족과 기쁨을 느끼어 흐뭇한 상태'라고 한다. 자기가 좋아하는 일에 몰두하여 즐거움, 만족을 얻는 것이야말로 나에게는 행복한 것이다. 그렇다면 이제 나의 행복한 삶을 위한 구체적인 목표가 필요하다.

활동2 ≫ 만다라트[17] 기법으로 행복한 삶을 위한 목표 세우기

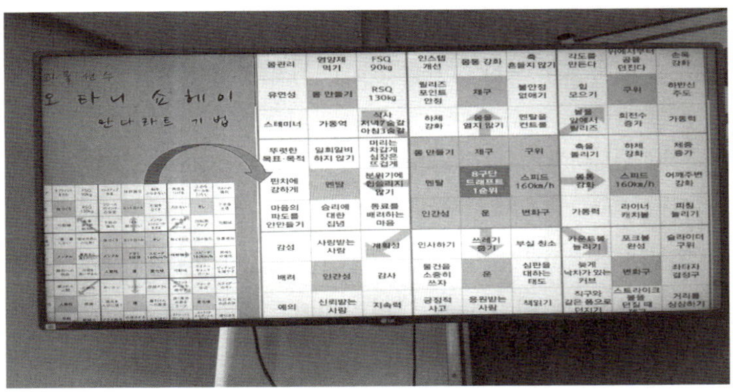

오타니 쇼헤이의 만다라트

메이저리그(MLB) 진출을 꿈꾸고 그 꿈이 이루어진 일본선수 오타니 쇼헤이의 이야기로 교사 스토리텔링이 시작된다.

교 사　　2018년 메이저리그에 진출하여 선발투수로 첫 승리를 이끌고 그 다음 날

17) 만다라트 기법(MANDALA－ART)은 일본 디자이너 히로아키가 '만다라'의 모양에서 영감을 얻어 고안한 것으로 목표를 이루기 위한 핵심과, 그 핵심을 개선하기 위한 세부항목을 작성하는 방법이다(만다라트 실천법).

에는 타자로 출전하여 3점, 2점, 홈런을 때려 사람들을 놀라게 한 선수가 있습니다. 그 선수를 사람들은 '이도류'라고 불렀다고 하는데 이도류란 투수와 타자, 두 개의 무기를 가진 선수라는 뜻입니다. 이 선수가 일본의 오타니 쇼헤이입니다. 어린 나이에 이렇게 성장한 비결은 무엇이었을까요? 궁금하지 않나요? 이 선수는 신체적 재능뿐 아니라 자기관리 또한 뛰어났다고 합니다.

학생A　어떻게 자기관리를 했기에 그런 괴물 선수가 되었나요?

교 사　모든 선수들이 자신만의 관리법이 있겠지만, 오타니 쇼헤이는 고등학교 1학년 때부터 만다라트 방법을 사용했다고 합니다. 그가 작성한 만다라트 방법은 화면에 보이는 것과 같습니다. 중앙에 '8개 구단 지명 1순위'라는 최종목표를 적어두고 이를 달성하기 위한 8가지 필요한 요소를 8개 칸에 채워 넣었습니다. 이 8가지는 몸 만들기, 컨트롤, 구위, 멘탈, 구속, 인격, 운, 변화구입니다. 여기에 각 항목에 필요한 방법을 또 8가지로 구체화시켜 채워 넣었습니다. 간단한 듯 보여도 이 목표를 달성하기 위해 자신의 단점을 개선하고 장점을 살리기 위해 피나는 노력을 했을 그를 생각한다면 대단하죠?

학생B　선생님 칸에 적혀있는 것 중 운도 있는데…. 운도 목표로 세울 수 있나요?

교 사　오타니 쇼헤이는 운도 실력이라고 생각했습니다. 자신의 목표를 달성하기 위해 심판을 대하는 태도며 물건을 소중히 여기는 모습 등 모든 것에 노력이 필요하다고 생각한 거죠. 얼핏 보면 야구와는 직접적으로 관계없어 보이는 요소지만 이러한 행동이 운을 부르는 행동임을 알았던 것이죠. 자, 여러분들도 자신의 행복한 삶을 위해 가치 있는 목표를 세워보기로 합시다.

이제 만다라트 기법을 활용한 가치 있는 목표를 세울 차례이다.

활동순서는 다음과 같다.

1. 종이에 가로, 세로 9칸씩 모두 81칸의 사각형을 그린다.

2. 만다라트 중앙에 행복한 삶을 위한 자신의 최종목표를 적는다.

3. 최종목표를 중심으로 8칸에 주제와 관련한 아이디어를 적는다. 8칸 중 4개는 나는 누구인가, 삶의 가치, 관심 직업 및 분야, 미덕 등으로 교사가 미리 제시해준다.

활동지 예시

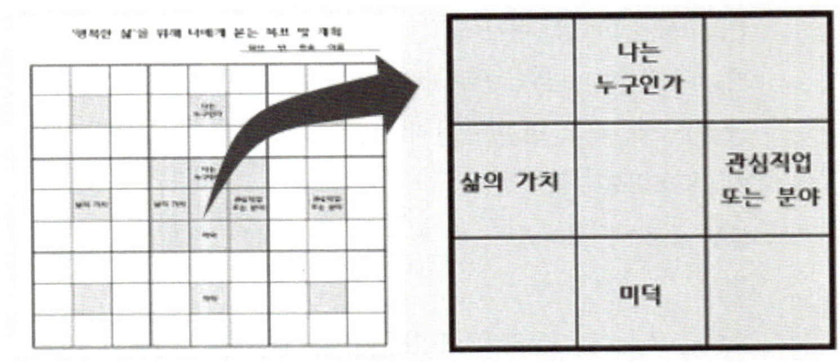

4. 그 외에 중앙 4개의 칸은 최종목표 달성(행복한 삶)을 위해 필요한 것이 무엇인지 생각하여 채울 수 있도록 안내한다.

5. 3의 내용을 대각선 방향의 네모 칸 중앙에 적고, 그 둘레로 이를 달성하기 위한 방법 8가지 항목을 작성하도록 안내한다.

6. 수시로 달성 정도를 체크하고 피드백하며 관리한다.

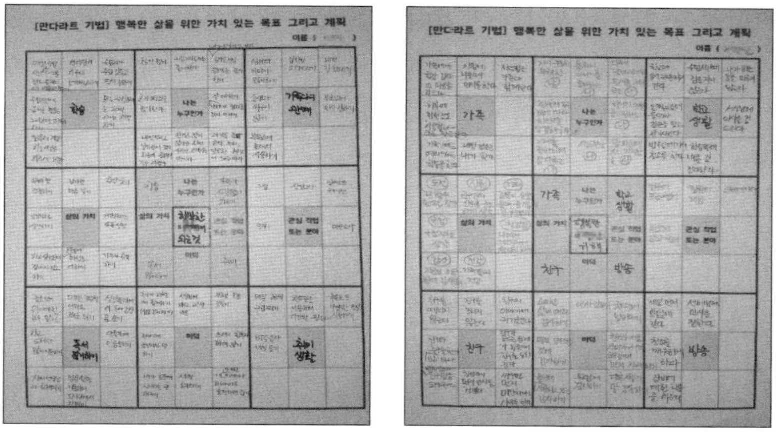

만다라트 기법을 활용한 가치 있는 목표세우기

만다라트 중앙에 '행복한 ○○○(이름)가 되기 위해'라고 최종목표를 적는다. 그리고 행복을 위해 내가 노력해야 하는 것을 구체적으로 생각해보도록 한다. 하지만 아이들은 구체적인 활동을 적는 것을 생소해하며 어려워한다. 교사는 너무 멀리 있고 대단한 내용이 아닌, 가까이에 있으면서 쉽게 할 수 있는 내용을 위주로 생각해보도록 안내한다. 그러자 아이들은 자신의 주변(가족, 친구, 교사)부터 생각하고 학교생활을 하면서 많은 시간을 할애하는 부분, 자신과 관련된 내용으로 표현하기 시작한다.

작성된 내용을 살펴보면, 행복한 삶을 위해 가족들과 대화 많이 하기, 집안일(내방정리) 도와드리기, 매일 감사의 마음 갖기 등이다. 친구와 관련된 내용은 경청하기, 놀리고 싸우지 않기, 먼저 사과하기이다. 그리고 학교생활에서는 10분 일찍 등교하기, 학습플래너 잘 정리하기, 독서 많이 하기 등 우리가 알고 있지만 그냥 넘길 수 있는 내용이 대부분이다.

아무리 목표를 세운다고 하더라도 자신이 하기 힘든 막연한 목표는 현실과 동떨어져 며칠 지나지 않아 포기하게 된다. 옛말에 '작심삼일(作心三日)'이라는 말이 있다. 결심한 마음이 사흘을 넘기지 못하고 느슨해진다는 말이다. 최종적인 목표를 세우되 더 세분화된 하위목표를 세워야 한다. 하위목표를 차근차근 달성하면서 얻는 성취감이 스스로 자신감 향상이라는 효과를 줄 것이다. 하나하나 목표 달성을 통해 행복해하는 자신의 모습을 상상하며 가치 있는 목표를 세워보는 활동은 학생들에게 의미가 있다. 그리고 신중하게 세운 목표 옆으로 실천 체크리스트를 함께 게시하여 스스로 관리한다면 더욱 더 목표를 달성하기 위해 최선의 노력을 할 수 있을 것이라 생각된다.

1-3-3. 미래의 내 모습 발견

3-5차시 행복한 나의 미래(진로) 모습 표현하기

나는 무엇을 할 때 가장 행복한가? 자신에게 의미 있고 즐겁게 몰입할 수 있는 일을 할 때 우리는 행복을 느끼게 된다. 행복한 나의 미래 모습을 상상해보자. 그리고 그 꿈을 이룰 수 있을 것이라고 긍정적으로 생각해보자.

활동1 ›› 진로 탐색하기

직업멘토카드(진로연구개발팀)

나는 미래에 무엇을 하며 행복한 삶을 살고 있을까? 이 물음에 대한 답을 마인드 맵 작성을 통해 생각해보고자 한다.

활동순서 는 다음과 같다.

1. 진로 마인드맵 종이 중앙에 자신의 이름을 적는다.

2. 만다르트에 작성한 관심 직업 및 분야를 작성한다. 연관된 직업분야도 있을 것이고 서로 상관없는 직업도 있을 것이다. 모두 마인드맵에 작성하도록 안내한다.

3. 자신의 관심 분야 및 직업에 대해 직업 멘토 카드에서 모두 고른다. 카드 뒷면에 적혀있는 내용을 확인한다.

4. 자신의 성격과 성향에 대해 생각해보고 조금 더 마음이 가는 것, 자신이 즐겁게 할 수 있을 것 같은 직업을 선택한다.

5. 선택한 직업에 대해 핸드폰으로 구체적으로 검색한다.

진로 마인드맵 활동지

학생들이 작성한 직업을 살펴보면, 대부분 교사, 만화가, 경찰, 소방관, 사회복지사 등 한정적인 대답뿐이다. 얼마나 다양한 직업이 존재하는지 아이들은 자세하게 알지 못한다. 아이들은 단지 TV에서 많이 나오는 직업군이나 부모의 열망이 담긴 의사, 변호사, 검사 등 전부 전문직과 관련된 직업들이라는 것을 학생들이 작성한 활동지를 통해 알 수 있다. 그러나 200개의 직업 멘토 카드 속에는 다양한 직업들이 보인다. 자신이 좋아하는 컴퓨터 게임에도 프로게이머뿐 아니라 소프트웨어 개발자, 게임 기획자, 컴퓨터 그래픽 디자이너 등 하나가 아니라 각각의 전문분야가 세분화 되어 있음을 깨닫게 된다. 이렇듯 아이들은 제대로 알지 못해서 꿈을 갖지 못하는 경우가 있다. 교사는 아이들에게 자신에게 맞는 다양한 진로를 찾을 수 있도록 안내하고 조언해야 한다.

아이들이 자신이 되고자 하는 꿈이 무엇인지 정확히 아는 것이 중요하다. 이는 자신의 강점을 살려 자기 계발의 원동력이 되게 하고, 자신을 믿고 꾸준히 노력할 수 있는 강력한 자기 암시가 될 수 있다.

활동2 >> 젠탱글[18] 방법으로 자신의 미래모습 표현하기

<활동2>는 '행복한 삶'을 살고 있을 미래의 내 모습을 상상하며 꿈의 이미지를 그려보는 활동이다. 자신의 꿈을 그리고 젠탱글 방법으로 공간을 채워나가는 것이다. 젠탱글의 방법은 어떤 의도나 계획 없이 선을 하나하나 반복적으로 그어서 만든 패턴이기 때문에 완성될 때까지 어떤 문양인지 알 수 없다. 이렇게 특정 형태 없이 선을 하나씩 그어 표현하기 때문에 자신도 모르는 사이 여러 생각과 감정이 그림 속에 투영되어 나타난다. 그래서 젠탱글은 '마음챙김' 명상방법으로도 많이 사용되고 있다. 이 활동에 젠탱글의 방법을 사용한 이유는 검정펜 하나만으로 표현할 수 있기 때문에 재료에 대한 두려움이 없다는 것과 표현과정이 복잡하지 않아 '꿈'에만 집중할 수 있기 때문이다. 내 인생의 주인은 나라는 사실을 마음 속에 깊이 새기며 '20년 후에는 ○○가 되어 있을 것이다.', '나는 할 수 있어.'라는 꿈의 달성을 기원하며 그림에 몰입하도록 한다.

다음장에 제시된 「나의 올림픽」을 표현한 학생은 초등학교 시절부터 줄 곧 양궁을 하고 있다. 방과 후 양궁장을 가는 것을 즐거워하고 어떻게 하면 활시위를 부드럽게 당길 수 있을지 매일 고민한다. 그리고 항상 '제 꿈은 올림픽 금메달을 따는 거예요. 꼭 그럴 거예요.'라고 말하고 다니며 자기 암시를 한다. 먼 훗날의 막연한 꿈이지만 올림픽 금메달이라는 목표로 꿈을 실현하기 위한 자기만의 긍정적인 마인드 컨트롤인 것이다. 이렇듯 꿈의 실현을 위해서는 꿈의 설계뿐 아니라 긍정적인 언어의 습관도 필요하다. 많은 심리학자들의 연구에 의하면 우리 감정의 95%는 그 순간 마음을 스쳐가는 말에 의해 좌우된다고 한다. 긍정을 심으면 긍정이 나오고, 부정을 심으면 부정이 나온다는 것이다. 이런 긍정적인 단어들은 뇌를 속여 행복한 사고로 전환시킬 수 있는 힘이 된다. 꿈을 이루기 위해서는 최대한 많은 긍정의 언어를 심어야 할 것이다.[19]

18) 젠탱글(Zentangle)은 '젠(선)'과 '탱클(얽히다)'의 합성어로 선이 서로 얽혀 이뤄진 모양의 패턴을 그리는 낙서를 말한다(네이버 지식백과).

19) 이지성(2012). 「꿈꾸는 다락방2」. 국일미디어.

「나의 미래의 모습」을 젠탱글 방법으로 표현한 학생작품이다.

작품명: 나의 올림픽

나의 목표는 올림픽 금메달이다. 관중들의 기대감, 부모님과 친구들의 응원을 받으며 올림픽에 나가서 금메달을 따 목표를 이루는 모습이다. 항상 목표를 이루어 성공하는 생각을 하면서 운동하면 심리적으로 더 집중되고 성공률이 높아진다고 한다. 그래서 머릿속으로 항상 올림픽 금메달을 따는 모습을 연상한다.

작품명: 나의 꿈

나의 꿈은 경찰이 되는 것이다. 여자로서는 힘든 일이지만 사명감을 가지고 시민의 안전을 위해 최선을 다할 것이다.

1-3-4. 나에게 보내는 편지[20)]

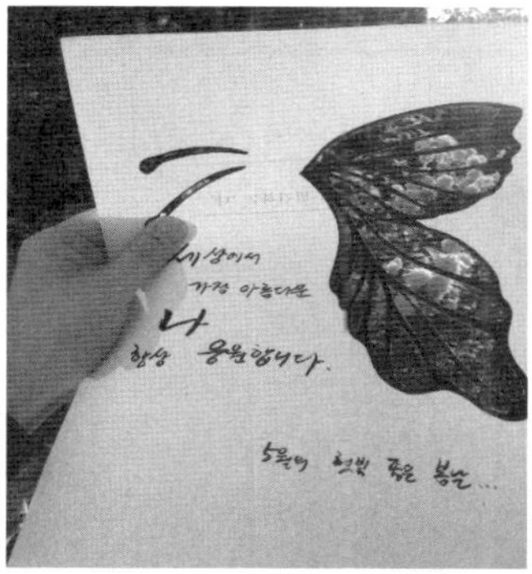

나에게 보내는 편지

요즘 아이들은 가정, 학교, 학원 등 어디에서든 좋은 성적, 좋은 학교 진학을 위해 남과 비교를 당하고 있다. 어른들은 '너의 미래를 위해서야.'라는 좋은 말로 아이의 행복한 삶을 위한 것이라며 포장한다. 과연 아이들이 '행복한 삶'을 살기 위해서는 꼭 좋은 학교에 진학해야만 가능한 것일까? 아마 경제적으로 풍요롭게 살 수는 있어도 '행복한 삶'은 아닐 것이다. '행복'은 어떤 가치보다 최우선되어야 한다. 남과의 경쟁이 아닌 자신을 이해하고, 가치를 발견하며 나 자신이 소중한 존재임을 인식하는 것이다. 그러기 위해서는 비교가 아닌 격려를, 다그침이 아닌 칭찬을, 비난이 아닌 위로가 필요하다.

'나에게 보내는 편지'는 누구보다도 나에 대해 가장 잘 알고, 이해할 수 있는 자신이 미래의 나에게 편지를 적어보도록 하는 수업이다. 나에게 쓰는 편지 활동을 통해 현재 나의 심리상태가 어떤지를 알 수 있고, 긍정적인 메시지를 통해 미래에 대한 자기 예언을 할 수 있다.

눈을 감고 내 마음이 하는 이야기에 귀 기울여 보는 '나에게 보내는 편지'라는 수업을 소개하고자 한다. 이 수업은 간단하여 짜투리 시간, 날씨가 화창한 날, 야외 수업이 필요한 날을 활용하면 좋다.

---

20) 전국미술교과모임 밴드에 올려진 김연수 선생님 수업 참고.

활동1 ≫ 음악으로 공감 대화 나누기

> 오늘따라 하늘이 참 예쁘다고 하는 너
> 이름 모를 꽃을 보며 수줍게 사진을 찍던 너
> TV에서 본 영화가 슬프다고 펑펑 우는 너
> 난 아직 어리고 서툴다고
> 잘못된 거라 생각하지 마
> 그대로도 정말 아름다운 걸
> 널 바꾸려고도 아직은 널 정하지도 마
> 그대로도 정말 기특해
>
> (중략)
>
> 그 순간부터 넌 오래전부터 넌
> 가장 소중한 넌
> 이미 완전한 모습인걸

「그대로도 아름다운 너에게」 옥상달빛 노래 중

옥상달빛의 「그대로도 아름다운 너에게」라는 음악을 들려준다. 오롯이 가사에 집중할 수 있도록 눈을 감고 듣도록 안내한다.

교 사	음악을 들으니 어떤 느낌이 드나요?
학생A	가족끼리 즐겁게 파티를 하는 게 정말 행복해보여요. 저도 저런 파티를 해보고 싶어요.
학생B	저희 집도 대가족이라 행복하게 사는데 영상처럼 우리도 더욱 행복하고 건강하게 살고 싶어요.
교 사	선생님이 보여준 게 뮤직비디오라 영상 위주로 본 것 같네요. 한 번 더 들어보세요. 이번엔 가사에 집중해서 들어볼까요?
학생C	뭔가 자신을 사랑하고, 있는 그대로를 느끼라는 것 같아요.

학생D　　힘들고 자신을 원망해도 엄마, 아빠는 너의 편이고 너를 사랑한다고 해주는 것 같아요. 그리고 내가 힘들고 외로울 때 도와주고 공감해줄 수 있는 사람은 가족, 친구 등 주변에 많이 있으니까 절대 혼자가 아니라고 말해주는 것 같아요.

교 사　　네, 여러분은 현재에 충실히 최선을 다하고 있습니다. 나는 나예요. 너무 다른 사람들의 기준에 맞게 바꾸려고 애쓰지 마세요. 여러분의 존재 자체가 아름답고 소중합니다.

활동2 》 나에게 보내는 편지

미래의 나에게 보내는 편지를 작성해보자.

1. 원고지 모양의 종이 위에 자신의 이름을 적는다. 원고지 모양은 한 칸에 2*2cm로 어느 정도 쓸 것인가 수업 의도를 생각하며 조절한다.

2. 자신에게 보내는 희망의 메시지를 간단하게 작성한다. 가능한 행복가치 덕목이 포함될 수 있도록 한다. 붓펜, 매직, 싸인펜 등 다양한 재료를 사용한다.

3. 작성한 글귀의 칸을 제외하고 원고지 칸을 칼과 자를 이용하여 잘라낸다. 이때, 칼이라는 날카로운 도구를 사용하기 때문에 안전교육을 철저히 시킨 후 조심해서 사용할 수 있도록 지도한다.

4. 글귀에 맞는 그림을 빈 공간에 그려 편지지를 아름답게 꾸민다. 다양한 재료를 사용할 수 있도록 안내한다.

5. 컷 아웃(cut－out)된 이미지를 들고 나가 기존의 재료가 아닌 풍경을 팔레트 삼아 이미지에 자연의 모습이 담길 수 있도록 사진을 찍는다.

6. 자연의 다양한 색 중 가장 마음에 드는 편지를 핸드폰 화면에 설정하여 우울할 때나 힘들 때 감상할 수 있도록 한다.

▶ **제작과정**

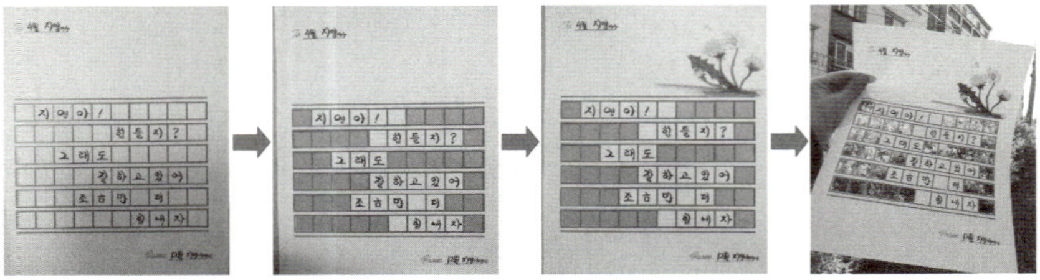

① 희망메시지 작성 ② 빈칸 자르기 ③ 꾸미기 ④ 자연 담기(완성)

날씨가 좋은 날 교실 밖으로 나가 자연을 느끼며, 자신에게 보내는 긍정의 메시지 속에 자연의 색을 담아보는 활동이다. 간단하지만 아이들이 가장 즐거워하고, 긍정적인 생각을 이끌어내는 데 가장 효과가 좋은 수업이다. '단지 공간을 이동한 것뿐인데 이토록 얼굴이 밝아질 수 있을까?'라는 생각이 들 정도로 아이들의 반응이 좋다. 답답한 교실이 아닌 자연 속에서 하는 활동이라 아이들이 편안함과 자유로움을 느끼는 듯하다. 자연을 배경 삼아 나에게 제시되는 희망의 메시지는 자유로움에 힘을 얻어 긍정적인 에너지를 제공한다.

현재의 내가 미래의 나에게 보내는 편지는 자기 암시이다. 프랑스의 의학자 에밀꾸에(Emile Coue)에 의하면 자기의 마음을 지배하고 인격을 통제할 수 있는 수단으로 '자기 암시'를 제안한다. '하면 된다.', '나는 점점 좋아지고 있다.'라는 긍정적 자기 암시가 자신의 생각을 지배하고 의지와 행동을 지배하여 성취를 수월하게 한다는 것이다.[21)]

이렇듯 미래의 나에게 보내는 메시지를 쓰는 활동은 자신이 추구하는 가치를 다시 한번 상기시키고, 현재의 내가 미래의 다가올 나에게 보내는 희망의 활동인 것이다. 계절감을 느끼고 자신에게 격려와 위로를 줌으로써 자신감을 심어줄 수 있는 역할을 한다.

---

21) 이충호(2011). 「10대를 위한 행복단어사전」. 화담.

다음은 학생들 스스로에게 보내는 희망이 담긴 메시지 결과물이다.

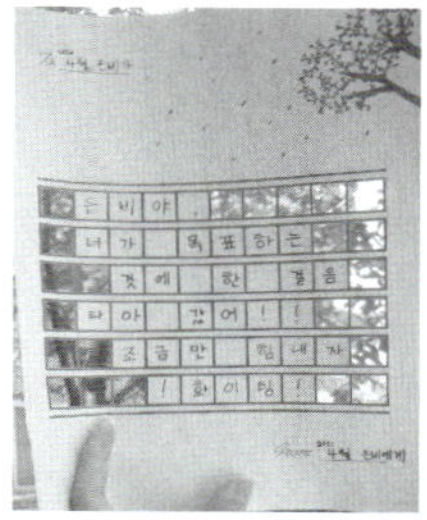

활동지 예시

나에게 보내는 편지

To. ________

From. ________

5장 스토리텔링으로 이해하는 '너' :관계 형성 강화전략

시간이 흐르고 아이들과 어느 정도 친해질 무렵, 학부모와의 만남인 학부모 총회가 다가온다. 학교에서 부모를 만나는 시간을 갖기란 생각보다 쉽지 않다. 부모님이 학교에 오신다는 것은 대부분 학생에게 잘못된 일이 발생했다는 것이기 때문이다. 하지만 새 학기가 시작되면 많은 부모님이 처음이자 마지막이라는 생각으로 학교를 방문하여 우리 아이가 학교에 잘 적응하고 있는지, 친한 친구는 어떤 아이인지에 대해 질문한다. 대부분 교우 관계에 관한 이야기이다. 그만큼 아이의 학교생활에서 교우 관계가 큰 비중을 차지하고 있다는 말이기도 하다. 이런 교우 관계에 대한 걱정은 비단 부모만의 일은 아니다. 담임교사 또한 학생의 학업이나 학교생활이 학급 내 교우 관계에 따라 좌우되기 때문에 가장 큰 고민거리 중 하나이다. 그래서 교우 관계에 관한 상담의 비중이 커지고 있다.

우리네 아이들은 가정에서는 가족과, 학교 안에서는 친구 또는 선생님, 그리고 학교 밖에서는 학원 선생님 등 수많은 사람과 '관계 맺음'을 하며 살아가고 있다. 그중 학교 안에서 많은 시간을 보내는 아이들에게 관계 맺음은 어떤 날은 즐겁고, 어떤 날은 우울하고 슬픈 일이다. 나를 알아주고 이해해주는 나의 편이 있을 때는 마음이 편안하고 행복하지만, 나를 이해하지 못하는 친구 사이에서는 갈등과 부딪힘으로 한없이 외로움을 느끼기도 한다.[22]

5장에서는 인성교육의 두 번째 방법인 관계 형성 강화전략으로 '너를 이해해!'와 '감사의 마음 실천 프로젝트' 수업을 제시한다. 나와 가까운 곳에서 관계를 맺고 있는 친구, 부모, 교사를 이해하고 공감할 수 있는 기회를 제공하여, 그들의 삶 또한 의미 있고 소중함을 깨닫도록 하는 것이다. 관계 형성 강화전략은

---

22) 최찬경 외(2018), 중학교 미술①, 금성출판사, p.13

타인과 소통하고 감정을 교류하면서 감정적 유대감을 형성해 나가도록 하는 전략으로 그 내용은 <표 2−2>와 같다.

〈표 2- 2〉 관계 형성 강화 수업전략 흐름도

인성 전략	단계	인성수업 주제	수업내용	스토리텔링 방법
2. 관계 형성 강화 전략	2-1. 너를 이해해!	2-1-1. 너를 보는 나, 나를 보는 너	• 예술가 바스키아, 앤디 워홀의 관계에 대한 교사 스토리텔링 • '친구란' 학생 스토리텔링 • 상호 간에 바라보며 블라인드 컨투어 드로잉으로 표현하기 • 친구가 좋아하는 색에 공감하며 조화롭게 채색 • 친구 얼굴에서 관찰된 새로운 모습과 친구를 소개하는 글을 작성 • 친구들과 공유	지각 ↓ 인지 ↓ 공감 ↓ 표현
		2-1-2. 이모티콘 으로 소통하기	• 그림책을 활용한 기분에 대한 공감 대화 나누기 • '너의 기분을 말해봐'를 통한 자신의 기분 알기 • 핸드폰 대화에서 표현되는 문자 내용으로 너의 기분을 이해하기 • 이모티콘으로 표현하기 • 모둠별로 이모티콘 대화하기	지각 ↓ 인지 ↓ 공감 ↓ 표현 ↓ 실천

인성 전략	단계	인성수업 주제	수업내용	스토리텔링 방법
	2-2. 감사의 마음 실천 프로 젝트	2-2-1. 그녀(그)를 부탁해!	• '감사'의 의미에 대하 교사 스토리텔링 • 나에게서 찾아보는 감사, 내가 가진 환경에서의 감사, 나의 일상에 대한 감사에 대해 학생 스토리텔링 • 그림책을 활용한 부모님에 대한 공감 대화 나누기 • 플로우형 비주얼싱킹으로 부모님의 하루 공감하기 • 부모님에 대한 감사의 마음을 감사패로 표현하기 • 부모님과의 인터뷰 및 초상화 제작 • 작품 감상 후 부모님께 전달하고 부모님에 대해 감사와 고마움 · 사랑의 마음을 담은 인증샷	지각 ↓ 인지 ↓ 공감 ↓ 표현 ↓ 실천
		2-2-2. 담임을 부탁해!	• 그림책을 활용한 선생님에 대한 생각과 감정 나누기 • 선생님께 감사의 편지 작성하기 • 담임선생님을 알아가는 과정으로 모둠을 나누어 인터뷰 시간 갖기 • 담임선생님을 위한 메뉴판 디자인하기 • 계획서를 바탕으로 모둠별 재료를 준비하여 음식 만들기 • 음식 세팅 후 담임선생님을 모시고 "선생님 저희들을 위해 고생 많으시죠. 힘내세요." 마음에서 우러나오는 말과 함께 음식 대접	지각 ↓ 인지 ↓ 공감 ↓ 표현 ↓ 실천

2-1 너를 이해해!

요즘 아이들은 자신의 감정에 충실하다. 쉬는 시간 아이들끼리 하는 이야기를 듣고 있으면, 주변을 고려하지 않고 '싫다', '좋다'는 생각을 직설적으로 내뱉는 모습을 발견하게 된다. 보는 이가 조마조마해져 주변 아이들의 표정을 살피게 되는 상황이다. 이렇게 주변 분위기를 고려하지 않고 자신만의 생각과 감정을 표현하는 것은 타인을 거북하게 만들 수 있다. 그래서 그런지 계속 듣던 아이들은 점점 그 친구의 말에 대꾸하지 않거나, 더 나아가 불편함을 드러내는 표현까지 서슴없이 하게 된다. 관계 맺음에서 가장 중요한 것은 소통이다. 소통은 서로 주고받을 때 가능하다. 어느 한쪽의 말이나 이해를 강요하는 것은 원활한 대화의 방법이라 할 수 없기에 친구 관계 형성에도 좋은 방법은 아닐 것이다.

'너를 이해해!' 수업은 아이들의 원활한 '관계 맺음'을 위해 내 주변의 친구에 대해 생각하고 배려하는 마음을 갖도록 한다. 이는 두 가지 주제로 진행된다. 첫 번째는 친구란 나에게 어떤 존재인지 대화를 통해 이해하고, 옆에 있는 친구를 관찰하여 표현하며, 친구의 특징과 강점을 찾아 소개하는 '너를 보는 나, 나를 보는 너' 수업이다.

수업의 전체 흐름은 다음과 같다.

차시	학습주제	학습활동
1차시	친구란	• 화가 이야기로 다양한 경험과 감정 나누기 • 나에게 친구란 어떤 존재인지 이야기 나누기
2차시	블라인드 컨투어 드로잉	• 블라인드 컨투어 드로잉으로 표현하기 • 자신 얼굴과 친구의 얼굴을 보며 공감 대화 나누기
3-5차시	너의 강점은?	• 친구 얼굴의 특징과 친구의 강점 찾기 • '나의 친구를 소개합니다'

두 번째는 '이모티콘으로 소통하기' 수업이다. 요즘 아이들은 모바일 메신저 대화창을 통해 다양한 사람들과 관계 맺음을 하고 있다. 대화창 속에서 어떠한 대화를 하고 있으며, 그 대화 속에서 자신이 사용하는 언어가 상대방에게 어떤 의미로 전달되고 있는지 이해하고, 자신이 표현한 언어를 텍스트가 아닌 이모티콘으로 만들어 보다 유연한 시각언어로 소통하도록 함으로써 온라인상에서 소통의 예절을 인식할 수 있는 계기를 마련한다.

표정으로 감정을 소통할 수 있는 '이모티콘으로 소통하기' 수업의 전체 흐름은 다음과 같다.

차시	학습주제	학습활동
1차시	내 기분을 말해봐!	• 그림책 '기분을 말해봐'를 활용한 감정에 대한 공감 대화 나누기 • 이럴 때 나의 기분은?
2차시	너의 기분을 표현해봐!	• 너의 기분은 어떤데?
3-5차시	이모티콘으로 소통하기	• 상황에 맞는 감정 표정 짓고, 사진으로 표현하기 • 내 표정을 이용한 이모티콘 스티커 만들기 • 가상 ○톡창에서 친구와 대화하기

2-1-1. 너를 보는 나, 나를 보는 너

> 풀꽃
>
> 나태주
>
> 자세히 보아야 예쁘다.
>
> 오래 보아야 사랑스럽다.
>
> 너도 그렇다.

나태주 시 「풀꽃」에서 나타난 '자세히 보아야 예쁘다. 오래 보아야 사랑스럽다. 너도 그렇다.'라는 구절처럼 관계 맺음은 관심으로부터 시작된다. 친구에게 관심을 가지고 더 자세히 바라볼 수 있도록 해야 한다. 자신에 대해 이해하거나 감정을 아는 것도 중요하지만 친구가 어떤 것을 싫어하는지, 지금의 감정은 어떤지 고려할 필요가 있다. 그러려면 친구의 표정을 주의 깊게 살피는 관찰이 필요하다.

1차시 친구란

활동1 ≫ 친구에 대한 공감 대화 나누기

'친구란 나에게 어떤 존재일까?'라는 물음을 던지며 현대미술 작가 바스키아와 앤디 워홀의 사진과 그림을 보여준다. 그리고 이 둘의 관계에 대해 교사의 스토리텔링으로 수업은 시작된다.

바스키아 「Dos Cabezas」[23]

교 사 친구란 나에게 어떤 존재일까? 물음의 답을 듣기 전에 어울리지 않을 것 같은 작가 두 사람을 소개하고자 합니다. 서로가 서로에게 큰 영향을 준 1970~1980년대 미국에서 유명한 바스키아와 앤디 워홀입니다. 바스키아는 흑인으로, 거리에 낙서 그림을 그리며 가난하게 살던 20대 젊은 그라피티 작가이고, 앤디 워홀은 그 당시 유명한 50대 중년의 팝아트 작가입니다.

학생A 앤디 워홀? 들어본 것 같아요.

학생B 팝아트라는 말도 들어봤어요.

학생A 그라피티는 뭔가요?

교 사 그라피티는 벽이나 그 밖의 화면에 낙서처럼 긁거나 스프레이를 통해 그림을 그리는 것을 말합니다. 힙합 뮤직 비디오나 영화 속 할렘가를 보여줄 때 많이 나오죠.

학생B 네, 본 것 같아요.

교 사 이 두 사람은 서로 안 어울릴 거 같죠? 그런데 서로에게 많은 영향을 준 사람들입니다. 바스키아의 재능을 알아보고 후원한 친구 앤디 워홀과 그를 잘 따랐던 바스키아는 힘들고 외로운 작품세계에서 서로를 의지했던 관계였죠. 서로 그리는 방식이 달랐지만 각자의 작품 스타일을 인정하고 응원하며 격려하는 둘도 없는 친구였다고 해요. 이런 친구의 공감과 지지는 서로의 예술 세계를 발전시키는 든든한 밑거름이 되죠. 그렇다면 여러분에게

23) 현은령 외(2018). 중학교 미술①. 리베르스쿨, p.8

도 이렇게 항상 내 편이며 든든한 지원군이 되어주는 친구가 있나요?

학생A　네 있어요. 초등학교 때 친구요. 그 친구와 이야기를 하면 항상 편하고 내 이야기를 잘 들어줘요. 항상 내 편인 거 같아요. 그 친구는 어떨지 모르지만.

학생B　저는 잘 모르겠어요. 제가 친하다고 생각하는 친구는 내 편을 들어주다가도 어떨 때는 무시하거나 차갑게 대하거든요. 그래서 친한데 더 많이 싸워요.

교 사　가까이에 있는 친구는 내가 말을 하지 않아도 알아줄 거 같죠? 그래서 투정부리고 함부로 해도 될 거 같아요. 그렇죠? 그렇다면 여러분들이 생각하는 친구란 무엇인가요?

활동2 ≫　나에게 '친구란 어떤 존재인가'에 대해 함께 나누기

포스트잇을 나눠주고 각자 '친구란 무엇인가?'에 대해 생각하여 적어볼 수 있도록 한다. 너무 간단한 물음이지만 막상 적어보려니 막막해하는 아이들의 모습이 보인다. 아이들이 생각하는 '친구'의 의미는 무엇일까? 질문에 대한 답은 아래와 같다.

내가 생각하는 친구란 무엇인가?

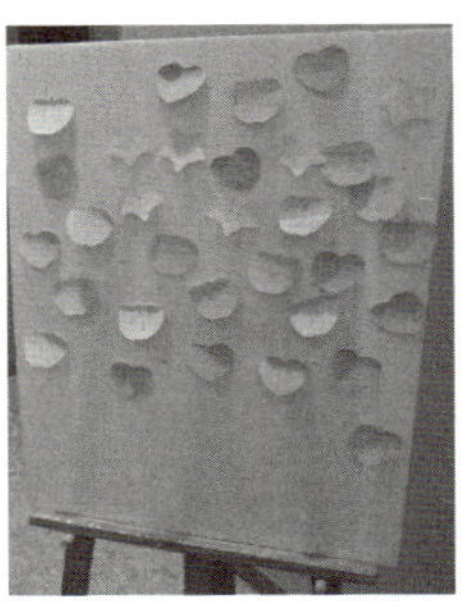

- 믿을 수 있는 사람이다.
- 같이 웃을 수 있는 사람이다.
- 서로 베풀어줄 수 있는 사람이다.
- 버팀목이 되어주는 사람이다.
- 싸울 때 싸워도 내 편이 되어주는 사람이다.
- 힘들 때 나를 도와주는 사람이다.
- 내 얘기를 잘 들어주는 사람이다.

아이들이 생각하는 '친구란' 내 편이 되어주는 사람이라고 대답한다. 친구는 믿고 의지할 수 있는 존재여야 한다는 것이다. 하지만 믿음과 신뢰가 있는 진정한 친구를 얻기란 쉽지 않다. 옛말에 '마음을 터놓고 지낼 친구 두 명만 있어도 인생은 성공한 것이다.'라는 말이 있듯 진정한 친구를 얻기란 쉽지 않다는 것을 '친구란' 의미를 찾는 과정에서 아이들은 느꼈을 것이다. 서로 아끼고 도와주며 돈독한 우정으로 살 수 있는 참된 친구를 가진다면, 그보다 값진 재산은 없을 것이며, 그보다 행복한 사람은 없을 것이다.[24)]

'나를 믿어주고 함께할 수 있는 친구가 지금 나에게 있나요?'

내가 생각하는 진정한 친구에 관해 질문을 다시 던진다. '네'라고 바로 대답하는 아이가 있는가 하면 대부분 아이들은 머뭇거리며 서로의 얼굴을 보고 웃기만 한다. 아마도 서로가 어떤 생각을 하고 있는지 자신이 없어서일지도 모른다. 아이들이 옆에 있는 친구가 진심으로 마음을 나누고 의지할 수 있는 진정한 친구라는 것을 알았으면 한다.

24) 이충호(2011). 「10대를 위한 행복 단어 사전」. 화담.

2차시 너는 어떻게 생겼니?

활동1 ≫ 블라인드 컨투어 드로잉[25)]으로 친구 얼굴 표현하기

이 수업은 '친구 얼굴 그리기'로 블라인드 컨투어 드로잉 방법을 사용한다. 이는 드로잉 방법 중 하나로 그리는 대상을 바라보되 화면(종이)을 보지 않고 그리는 것이다. 눈을 떼지 않고 대상을 살피기 때문에 미묘한 얼굴의 변화까지 관찰할 수 있다.

아이들은 학교라는 공간 속에서 많은 시간을 함께 보내고 있지만 주의 깊게 관심 갖지 않으면 얼굴을 자세히 볼 일이 없다. 이 활동은 친구 얼굴에 온전히 집중하게 한다. 그리고 서로 마주 보고 앉아 서로를 그리는 활동 속에서 눈으로 소통이 이루어지기도 한다. 본격적으로 수업에 들어가기 위해 블라인드 컨투어 드로잉의 방법을 이해시키며, 옆에 있는 친구가 어떻게 생겼고 어떤 표정을 짓는지 관찰하는 것이 이 수업의 목적이라는 것을 안내한다.

서로 마주 보고 앉도록 자리를 배치하고, 짝의 눈을 바라보도록 안내한다. 여기저기서 웃음소리가 터져 나온다. 그리고 서로의 얼굴에 대한 안부를 묻기 시작한다.

"너 얼굴에 뭐 묻었어."

"오늘 화장이 이상해."

"어제 라면 먹고 잤냐? 눈이 팅팅 부었어."

이러한 반응에 대해 교사는 제지하지 않고 그냥 그대로 어수선한 분위기에서 서로의 얼굴을 계속 바라볼 수 있도록 한다. 이 자체가 친구와 소통의 시작인

---

25) '컨투어(contour) 드로잉은 영어로 '가장자리', '사물의 윤곽선'이라는 뜻으로 주로 가장자리의 윤곽을 따라 선으로 그리는 그림을 말한다. 블라인드 컨투어 드로잉은 그리는 대상만을 바라보되 화면을 보지 않고 그리는 것으로 눈과 손을 동시에 사용하여 기억의 간격을 최소화하는 방법으로 관찰력을 기르는 데 효과적인 방법이다(네이버 지식백과).

것이다. 한쪽 손으로 종이를 고정시키고, 다른 쪽 손은 볼펜으로 그릴 수 있도록 안내한다. 단, 종이에 친구의 얼굴이 그려지는 순간부터는 화면을 볼 수 없다는 것을 주의시킨다. 그리고 머리에서부터 얼굴, 눈, 코, 입으로 볼펜을 종이에서 떼지 않고 연결해서 그려야 함을 안내한다. 웃고 떠들던 아이들은 어느 순간 조용해지면서 온전히 친구 얼굴에 집중하기 시작한다. 눈이 가는 길을 손도 따라가면서 얼굴을 더 관찰하고 표현하려고 노력한다.

친구의 얼굴형이 어떻게 생겼으며, 눈매는 둥근지 눈꼬리가 올라갔는지, 입술이 얇은지 두꺼운지 하나도 놓치지 않고 관찰하며 그린다. 간혹 그림을 그리다 습관적으로 종이를 보고 그려 중간에 그리기를 포기하는 아이들도 생겼지만, 수업을 방해하지 않고 친구 옆에 앉아 상대 친구를 그리는 모습을 관찰한다. 그리고 '오호.', '야~'하며 감탄의 추임새로 그리는 친구를 격려해준다. 이렇듯 대체로 모든 학생이 어렵지 않게 활동에 참여하는 모습들이다.

블라인드 컨투어 드로잉을 하는 모습

5분의 시간이 지나고 다시 교실이 소란스러워지기 시작한다. 활동이 끝나고 자신이 그린 친구의 모습을 확인하고, 또는 자신을 그린 친구의 그림을 보는 순간이다.

'블라인드 컨투어 드로잉' 방법

"내가 이렇게 생겼어?"

"똑같지 않냐? 둥글둥글한 얼굴 똑같잖아."

서로의 얼굴을 보며 똑같다고 이야기한다. 그리고 다른 친구들은 어떻게 그려졌는지 돌아다니며 감상한다. '왜 이렇게 그렸어?'라는 비난의 소리가 아니라 여기저기서 웃고 감탄하는 소리이다. 5분의 시간은 짧다면 짧고 길다면 긴 시간이다. 그동안 최선을 다해 그리던 서로의 모습을 마주 보았기 때문에 잘 그리든 못 그리든 상관없이 마냥 좋은 것이다. 그 잠깐 사이지만 친구 사이의 어색함이 없어지고 눈빛을 교환하며, 친구의 표정을 살필 수 있는 공감대가 형성된 것이라 생각된다.

"넌 무슨 색을 좋아하니?"

다음으로 따뜻한 추상미술[26] 작가가 되어보는 시간이다. 모델이 되어준 친구가 좋아하는 색, 또는 어울릴 것 같은 색을 사용하여 자신이 그린 친구 모습에 조화롭게 배색한다. 검정 선으로만 그려진 그림에 화사한 색채가 강조되며 하나

26) 따뜻한 추상이란 형태와 색채의 자유분방한 요소로 감성적 화면을 구성하는 것으로 대표적인 화가로는 칸딘스키와 잭슨 폴록이 있다(네이버 지식백과).

의 추상미술이 탄생하는 순간이다. 그림을 그린 당사자나 모델이 되어준 상대방은 이런 멋진 표현에 만족감을 나타낸다.

활동2 》 친구의 강점 찾기

<활동2>는 블라인드 컨투어 드로잉으로 관찰하여 그린 활동에서 그치지 않고 친구를 소개하는 글을 작성하게 하는 활동이다. 지금까지 알던 친구의 모습이나 관찰 수업을 통해 새롭게 안 친구의 모습을 소개하는 것이다. '내 친구를 소개합니다.'를 위해 지금까지 관찰한 친구의 모습에서 친구의 강점을 찾아 발표하도록 하는 것이다.

활동순서는 다음과 같다.

1. 관찰을 통해 알게 된 친구의 얼굴 특징과 느낌을 적어본다.

2. 서로 마주 보고 앉아 자신이 본 친구의 강점을 하나하나 포스트잇에 적는다. 그리고 서로의 어깨에 붙이며 '너는 ○○한 친구야.'라고 말하며 어깨를 토닥거린다.

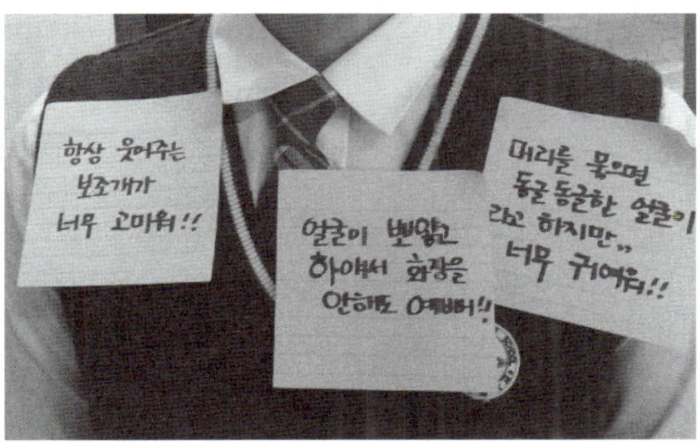

친구의 강점을 붙인 모습

처음에는 쑥스러운지 서로 하지 않으려고 하더니 서로에게 주는 칭찬과 격려가 싫지 않은 모양이다. 연신 웃으며 친구의 특징을 찾아 칭찬하는 모습이다.

3. 자신이 그린 그림과 함께 친구의 강점이 있는 글을 학급 친구들에게 소개할 차례이다. 서로 짝을 이루어 자신이 그린 친구 얼굴을 보여주며 소개한다. 이때 「엽기적인 그녀」의 OST인 신승훈의 'I believe'를 틀고 연기하듯이 '○○는 말이죠….'라고 소개하면 어색하지 않고 재미있게 이루어진다.

다음은 학생들이 표현한 서로의 얼굴과 소개글이다.

"○○는 얼굴형이 매력형이에요. 마른 것 같지만 볼살도 있어요. 속눈썹도 길고 쌍꺼풀도 있어서 눈이 이뻐요. 잘 웃지는 않지만 한번 웃으면 정말 행복한 것처럼 환하게 웃어요. 가지런히 정돈된 머리는 모범생인 ○○를 보여주는 것 같아요. 그리고 늘 자신감이 넘치는 ○○이에요."

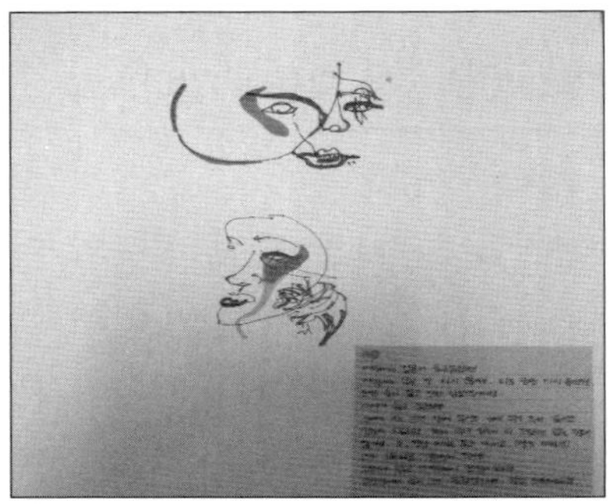

"○○은 살이 잘 타지 않아요. 타더라도 금방 다시 돌아와요. 그리고 피부가 맑고 깨끗해서 청순해 보여요. 눈썹은 숱이 많고 진한 검정색이에요. 눈은 무쌍인데도 크고 초롱초롱해요. 입술이 도톰해요. 특히 아랫입술이 도톰하고 주름도 많지 않아요…. 양궁을 해서 항상 머리를 뒤로 질끈 묶고 다니지만 너무 예뻐요."

"○○는 얼굴이 세상 갸름해요. 입술이 도톰한 걸 좋아해서 일부러 입술보다 더 넓게 입술을 그려요. 얼굴은 백지처럼 하얗고 뽀얀 피부를 가졌어요. 눈은 고양이 눈을 닮아 매력적이에요."

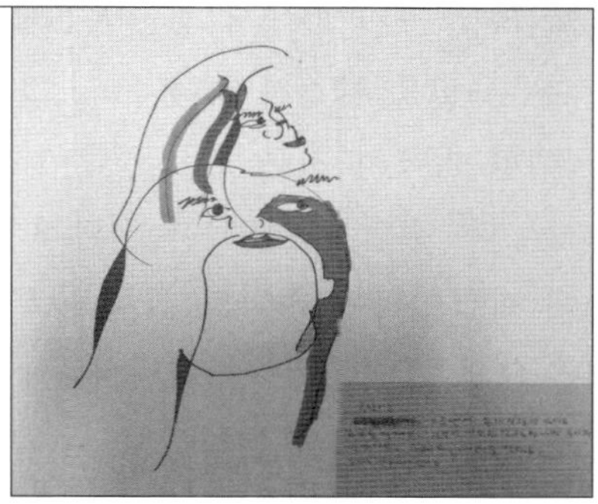

"○○는 얼굴이 동그래요. 그리고 머리가 길어요. 코 주변에 한 개의 점이 있어요. 그게 매력이에요. 눈썹이 짙고 눈 밑에 애교살이 있어요. 그래서 그런지 애교도 많아요."

"○○는 둥근 얼굴형을 가졌어요. 머리는 단발인데 항상 가르마가 6:4에요. 눈썹이 갈색이에요. 그리고 쌍꺼풀이 진해서 눈이 커요. 입술 위에는 점이 하나 있어요. ○○는 블러셔를 엄청 좋아해서 볼이 발그레해요. 항상 밝고 기운이 넘쳐요."

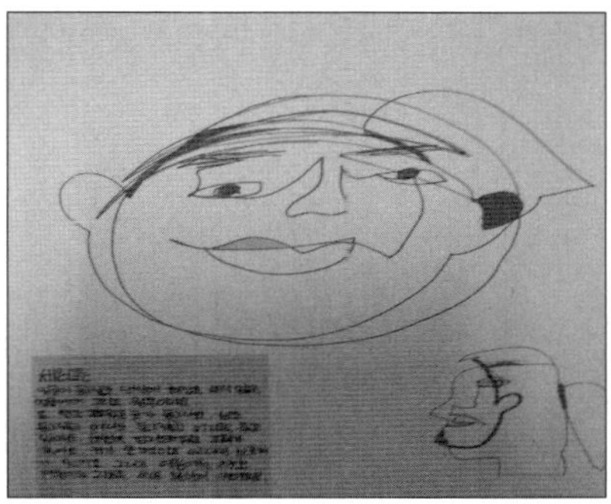

"○○이는 얼굴이 등그랗고 단발에 화장을 하지 않은 얼굴이에요. 그리고 웜톤이에요. 그리고 코도 동그랗고, 눈도 동그래요. 앞머리가 안 내려오게 항상 똑딱 핀을 꽂고 다녀요. 눈썹이 가지런히 정리되고 피부가 좋아요. 귀가 큰 편이고 웃을 때 보조개가 들어가 귀여워요."

학급이라는 공간 속에서 생활하고 있는 아이들에게 관찰과 지각은 서로에 대해 서로운 사실을 발견하게 해주고, 그로 인해 새로운 관계로 발전하게 해준다. 아이들 생활 속에서 친구라는 존재는 가장 크게 자리 잡고 있다. '나와 다른 너, 너와 다른 나' 수업은 서로 다른 환경 속에서 서로 다른 생각을 갖고 생활하는 아이들이 학급이라는 하나의 공동체로 관계 맺어져 있기에 가장 긴밀하다고 할 수 있다. 그렇기 때문에 서로가 서로에게 가장 소중하며, 소중한 존재에게 더욱 예의를 갖춰야 함을 알아야 한다. 수업을 정리하며 교사는 내 감정이 중요하듯 친구의 감정 또한 중요하다는 사실을 이야기한다. 자신이 아무렇지도 않게 내뱉는 달이 상대방에게는 상처로 다가가 감정을 상하게 할 수 있고, 오해를 부를 수 있음을 조언한다. 서로를 이해하고 배려할 수 있도록 항상 친구의 표정을 살필 것을 이야기하며 수업을 마무리한다.

2-1-2. 이모티콘으로 소통하기

아침 조회시간, 교실에 들어서면 오늘 하루 학교생활이 어떨지 아이들의 표정에서 나타난다. 표정이 굳어있는 아이, 얼굴이 상기된 채 울그락 붉그락한 아이, 눈가에 눈물이 맺혀있는 아이 등 참 다양하다. 그러면 '음 오늘 아침부터 부모님께 꾸중을 들었구나!', '아침에 친구와 다툼이 있었나?', '어제 무슨 일이 있었나?' 여러 가지 추측과 생각이 든다. 그러나 아무 말 없이 조심스럽게 아이에게 다가가 어깨를 토닥여주며, 머리를 한 번 쓸어 넘겨주면 아이는 선생님의 얼굴을 쳐다보고 아무 말 없이 고개를 끄덕이거나 약간의 미소를 지어준다. 말을 하지 않아도 자신의 기분을 걱정해주고 이해해주는 선생님의 마음이 전해졌기 때문일 것이다. 이러한 감정은 굳이 말을 하지 않아도 눈빛에서 손짓으로 전달된다. 이렇듯 공감적 소통은 얼굴을 마주 보며 마음을 이해해주는 사람이 있을 때 가능한 일이다.

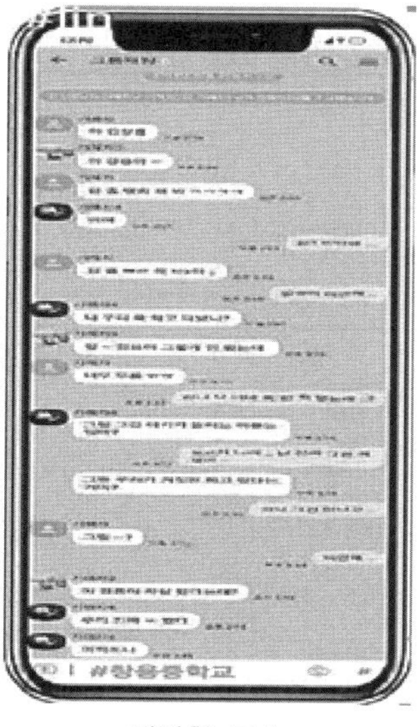

대화창 모습

'ㅇ톡', 'ㅇ톡'. 시도 때도 없이 울려대는 모바일 메신저 소리이다. 디지털 시대 눈도 마주치지 않고 목소리도 들리지 않는, 소리 없는 소통이 일상화된 요즘 온라인상에서 아이들의 갈등이 깊어지고 있다.

비대면 대화가 서로 바라보며 하는 대화보다 오해와 갈등을 일으키는 소지가 많다. 그 이유는 얼굴을 보며 나누는 대화에서는 언어 외에 눈빛과 표정, 손짓 등 비언어적인 요소와 함께 대화가 이루어지기 때문이다. 비언어적인 요소가 더해진 대면 대화는 언어르 전달되지 못한 미묘한 감정까지 전달되어 공감력을 높이는 데 큰 역할을 한다. 하지만 스마트폰으로 대화하는 일이 많아진 아이들에게 오해와 갈등이 생길 때마다 '만나서 얼굴 보며 이야기해보자'라고만 말할 수 없다.

아이들은 자신이 사용하는 메시지에도 표정이 있음을 알아야 한다. 온라인상에서의 관계 맺음을 위해 메시지 작성에도 많은 신경을 써야 한다. 그러기 위해서 신중하게 단어 하나하나의 의미를 생각하며 작성할 수 있도록 디지털 시대에서 문화예절 교육이 필요하다.

1차시 내 기분을 말해봐!

활동1 ≫ 「기분을 말해봐」를 활용한 기분에 대한 공감대화 나누기

「기분을 말해봐」27)

교 사	표지의 침팬치의 기분이 어때 보이나요?
학생A	좋아보여요.
학생B	즐거워 보여요. 꼭 하늘을 나는 느낌일 거 같아요.
교 사	선생님이 봐도 즐거워 보이네요. 자, 그럼 그림책 속의 침팬치는 기분이 어떤지 한 번 봅시다. 지루하고, 슬프고, 외로움을 타고 화도 나네요. 다양한 기분을 얼굴이나 동작으로 바로 알 수 있어요. 자, 여러분들의 기분은 어떤가요?
학생A	집에 가고 싶어요.
교 사	왜 집에 가고 싶은데? 무슨 일 있니?

27) 앤서니 브라운(2011). 「기분을 말해봐」. 웅진주니어.

학생A　　그냥요. 그냥 집에 가고 싶어요. 짜증나요.

교 사　　집에 가서 쉬고 싶은 거니? 피곤한가? 어제 뭘 했는데?

학생A　　어제 학원에서 늦게 집에 들어갔어요. 숙제를 하고 자야 하는데 그냥 잤어요. 그래서 오늘 학원 숙제를 해야 해요.

교 사　　아침에 ○○를 보는데 피곤한 느낌이 들었던 이유가 이거구나. 그래서 학원을 안 가고 집에 가서 쉬고 싶은 맘이 드는구나.

학생B　　어제 친구들과 함께 축구게임을 했는데 이겼어요. 그래서 몸은 여기저기 아프지만 기분은 좋아요.

학생C　　늦게 일어나서 밥을 못 먹고 왔어요. 지금 배가 고파요. 그래서 힘도 없고 짜증도 나요.

학생D　　방송부 선배한테 늦게 왔다고 혼났어요. 기분이 좋지 않아요. 왜 나한테만 그러는지….

아이들의 기분은 아침부터 맑지 않다. 이리저리 혼나거나 하기 싫은 일을 해야 해서 짜증 나는 일이 많은 모양이다. 그러나 아이들은 대부분 자신이 지금 어떤 기분인지 모르고 있을 때가 많다. 알더라도 왜 기분이 나쁜지, 왜 화가 나는지, 왜 우울한지 모른다. 계속 대답을 유도하며 이야기를 하다보면 그제서야 "○○ 때문인 거 같아요. 그 친구가 ○○ 말을 하고 나서부터 기분이 우울해졌거든요."라고 말한다. 아이들의 기분은 또래 집단에 의해 결정되는 경우가 많다.

친구 관계 속에서 하루에도 수십 번씩 기분이 바뀌는 아이들에게 「기분을 말해봐」 책에서 나오는 침팬치의 얼굴을 통해 기분이 표정이나 동작으로 전달될 수 있음을 인식하도록 한다. 그리고 자신의 표정과 감정이 주변의 친구나 가족, 선생님에게까지 영향을 미칠 수 있음을 알도록 한다.

활동2 >> 이럴 때 나의 기분은?

<활동2>는 주어진 상황에서 어떤 기분이 드는지 묻는 공통된 질문 5가지가 주어졌을 때 아이들의 생각과 반응을 알아보는 활동이다. 이 질문은 <활동1>에서 본 그림책과 같은 제목을 가진 토드 파의 「기분을 말해봐」 그림책[28]에 나온 아이들의 기분을 표현한 일부를 발췌한 것이다.

너의 기분을 말해봐

1. 물구나무 서고 싶을 때는 어떤 기분이니?
2. 생일이 아닌 날에 파티를 하고 싶은 기분은 어떤 기분이니?
3. 창가에 앉아 하루종일 밖을 바라보고 싶을 때는 어떤 기분이니?
4. 소리를 지르고 싶을 때는 어떤 기분이니?
5. 가끔 아무것도 안하고 싶을 때는 어떤 기분일 때니?
6. 오늘 왕이 된 기분은 어떤 기분이니?

위 내용을 보면 질문 자체가 '화났니?', '기분 좋아?'처럼 직접적이고 단편적이지 않다. 감정이라는 것이 한마디로 표현하기 어려운 것이기 때문이다. 이 그림책은 자신도 알 수 없는 미묘한 감정이 한 단어가 아닌 다양한 상황 속에서 드러나는 복잡한 정서들로 표현되어 있다. 물구나무 서고 싶을 때는 기쁨으로 표현하였고, 생일이 아닌 날에 파티를 하고 싶은 기분은 우울함을, 창가에 앉아 하루종일 밖을 바라보고 싶을 때는 여유를, 소리를 지르고 싶을 때는 답답함을, 아무것도 안 하고 싶을 때는 무기력함으로 표현한다. 간접적이고 추상적으로 표현하여 '이런 상황에서 어떤 느낌이니?', '이런 행동은 어떤 기분일 때 나오는 거니?'라는 질문을 스스로에게 던져 감정을 한 번 더 들여다보게 하는 것이다.

아이들에게 이 책에 나온 물음을 똑같이 던져본다. 역시 아이들은 무슨 말인지 몰라 서로의 얼굴만 바라보며 다시 질문한다.

---

28) 토드 파(2016). 「기분을 말해봐」. 보물창고.

학 생 선생님 물구나무 서고 싶을 때의 기분이라는 것은 무슨 말인가요?

교 사 음…. 그냥 글자 그대로 보고 그 상황에서 너의 기븐을 말해보면 돼요. 선생님은 물구나무를 서고 싶을 정도로 머리가 복잡하다는 뜻이야. 머릿 속이 다양한 생각과 고민으로 가득 차서 물구나무를 서서 이 복잡한 생각을 누르고 싶거든. 그럼 ○○는 어떤 기분일 거 같니?

학 생 저는 물구나무 서는 기분은…. 기눈이 무지 좋을 때 그럴 거 같아요. 우리가 너무 기분이 좋으면 덤블링을 하잖아요. 그 정도로 어떤 행동을 해도 힘들지 않고 기분이 나쁘지 않잖아요.

교 사 네, 그렇게 자신의 기분을 표현해보면 됩니다. 자, 그럼 시작해볼까요?

다음은 교사의 질문에 대한 학생들의 다양한 대답이다.

Q. 물구나무 서고 싶을 때는 어떤 기분이니?

A. 화가 날 때, 장난치고 싶을 때, 신나게 놀고 싶을 때, 머리가 아플 때, 마음이 복잡하여 안정을 취하고 싶을 때, 색다른 것을 시도해 보고 싶을 때, 아무 생각이 없을 때, 수치스러울 때

Q. 생일이 아닌 날에 파티를 하고 싶은 기분은 어떤 기분이니?

A. 추억을 남기고 싶을 때, 신나게 놀고 싶을 때, 축하받고 싶을 때, 신날 때, 외로울 때, 행복할 때, 흥분될 때, 울적할 때

Q. 창가에 앉아 하루종일 밖을 바라보고 싶은 따는 어떤 기분이니?

A. 허탈할 때, 우울할 때, 졸리고 쉬고 싶을 때, 누군가가 생각날 때, 답답하고 힘들 때, 머리가 복잡해서 답을 찾고 싶을 때, 나른하고 따분할 때, 나가 왜 그랬지 하고 후회될 때

Q. 소리를 지르고 싶을 때는 어떤 기분이니?

A. 신날 때, 화나거나 답답할 때, 스트레스를 많이 받았을 때, 짜증날 때, 억울할 때, 무서울 때

Q. 아무것도 안 하고 싶을 때는 어떤 기분일 때니?
A. 우중충할 때, 귀찮을 때, 쉬고 싶을 때, 포기하고 싶을 때, 허무할 때, 나 자신에게 한심할 때

Q. 오늘 왕이 된 기분은 어떤 기분이니?
A. 내가 제일 잘난 기분, 행복할 때, 뭔가 두근거리고 긴장될 때, 나보다 게임 못하는 친구들과 있을 때, 모든 것을 다 할 수 있을 정도로 쩌는 기분일 때

같은 질문에 대한 아이들의 응답은 동일한 기분의 표현도 있지만 다른 기분의 표현도 꽤 많이 나왔다. 이 책에서 제시된 기분처럼 모든 아이들이 동일한 상황에서의 동일한 기분은 아닐 것이다. 기쁨, 슬픔, 분노 등 우리가 기본적으로 말하는 정서 외에도 상황에 따라 변화하는 복잡미묘한 수많은 감정들이 존재한다. 그렇기 때문에 '소리를 지르고 싶을 때는 어떤 기분이니?'라는 물음에 '화가 무지 났을 때', '기분이 좋을 때', '답답할 때' 등의 답이 나올 수 있는 것이다. 교사는 아이들과 활동지를 공유하며 기분을 정리한다.

"○○가 소리를 막 지르는 것은 화가 난 것이 아니라 기분이 너무 좋다는 의미야. 그러니 너무 놀라지는 마."

그러자 아이들은 그 친구를 돌아보며 한바탕 웃는다. 아이들은 상황에 따라 자신의 감정이 어떤지를 알고 자유롭고 다양하게 감정을 표현하는 법을 스스로 깨달았을 것이다. 그리고 다른 아이들의 감정도 받아들일 수 있는 마음의 공간이 생겼을 것이다.

2차시 너의 기분을 표현해봐!

활동1 ≫ **너의 기분은 어떤데?**

아이들은 대부분 학교 외의 시간에 핸드폰을 손에서 놓지 않는다. 게임을 하거나, 메신저로 친구와 이야기를 한다든지, 아니면 영상을 시청하는 등 하루종일 핸드폰을 사용한다. 그렇다면 친구와 이야기할 때 어떤 대화를 많이 할까? 그리고 주로 어떤 언어를 사용할까? 아이들의 핸드폰 속이 궁금하다.

"여러분은 하루에 핸드폰을 얼마나 사용하고 있나요?"

"어떤 용도로 사용하나요?"

교사는 아이들에게 이런 질문을 던지며 아침에 걷어둔 핸드폰 가방을 꺼내 아이들에게 핸드폰을 나눠준다. 표정이 없던 아이들은 핸드폰 가방만 봐도 표정이 밝아진다. 자신의 핸드폰 전원을 켜고 친구와의 대화 내용을 찾아보도록 한다.

"친구와 어떤 대화가 주로 이루어졌나요?"

"내가 주로 사용한 언어는 무엇인가요?"

"친구의 어떤 내용이 나의 기분을 좌우했나요?"

"즐거울 때가 많나요, 화가 날 때가 많나요?"

친구와 대화한 내용 중 자신이 작성한 대화 글을 적어보도록 한다. 그리고 작성 당시 어떤 표정이었는지 상기시켜본다. 작성된 내용을 보면 아이들의 대화는 그리 길지 않다. 아주 단순한 일상의 내용에서 친구의 뒷담, 자신이 좋아하는 연예인 이야기, 화장법, 게임 등에 대한 아주 단편적인 이야기들이다. 더구나 말이 길게 이어지지 않고 의식의 흐름에 따라 자신이 하고 싶은 말만 작성되어 있다는 것을 볼 수 있다.

대화창으로 일상적인 대화를 하는 아이들

그러다 어느 순간 말과 감정이 자신의 의도와 다르게 전달되어 상대방이 오해하는 상황이 발생할 때가 있다. 그럴 때면 아이들은 어떻게 대처할까? 상황을 자세히 설명하며 오해를 풀어보려 노력하는 아이가 있는가 하면, 상대방의 기분을 무시하고 욕하며 상황을 험악하게 끌고 가는 아이도 있다. 더 이상 그 친구 얼굴을 보지 않으려는 듯 말이다. 그렇게 감정이 상한 아이는 주변의 친구들을 모아 한 아이를 대화창에 초대한다. 일방적인 초대를 당한 아이는 알지도 못하는 아이들에게 이유 없는 폭언으로 무참히 공격당한다. 차라리 두들겨 맞는 게 이것보다 낫겠다는 심적인 고통을 호소하는 경우이다. 이렇듯 예전과는 다른 방식의 폭력이 온라인에서 일어나는 것이다. 이러한 방식의 폭력은 피해자에게 신체적인 폭력보다 정서적인 두려움과 더 아픈 상처를 남긴다는 사실을 아이들은 알아야 한다.

방송통신위원회와 한국지능정보사회진흥원(NIA)이 2019년도에 조사한 사이버폭력 실태조사 보고서에 따르면 33.5%가 사이버폭력 경험이 있다고 답하고 있다. 인터넷 이용자 3명 중 1명꼴로 사이버폭력의 경험이 있다는 이야기이다.[29] 요즘 아이들의 인터넷 사용 빈도가 높아지면서 이러한 사이버폭력에 대한 심각한 내용의 상담이 점점 많아지고 있다. 여기서 '너의 기분은 어떤데?' 수업은 아이들이 핸드폰 속 대화 글을 보면서 자신이 어떤 언어를 사용하고 있는지 그리고 그 언어가 자신의 어떤 감정을 담고 있는지에 대해 상기시켜보는 데 목적

29) 방송통신위원회에서 조사한 2019년 사이버폭력 실태조사 내용이다.

을 둔다. 이는 순간적으로 내뱉은 자신의 감정의 글이 상대방에게 어떻게 전달되었을지를 생각해볼 필요가 있기 때문이다.

핸드폰의 내용을 읽던 한 아이가 "어, 나가 어제 이런 말을 했어? 이때 내가 왜 그랬지? 야, 심각한데."라고 반응을 보인다. 그리고 바로 "야, ○○가 기분이 나빴겠는데…."라면서 친구의 감정을 챙기고 다시 "내가 왜 그랬지? 왜?" 자책성의 물음을 던지며 이 대화가 이어진 날을 기억해보려고 노력하는 모습이다. 아이들은 인터넷의 클릭 한 번으로 자신이 원하는 답을 바로바르 얻을 수 있는 것에 익숙해져 있다. 그러다 보면 순간의 감정을 억제하지 못하고 바로바로 표현한다. 이렇듯 글에 대해 빠르게 반응하는 아이들은 상대방이 어떤 의도로 내 감정을 받아들일지 자신들이 작성한 대화 글을 읽으며 생각해보는 시간이 필요하다.

3-5차시 이모티콘[30)]으로 소통하기

요즘 아이들의 모바일 메신저 대화창을 살펴보면, 대화의 절반 이상이 이모티콘을 사용하고 있다는 것을 알 수 있다. 이모티콘은 자신의 감정을 얼굴, 표정 등 비언어적인 내용으로 온라인 환경에서 빠르게 전달하기 위해 도상적으로 표현한 기호이다. 그래서 솔직한 감정을 표현하고 싶거나 하기 싫은 말을 표현해야 할 때 텍스트와 함께 사용하면서 좀 더 재미있게 전달하는 역할을 한다. 텍스트로만 대화하다 보면 약간 딱딱해질 수 있는 분위기가 적재적소에 섞인 이모티콘으로 인해 부드러운 분위기로 대화를 이끌 수 있다. 온라인상에서도 좀 더 풍부한 감정을 표현하고 소통하길 원하게 된 것이다.

텍스트는 모든 상황을 구체적으로 전달해야 하지만 이미지는 상황을 함축적으로 빨리 전달하는 힘이 있다. 그래서 이모티콘은 글자가 갖는 한계를 넘어 한층 사실적이고 현실적인 감정을 담아낸다는 점에서 다양한 이모티콘이 디자인되고 있는 이유이기도 하다. 이모티콘은 사람과 사람 간 원활한 소통을 이끄는 핵심 매개체가 되고 있는 것이다.

활동1 》 내 표정을 이용한 이모티콘 스티커[31)] 만들기

이모티콘으로 소통하기 수업은 자신의 표정과 몸짓이 담긴 스티커를 제작해 보는 활동이다. 상징적 이미지로 단순화된 캐릭터가 아닌 자신의 실제 얼굴이 들어가기 때문에 표정을 다양하게 하여 감정을 그대로 담아낼 수 있다. 시각적인 커뮤니케이션에 익숙한 아이들에게 실제 자신의 표정을 담아 표현하는 '이모티콘 스티커 만들기' 수업은 왜곡된 감정의 표현이 아닌 생생한 감정을 사실적이며 현실감 있게 전달하는 데 목적을 둔다.

---

30) 이모티콘은 감정을 의미하는 'emotion'과 유사기호를 의미하는 'icon'을 합쳐서 만든 말로, 문자나 이미지를 이용하여 감정을 표시하는 기호들을 가르킨다(해냄에듀 미술교과서).

31) 전국미술교과모임 밴드에서 노주영 선생님 수업 참고.

활동순서 는 다음과 같다.

1. 평상시 자신이 많이 사용하는 단어나 문자 내용, 이모티콘을 생각하며 계획서에 나열해본다.

요즘 아이들의 문자 내용 및 이모티콘

계획서를 작성할 때 아이들은 잠시 머뭇거린다. 정말 친구들과 대화한 내용을 그대로 사용해도 되는지 생각하는 것이다. 아이들은 친구 간에 대화한 내용을 밝히기에는 이상한 내용이나 입에 담지 못할 욕이 많다고 한다.(이러한 반응이 나왔다는 것에 이 수업의 목적을 반 이상 달성한 것이다.)스스로 자신들이 사용한 언어나 내용이 부끄러운 생각이 드는 것이다. 이럴 때 있는 그대로 적는 것이 아닌 스스로가 괜찮다고 생각되는 내용이나 사용한 언어를 자체 정화시켜 적도록 안내한다.

2. 계획서에 작성된 내용을 바탕으로 여러 가지 상황과 감정을 표현한 표정을 거울을 보며 지어본다. 자신의 평상시 말할때의 표정을 생각하며 최대한 그 내용이 잘 전달될 수 있도록 얼굴 표정을 과장하여 잘 나타날 수 있도록 한다.

3. 자신의 표정이나 몸짓을 촬영한다. 평소 비속어나 욕설을 많이 사용하던

라도 몸짓에 직접적으로 이런 부적절한 행동이 나타나지 않도록 주의를 시킨다.

4. 촬영한 사진을 프린트하여 오린다.

5. 오려진 사진을 적당한 위치에 붙이고 상황에 맞는 글과 이미지로 꾸민다. 이때 몸짓이 아닌 표정만 있는 경우는 얼굴을 붙이고 몸통은 그림으로 표현할 수 있도록 한다. 여기서 주안점을 둬야 하는 것은 표정이라는 점을 한 번 더 강조한다. 표정을 중심으로 빠르고 정확하게 전달될 수 있도록 디자인하도록 안내한다.

5. 완성된 그림을 스캔 한 후 3*6 라벨지에 인쇄한다.

완성된 이모티콘 스티커를 보고 아이들의 반응은 폭발적이다. 특히 캐릭터로 만들어진 이모티콘보다 자신의 얼굴이 들어간 이모티콘을 보고 더 재미있어한다. 자신이 디자인한 감정 이모티콘을 친구들과 공유하며 이야기 나눈다.

학생A	그래 이 표정이야! 너 말을 안들어주면 나오는 표정…. 화나기 일보 직전의 표정인 거지!
학생B	이건 집중할 때의 표정이지. 이마와 눈 봐봐. 완전 집중인 거지. 이런 표정을 짓고 있으면 난 말을 못 걸겠어. 약간 무서워!
학생C	난 화날 때 ○○의 이 표정만 보면 웃음이 나와. 눈을 보면 안보이잖아. (웃음) 완전 귀여워! 이런 표정에는 화를 못내.

친구와의 대화에서 보듯 캐릭터로 표현된 이모티콘보다 실제 표정이 들어간 이모티콘이 조금 더 감정 전달에 직접적인 듯하다. 이는 실제 자신의 얼굴표정이 단순화시킨 캐릭터보다 더 익숙하기 때문일 것이다.

활동2 ≫ 가상 창에서 친구와 소통하기

이모티콘 스티커 제작이 끝나고 실제로 대화창 속에서 이모티콘을 활용하는 수업을 시도해 보고자 한다. 4~5명으로 구성된 모둠 활동으로 자신의 실제 모습으로 만들어진 이모티콘 스티커를 이용하여 가상의 대화창처럼 만든 종이를 붙여 대화를 진행하는 것이다.

주제는 앞으로 있을 학교 축제에 관한 내용으로, 축제를 어떻게 준비할지에 대한 이야기를 가상의 창에서 논의하는 것이다. 규칙은 직접 말을 해서는 안되며, 글로만 대화를 해야 한다. 모바일상에서 그룹채팅을 할 때의 환경을 만들어 보는 것이다. 글과 이모티콘만을 이용하여 논의가 이루어지기 때문에 대화를 하다 오해의 소지가 있는 단어가 나오거나 상대방의 기분이 언짢아졌다라고 생각될 때 적절하게 자신이 만든 이모티콘을 사용할 수 있도록 한다.

활동순서 는 다음과 같다.

1. 4~5명으로 모둠을 구성하고, ○톡 대화창 모양이 프린트되어 있는 종이를 모둠에 제공한다.

2. 모둠장을 정하고, 주제(학교축제)를 제시한다. 그리고 모둠장이 먼저 대화를 시도하게 한다.

3. 글을 사용하여 대화해야 하며 대화 중 오해의 소지가 있을 것 같은 내용에서는 자신의 이모티콘을 붙여 오해나 갈등이 일어나지 않도록 한다.

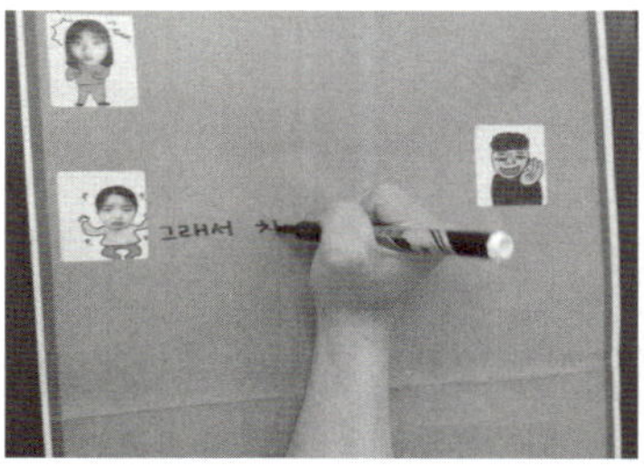

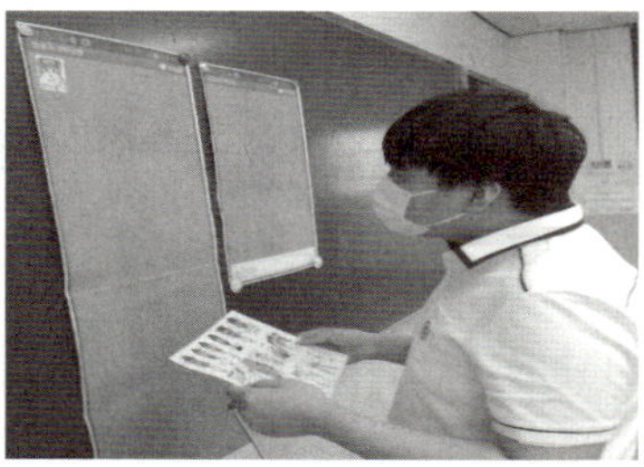

4. 대화 중 자신의 감정을 표현할 수 있는 이모티콘이 없다면 다른 친구가 만든 이모티콘 중 적절한 것이 있는지 확인하고 초콜릿 코인을 가지고 사가지고 온다.

5. 칠판에 붙여 학급 모두가 감상한다.

아이들은 자기 생각을 글로 표현하는 것에 답답함을 느끼는 것 같았지만, 자극적인 말을 최대한 자제하고 친구가 기분이 나쁠 것 같은 상황이 오면 적절한 이모티콘을 찾아 붙이는 모습이다. 그러면 기분이 상한 상황이더라도 애교 넘치는 친구들의 재미있는 표정을 보며 웃어 넘긴다. 이렇듯 말로 표현하기 어렵거나 좀 더 솔직한 감정을 표현하고자 할 때, 하기 싫은 말이나 미운 말도 위트있게 해야 할 때 이모티콘은 부드러운 분위기를 만들어준다. 더구나 자신의 얼굴이 그대로 드러나 있는 이모티콘은 더욱 그렇다.

서로의 얼굴이 보이지 않는 온라인에서의 대화는 말투와 표정이 직접 전달되지 않기 때문에 일반적인 대화와는 다른 온라인 예절이 필요하다. 그러기에 자신의 얼굴이 이모티콘화되어 대화에서 제시되었듯 친구들과 온라인상에서 대화를 할 때 실제로 얼굴보고 대화하는 것처럼 부적절한 언어 사용을 자제하고 사이버 공간 안에서의 예절을 지킬 수 있도록 노력해야 함을 당부하며 수업을 마무리한다.

2-2 감사의 마음 실천 프로젝트

세상에서 가장 가까운 두 사람은 엄마와 딸일 수도 있고, 아빠와 아들, 선생님과 제자일 수도 있으며 아주 친한 친구일 수도 있다. 그러나 그 두 사람은 너무 가까워 종종 소중함을 의식하지 못하고 지나쳐버릴 때가 많다. 마치 물과 공기가 늘 우리 곁에 있어 소중함을 모르듯 말이다. 그런점에서 '말하지 않아도 내 마음을 알거야.'라는 혼자만의 믿음은 자신이 편하고자 하는 착각일 수 있다. 서로에게 표현하지 않으면 그 마음은 전달되지 않는다.

어수선했던 학교생활이 어느 정도 자리를 잡을때 쯤 달력을 넘기다 유달리 작은 글씨로 빼곡하게 적혀있는 5월 달력을 발견하게 된다. '○○의 날', 나와 가까운 사람들에게 감사의 마음을 전달해야 하는 날이다. 관계 형성 강화전략으로서의 두 번째 방법인 '감사의 마음 실천 프로젝트'는 5월 '감사의 달'을 기념하고 그 의미를 되새기기 위해 구성된 수업으로 가장 가까운 곳에서 나를 지지해주는 가족과 스승에게 감사의 마음을 깨닫고 전달하는 것이다.

프로젝트는 크게 두 가지 주제로 이루어진다.

첫 번째로 가족에 대해 감사의 마음을 전달하는 '그녀(그)를 부탁해' 수업이다. 가족은 인간이 신에게 부여받은 가장 아름답고 소중한 인간관계라고 한다. 소중한 관계임에도 불구하고 아이들에게 '부모님은 자신에게 어떤 존재인가?'라는 물음을 던지면 늘 옆에 있는 편안한 존재라 깊게 생각해 본 적이 없다고 답한다. 너무 가까이에 있어 모든 것이 당연하다고 생각하는 것이다. 가족 간에도 서로 이해하고 공감·배려하는 마음이 필요한데 말이다. 마음은 표현하지 않으면 알지 못한다. '그녀(그)를 부탁해' 수업은 부모님에 대한 사랑의 마음과 감사의 마음을 직접 표현하게 함으로써 가족 간의 대화를 유도하고 그 과정에서 서로가 서로를 이해하고 공감할 수 있도록 한다.

가족인 부모님께 감사의 마음을 전달하는 '그녀(그)를 부탁해' 수업은 도덕과 미술 교과를 융합하여 수업에 활용할 수 있으며, 교과별 성취기준은 다음과 같다.

도덕	학습단원	2. 타인과의 관계 - 세대 간 대화와 소통
	성취기준	[9도02-01] 현대 한국 사회의 가정에서 발생하는 갈등을 구체적 사례를 통해 생각해보고, 좋은 가족 구성원이 되기 위한 방법을 제시하고 실천 의지를 함양할 수 있다.
	평가기준	가족과의 인터뷰 활동을 통해 가족의 마음을 이해하고 공감하는 태도를 갖는다.
미술	학습단원	2. 사회 속의 나를 보다 - 우리 함께
	성취기준	[9미02-06] 주제와 의도에 적합한 표현 매체를 선택하여 활용할 수 있다.
	평가기준	가족의 의미를 이해하고, 부모님의 얼굴 특징을 살려 아크릴 물감을 활용하여 효과적으로 표현할 수 있다.

전체 수업의 흐름은 다음과 같다.

차시	학습주제	학습활동
1차시	감사란	• 감사에 대해 공감 대화 나누기 • 비주얼싱킹 방법으로 감사한 마음 표현하기
2차시	부모의 발견	• 그림책 「우리 엄마」 읽으며 생각과 감정 나누기 • 엄마(아빠)의 모습 비주얼싱킹으로 표현하기
3-4차시	감사패 만들기	• 감사의 의미 이해하고 감사패 만들기
5-7차시	부모님 초상화	• 부모님 인터뷰로 이야기 나누기 • POP초상화 표현하기

두 번째로는 선생님에 대한 감사의 마음을 전달하는 '담임을 부탁해!' 수업이다. 학교 안에서 또 다른 부모의 역할로, 친구 다음으로 가장 의지하는 담임선생님에 대한 감사의 마음을 전달하는 것이다. 이 수업은 국어, 미술, 가정 교과와 융합하여 수업에 활용할 수 있다.

교과별 성취기준은 다음과 같다.

국어	학습단원	문학과 표현 - 감동이나 즐거움을 주는 글쓰기
	성취기준	[9국03-05] 자신의 삶과 경험을 바탕으로 하여 독자에게 감동이나 즐거움을 주는 글을 쓴다.
	평가기준	선생님에 대한 감사의 마음을 진솔한 자신의 언어로 편지글로 작성할 수 있다.
미술	학습단원	2. 사회 속의 나를 보다 - 우리 함께
	성취기준	[9미02-04] 주제의 특징과 표현 의도에 적합한 조형요소와 원리를 탐색하여 효과적으로 표현할 수 있다.
	평가기준	한눈에 정보를 알 수 있도록 메뉴판을 효과적이고 시각적으로 아름답게 디자인할 수 있다.
가정	학습단원	2. 가족의 생활과 안전 - 안전하고 위생적인 조리
	성취기준	[9기가02-02] 영양섭취 기준과 식사 구성안을 고려하여 균형 잡힌 식사를 계획하고, 가족의 요구를 분석하여 식사를 선택한 후 평가한다.
	평가기준	담임선생님께 균형 잡힌 식사를 위생적이고 안전하게 조리할 수 있다.

'담임을 부탁해' 수업의 전체 흐름은 다음과 같다.

차시	학습주제	학습활동
3차시	스승의 발견	• 그림책 「선생님은 너를 사랑해 왜냐하면」을 읽으며 선생님에 대한 생각과 감정 나누기 • 선생님께 감사의 편지 작성하기
9-12차시	담임을 부탁해	• 우리 선생님은 어떤 음식을 좋아하실까? • '담임쌤을 위한 레스토랑' 메뉴판 디자인
		• 선생님께 감사의 마음 실천하기 - 담임쌤을 위한 음식 만들기

2-2-1. 그녀(그)를 부탁해!

1차시 감사한 마음

활동1 >> **감사란 무엇인지 공감 대화 나누기**

밀레「만종」

밀레의 「만종」의 이미지로 교사 스토리텔링은 시작된다.

"해가 지평선으로 사라질 때 부부로 보이는 두 사람이 고개를 숙이고 있는 모습이 보입니다. 저 지평선 너머로는 교회가 보이네요. 저녁 무렵 교회에서 울려 퍼지는 종소리가 들리는 것 같습니다. 종일 고단하게 일한 부부는 일손을 멈추고 조용히 고개를 숙여 기도를 드리고 있는 거 같죠. 뭔가 경건한 느낌이 들지 않나요? 어떤 기도를 드리고 있는 걸까요?"

아이들은 아는 그림이 나와서 그런지 너무나 밝은 표정으로 대답을 한다.

"많은 농작물을 얻어서 감사의 기드를 드리고 있어요."

"다치지 않고 하루를 무사히 보낼 수 있어서요."

오늘 수확한 농작물에 대해 감사한 마음을 기도하며 하루를 마무리하는 부부의 모습이 평화로워 보인다고 말한다. 그러나 간혹, '에이, 뭐 많이 수확한 것 같지 않은데 뭐가 감사하다고 기도까지 드려요.', '감자는 마트에 가면 쉽게 살 수 있는데.' 등의 조소 섞인 말을 하는 아이도 있다. 아이는 쉽게 구할 수 있는 작물을 많은 양도 아니고 그냥 가족이 한 끼 정도 먹을 양만큼만 수확한 것에 감사 기도까지 드려야 하는지 이해가 안되는 모양이다. 모든 것에 부족함 없이 풍족하게 주어진 삶을 사는 우리 모두가 이해가 안되는 부분이다. 하지만 이 그림이 그려진 시대적 배경을 알고 그림 속 부부가 밭주인이 아닌, 밭주인이 수확하고 남은 감자를 캐야만 하는 부부인 사실을 알고 나면 그런 생각은 하지 못할 것이다. 이 부부는 주인이 수확하고 남은 감자만 캐야 하는 상황이기에 가족들이 하루 저녁을 해결할 수 있는 약간의 감자만으로도 감사한 것이다. 이렇듯 작고 소소한 것에도 감사할 수 있는 마음이 필요하다.

우리는 그동안 당연한 것에 대해 감사함을 느끼지 못하고 살아가고 있다. 아이들에게 생활하면서 당연하게 여기는 것이 무엇이 있는지 생각해보도록 한다. 미세먼지 없는 맑은 하늘과 공기, 따듯한 햇볕, 시원한 바람, 편안함이 있는 집, 부모의 사랑, 내 편인 친구 그리고 주변의 이웃 등 사소함에 그냥 지나칠 수 있는 것들에 대해 이야기한다. 이 모든 것이 너무 가까이에 있고 그냥 나와 함께 있어 소중함을 느끼지 못했던 것들이다.

'감사'란 무엇인지 의미를 제시한다. 그리고 우리 주변에 감사할 대상에 대해 구체적으로 생각해보게 한다. 이번 수업은 세상에 하나뿐인 나를 위해 존재하는 모든 것에 감사하는 마음을 느껴보는 것을 목적으로 한다.

'감사'란 무엇일까?

우리들의 삶에서 일어나는 경이로운 일, 고마운 일, 이해받는 느낌이다. 좀 더 구체적으로 말한다면 현재 자신에게 주어진 것들을 당연하게 받아들이지 않고 특별하고 고맙게 여기는 마음이다.[32)]

32) 최인철 외(2011). 「행복교과서」. 주니어 김영사.

사소한 것에도 소중히 여기며 감사한 마음을 가질 수 있도록 하는 것이다. 이 과정이 언젠가 아이들이 겪게 될 수 있는 좌절이나 실패를 극복할 수 있는 마음의 단단한 근육 같은 역할을 해줄 것이다.

활동2 >> 우리 주변에 있는 모든 것에 감사한 마음 표현하기

자신의 주변에 당연한 것으로 생각하는 것이 무엇이 있는지 생각해보고, 그 대상에 대한 감사의 마음을 버블형 비주얼싱킹[33]으로 표현해본다.

활동순서 는 다음과 같다.

1. 3개의 동그라미가 있는 활동지를 제공한다. 그리고 중앙의 동그라미에는 '감사합니다'를 적고, 그 주변으로 ① 나에게서 찾아보는 감사하기 ② 내가 가진 환경에서 감사하기 ③ 나의 일상에 감사하기를 적는다.

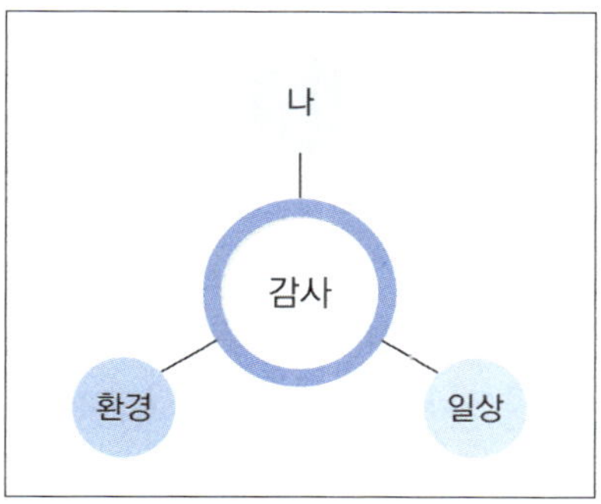

2. ①의 내용에는 내 몸의 일부로 당연히 주어진 것들에게 감사한 내용을 적는다.

33) 버블형 비주얼싱킹은 중심 버블과 그것을 둘러싼 주변 버블들로 이루어진 틀에 이미지와 텍스트를 배치하는 방법이다. 주제에 관한 확산적 사고가 필요한 수업에 유용하게 활용된다(비주얼싱킹).

예) 눈, 코, 입, 귀, 머리카락, 손가락, 발가락 등.

"나의 무거운 몸을 잘 이겨내 주는 발에게 감사합니다."
"눈부신 해를 볼 수 있는 눈을 주셔서 감사합니다."
'내가 좋아하는 가수의 노래를 항상 들을 수 있는 귀를 주셔서 감사합니다."

3. ②의 내용에는 자신이 가지고 있거나 소유하고 있는 것이 무엇이 있는지 생각해보게 한다. 누군가의 필요와 수고에 의해 만들어져 오늘은 나를 위해 쓰이고 있는 물건을 적어보게 한다.

예) 안경, 신발, 가방, 학교, 친구, 핸드폰 등.

"교과서와 짐을 담을 수 있는 가방이 있어서 감사합니다."
"멀리 있어 얼굴을 보지 못하는 친구와 연락할 수 있는 핸드폰이 있어 감사합니다."
"다양한 색채를 선명하게 볼 수 있는 안경을 주셔서 감사합니다."

4. ③의 내용에는 일상에서 감사한 마음을 생각해보는 것이다. 나의 일상을 잘 떠올리기 힘들다면 아침에 눈을 뜨는 순간부터 시간대별로 자신이 한 일에 대해 순서대로 생각해 적도록 한다.

예) 아침밥 먹기, 학교 등교하기, 수업 듣기 등.

"선생님과 친구들이 있는 학교에 등교할 수 있어 감사합니다."
"급식소가 있어 매일 따뜻한 점심을 먹을 수 있어 감사합니다."
"내가 좋아하는 과학 수업을 들을 수 있어 감사합니다."

다음은 감사한 마음을 표현한 학생들의 활동지 결과물이다.

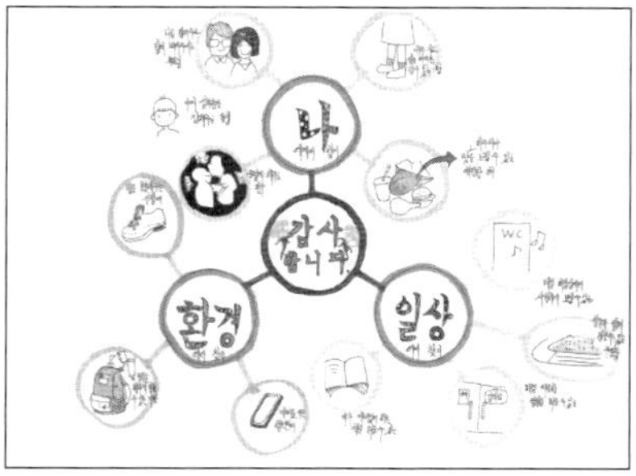

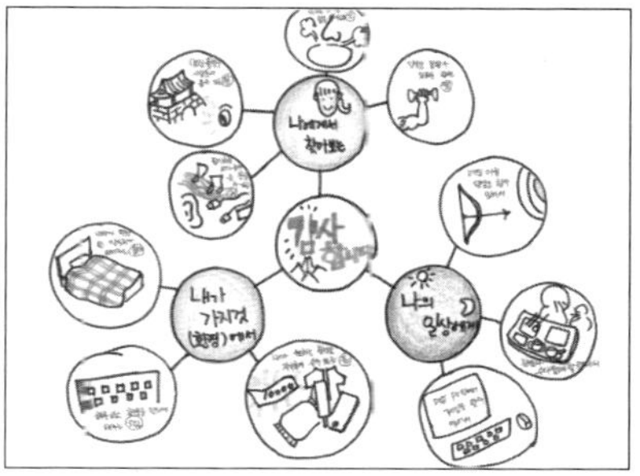

2차시 부모의 발견

이번 수업은 항상 내 옆에 있지만 소중함을 의식하지 못하는 존재인 부모님에 대해 생각해보는 시간이다. 부모님은 어떤 하루를 보내실까? 부모님의 일상을 들여다보는 시간을 통해 가족을 좀 더 공감하는 계기가 될 것이다.

활동1 ≫ 그림책 「우리 엄마」로 공감 대화 나누기

그림책 「우리 엄마」를 함께 읽으며 교사의 물음이 시작된다.

「우리 엄마」34)

교 사	그림책은 「우리 엄마」입니다. 화려한 꽃무늬를 좋아하고 푸근한 미소를 보이며 손을 들어 맞아주시는 우리의 엄마의 모습입니다. 무용가가 되거나, 우주 비행사, 영화배우, 사장도 될 수 있었지만 나의 엄마가 되었습니다. 그렇다면 나의 엄마가 되어주신 우리 엄마는 어떤 엄마인가요?
학생A	저희 엄마는 항상 바빠요. 아침에 일어나면 항상 안 계셔요. 새벽에 일을 나가시거든요. 그리고 늦게 들어오세요.
교 사	엄마 얼굴 보기가 힘들겠구나.
학생A	아니요. 엄마 얼굴 보고 자려고 엄마가 오실 때까지 기다렸다가 자요. 그래서 항상 늦잠을 자죠.
교 사	엄마가 들어오시면 바로 자니?

34) 앤서니 브라운(2005). 「우리 엄마」. 웅진주니어.

학생A　아니요. 저는 바로 자고 싶은데 엄마가 학교에서 어떻게 지냈는지 물어보세요. 궁금하신가봐요. 그럼 학교에서 있었던 일이나 공부에 대해 이야기를 하고 자요. 귀찮지만 엄마가 원하시니까….

학생B　저희 엄마는 항상 화만 내세요. 제가 뭐만 하면 화를 내시니 짜증나요.

교 사　무엇 때문에 화를 내셨을까? 구체적으로 얘기해볼까?

학생B　대답하면 대답한다고, 대답을 안하면 안한다고 화를 내세요. 정말 어느 장단에 맞춰야 할지 모른다니까요.

교 사　그냥 대답을 했을 뿐인데 엄마가 버럭 화를 내셔서 굉장히 속상했겠구나. 아마도 네가 상황에 맞는 답을 하지 않아서 그런지도 모르겠다. 아니면 그때 엄마가 너무 힘드셔서 그랬는지도 몰라.

학생B　그때 엄마가 바쁘신데 제가 계속 물어보긴 했어요. 그래도 엄마는 동생한테는 안그러는데 저한테만 화를 많이 내시는 것 같아 속상해요.

그림책 속 엄마의 모습은 슈퍼우먼이다. 직장에 다니면서 집안의 요리며 청소, 고장난 기계 수리까지 그리고 아이들의 학교 숙제도 봐주시는 등 모든 일을 해내고 계신다. 하지만 우리 아이들은 힘든 엄마의 모습은 보이지 않는 모양이다. 다만 잔소리와 화만 내시는 엄마, 자신이 원하는 것을 안해주는 엄마라고 불만과 서운함만 토해낸다. 아이들도 부모님의 입장을 이해할 수 있어야 한다. 부모도 아이들의 입장에서 생각하고 이해하는 모습이 필요하지만, 아이들도 마찬가지 부모를 이해하기 위한 노력이 필요하다. 서로가 서로를 이해하는 공감적 이해가 바탕이 되었을 때 행복한 가족 관계가 형성될 것이다.

활동2 》 부모님의 하루 비주얼싱킹으로 표현하기

부모님은 아이들이 학교에서 친구들과 잘 지내고 있는지, 학교생활은 어떤지 항상 궁금해하신다. 과연 우리는 부모님이 어떻게 하루를 보내시는지 생각해본 적이 있는가? 아마 없을 것이다.

＜활동2＞에서는 힘들고 쉽지 않은 부모님의 하루를 플로우형 비주얼싱킹[35]으로 표현함으로써 부모님의 일상을 객관적으로 들여다보는 시간을 갖도록 한다.

"우리 엄마는 학생의 건강과 음식 맛을 책임지는 조리사이다. 엄마의 일상을 들여다보면 6시에 일어나 가족을 위해 요리를 하신다. 요리를 식탁에 차려놓고 나를 깨운다. 밥을 먹는 동안 엄마는 출근 준비를 하신다. 그리고 직장에 가셔서는 다른 학생들을 위해 요리를 하신다. 그러고 보니 하루종일 요리를 하는 엄마이다. 내가 학교에서 돌아오기 전 엄마는 집안청소를 하신다. 그리고 또 음식을 만드신다. 엄마의 음식은 항상 맛있다. 입에 넣는 순간 행복해지는 기분이다. 요리를 잘하시는 엄마 덕분에 난 행복하다."

'엄마의 하루' 학생 활동지 및 발표내용

아침 일찍부터 저녁 늦게까지 부모님의 하루는 쉼 없이 지나간다. 그러나 우리는 단지 밥하고 청소하고 빨래하는 집안일은 대수롭지 않다고 생각한다. 아이들이 부모님의 하루를 그려보면서 정말 단순한 일이지만 모든 것이 나와 가족들을 위한 것임을 느꼈을 것이다. 부모님은 슈퍼맨, 슈퍼우먼이 아니다. 단지 우리에게 그렇게 보이기 위해 힘들어도 힘든 내색하지 않고 좋은 모습만 보이려고 노력할 뿐이다. 이 활동은 부모님의 일상을 자세히 들여다보면서 당연히 받고 누리고 있는 이 모든 것이 부모님 덕분이라는 것을 알고, 감사한 마음을 갖도록 하는 데 있다. 이런 희생의 시작이 나와 가족들을 위한 것임을 가슴으로 느꼈으면 한다.

35) 플로우형 비주얼싱킹은 화살표로 연결한 여러 개의 박스를 이용하여 텍스트와 이미지를 배열하는 방법이다. 오늘 하루일과와 같은 일정한 순서나 시간의 흐름에 따라 내용을 정리해야 할 때 활용할 수 있다(비주얼싱킹).

3-4차시 감사패로 감사의 마음 표현하기

활동1 》 가족에 감사한 마음 갖기

나에게 있어 가족의 의미가 무엇이고, 나를 위해 아낌없이 모든 것을 내어주시는 부모님의 사랑에 감사한 마음을 표현할 질문을 제시한다.

가족에게 감사하기

- 지금 내 옆에 가족이 있는 것이 당연하다고 생각하나요?
- 혹시 부모님의 사랑이 당연하다고 생각하고 있진 않나요?
- 이러한 당연한 사랑이 누구도 아닌 나를 향해 있네요. 부모님의 사랑을 생각하며 감사의 마음을 표현해볼까요?

사소한 일이지만 부모님께 감사한 마음을 표현한 학생들의 이야기이다.

- 물건을 살 수 있는 용돈을 주셔서 감사합니다.
- 배고플 때 맛있는 반찬을 만들어 주셔서 감사합니다.
- 항상 깨끗한 교복을 입을 수 있도록 해주셔서 감사합니다.
- 내가 좋아하는 양궁을 할 수 있게 해주셔 감사합니다.
- 나에게 많은 사랑을 주셔서 감사합니다.
- 내 고민을 들어주셔서 감사합니다.

활동2 》 감사패로 표현하기

우리는 학교나 회사의 행사 등 공식 석상에서 감사의 마음을 담은 감사패를 수여한다. 감사패는 말 그대로 감사한 마음을 담아 상장 형태로 적어 놓은 패이다. <활동1>에서 표현한 감사의 마음을 고스란히 담은 내용을 바탕으로 부모님께 전달할 감사패를 만들어 보는 시간을 갖고자 한다.

활동순서는 다음과 같다.

1. 감사패에 담을 문구를 52가지 미덕의 용어를 이용하여 작성한다. 다음은 52가지의 미덕이 적혀있는 활동지이다.

활동지 예시

감사패 수여식

부도님께 감사의 마음을 담아 감사패을 만듭니다. 감사패에 들어갈 문구를 적어보세요.

52가지 미덕

감사　결의　겸손　관용
근면
기지　끈기　도움　명예
배려
봉사　사랑　사려　소신
신뢰
신용　열정　예의　용기
용서
우의　이해　인내　인정
자율
절도　정돈　정직　존중
중용
청결　초연　충직　친절
헌신
협동　합확신　기뻐함　상냥함
유연성　진실함　창의성
책임감　탁월함　평온함
너그러움　목적의식　믿음직함
이상품기　정의로움　한결같음

2. 주문한 아크릴판 받침대(10.5*3cm)와 몸판(10.5*14.8cm)을 고정시킨다.

3. 다양한 채색 도구를 이용하여 주변을 꾸민다. 이때 주변을 꾸미기 어려워하는 학생에게는 카네이션이나 다른 다양한 이미지를 제공하여 밑에 대고 그릴 수 있도록 안내한다.

4. 1에서 적은 내용을 적당한 위치에 예쁜 글씨체로 적는다.

감사패 완성작

5차시 부모님 얼굴 표현하기

활동1 》 부모님과의 인터뷰로 공감 대화 나누기

우리는 가족이라는 이름으로 한 공간 안에서 생활하지만 서로 다른 공간에서 다른 활동을 하며 지내는 시간이 대부분이다. 매일 학교와 학원을 반복하는 아이들, 경제적 활동으로 바쁜 일상을 이어나가는 부모 등 늘 함께하는 가족임에도 불구하고 서로 얼굴을 보며 대화하기가 쉽지 않다. 가족뿐 아니라 모든 관계에서 가장 중요한 것은 대화인데 말이다.

요즘 줄어드는 대화의 시간을 갖고자 의도적으로 '부모님 얼굴 그리기' 수업을 계획하였다. 그 첫 번째 과정은 직접 부모님을 대상으로 하는 인터뷰 활동이다. 인터뷰는 부모님과의 대화를 통해 서로의 취향과 추억을 공유할 수 있는 시간을 제공하여 공감대 형성의 계기를 마련하는 역할을 한다. 수업은 부모님의 사소한 것까지 알 수 있는 내용으로 질문지를 작성한 후 미리 인터뷰를 해오도록 안내하는 것에서 시작한다. 그리고 인터뷰를 통해 느낀 소감에 대해 물음을 던진다.

교 사	부모님과 인터뷰는 잘 이루어졌나요? 자신이 인터뷰한 내용을 한 번 읽어봅시다. 그리고 인터뷰를 한 느낌은 어땠는지 소감을 말해봅시다.
학생A	힘들었어요. 부모님을 만나기가 쉽지 않았거든요. 저희 가족은 활동하는 시간대가 다 달라요. 그래도 시간을 내어 몇 가지는 여쭤볼 수 있었어요.
학생B	부모님에 대해 몰랐던 점을 새롭게 알게 되었어요. 부모님에 대해 다 안다고 생각했는데 모르는 것이 많더라구요.
학생C	처음에는 뭐 이런 걸 하느냐고 화를 내셨어요. 그런데 숙제라고 하니 어쩔 수 없이 앉아서 이야기를 하시는데 점점 신나게 이야기하시는 모습이었어요.
교 사	부모님은 아마 오래전부터 너희들과 이야기하고 싶었을 거야. 그 기회가 없어서 그렇지. 자, 그럼 부모님과 대화를 하면서 무엇을 새롭게 알았나요?

학생A 엄마의 중학교 시절 내용을 들었는데요. 중학교 2학년 때까지는 공부를 굉장히 잘하셔서 반에서 1~2등을 하셨는데 저처럼 놀다가 성적이 떨어졌다고…. (웃음) 그래서 저보고 옅심히 하라고 하셨어요. 엄마가 1~2등을 하셨다는게 놀라웠어요.

학생B 저는 늦게 오신 엄마를 기다렸다가 인터뷰했어요. 예전 같으면 얼굴도 보지 않고 잠을 자거나 방에서 친구랑 얘기하며 게임을 했을 거예요. 그런데 오랜만에 엄마와 얘기를 하니 너무 좋았어요. 특히 엄마는 제가 툴툴거리지 않는 모습을 오랜만에 봤다며 너무 좋아하셨어요.

학생C 부모님의 어릴 적 꿈을 알게 되었어요. 제가 하고 싶은 것과 같더라구요. 여러 가지 방법과 어떻게 해야 하는지에 대해 이야기를 했어요. 그래서 엄마와 더 가까워진 것 같아 좋았어요.

위 대화에서 보듯 부모는 부모대로 직장 생활로 바쁘고 학생은 학생대로 공부하느라 바빠 서로 얼굴 보고 대화할 여유조차 찾기 힘듦을 알 수 있었다. 힘든 하루를 보냈을 부모는 아이들의 이런 인터뷰가 귀찮을 법도 한데 자신에게 관심을 가지고 조언을 구하는 자녀의 모습에서 행복과 즐거움을 느끼는 듯하다. 자녀와의 대화 시간을 원하는 부모는 단 30분이더라도 시간을 쪼개어 대화를 하려고 하지만, 자신을 이해하기 어려워 하는 부모를 '꼰대'라고 칭하며, '바쁘다.', '귀찮다.', '힘들다.'라는 말로 마음의 문을 닫아걸고 대화할 기회조차 주지 않는 아이들이다. 그런 부모는 자녀들을 대할 때마다 답답하고 불편한 마음이 들었을 것이다. 그런 면에서 인터뷰 활동은 가족끼리 솔직한 대화를 나눌 수 있는 시간이었을 것이다.

다음은 부모님과의 공감 대화를 위한 인터뷰 양식의 예이다. 상황에 맞게 학생들이 궁금하고 알고 싶은 내용을 기반으로 인터뷰 내용을 수정해서 사용해도 무방하다.

인터뷰 양식의 예시

그(그녀)에게 묻다(10문10답)

방송국 기자가 되어보자	인터뷰 대상	
	인터뷰 장소	
	인터뷰 시간	

Q1. 이름에 담긴 의미는 무엇인가요?

Q2. 좋아하는 색은 무엇이며 이유는?

Q3. 가지고 있는 옷 중 가장 많은 색상은?

Q4. 좋아하는 계절은 무엇이며 그 이유는?

Q5. 학창시절 어떤 학생이셨나요?

Q6. 꿈이 무엇이었나요?

Q7. 중학교 시절로 돌아간다면 가장 하고 싶은 것은?

Q8. 가장 상처가 되는 말과 힘이 되는 말은?

Q9. 저(자녀)는 어떤 아들, 딸, 손자, 손녀인가요?

Q10. 자녀에게 바라는 점은?

활동2 》 POP 초상화 표현하기

앞의 인터뷰 양식은 부모님 초상화를 그리기 위한 사전작업이다. ＜활동2＞는 인터뷰 과정에서 알게 된 부모님의 취향을 생각하며 부모님 얼굴 그리기이다. 방법으로는 팝아트 작가 리히텐슈타인의 그림 형식을 따른다. 이 작가의 그림은 단순한 이미지와 원색, 뚜렷한 검정 윤곽, 만화적 느낌으로 표현되기 때문에 아이들이 접근하기가 쉽고 완성되었을 때 효과가 좋아 인테리어에도 많이 사용되고 있다.

우선 부모님 얼굴이 잘 나와 있는 사진이 필요하다. 아이들은 인터뷰 후 부모님의 핸드폰 속 갤러리를 열어 함께 사진을 감상해본다. 오롯이 부모님의 일상과 모습이 담긴 새로운 모습을 발견하게 될 것이다. 반면에 부모님 개인 사진은 없고 일과 관련된 사진이거나 주변 아름다운 자연의 모습만이 담겨있는 사진을 발견할 수 있다. 이런 경우의 아이들은 부고님이 본인 사진을 찍을 틈도 없이 바쁘게 살고 있음을 은연중에 알게 될 것이다. 이럴 때 부모님과 팔짱을 끼고 함께 사진을 찍어보도록 한다. 자연스럽게 부모님과의 스킨십이 이루어지고, 가족 간의 따뜻함이 느껴질 것이다. 그리고 부모님이 본인 핸드폰 갤러리에서 직접 사진을 고르는 과정 속에서 자신의 모습을 되돌아보고 옛 추억에 잠기는 시간을 갖게 될 것이다.

다음으로 부모님 사진을 보며 얼굴을 단순화시키는 작업을 한다. 이때 부모님 얼굴을 자세히 보면서 새로운 사실을 알게 될 것이다. 아이들끼리 작품 활동을 하면서 얘기한 내용이다.

학생A　우리 엄마 얼굴에 주름이 많아. 언제부터 눈가에 주름이 이렇게 많이 생기셨지. 흠…. 마음이 아프다. 엄마가 이쁘게 그려 가지고 오라고 했는데. 주름 없이 젊게 그려드려야겠어.

학생B　우리 아빠 원래 이렇게 안 생기셨는데. 좀 잘 나온 거 같아. 사진 찍는 각도를 아시는 것 같아. (웃음)

학생C　우리 엄마는 왜 이렇게 눈이 사납게 나온거 같지? 화장 때문인가? 어쨌든 우리 엄마를 예쁘게 그려 드릴 거야.

학생D　　우리 할머니는 흰머리가 너무 많아…. 요새 바쁘시다고 염색을 안하시더니 흰머리가 너무 많이 나와버렸어. 그림에는 검정 머리로 염색을 해드려야겠어.

아이들 눈에 비친 부모님의 얼굴은 눈가 주름과 흰머리가 가장 눈에 띄는 모양이다. 기존의 사진보다 조금 더 예쁘고 젊게 그려드리려고 최선을 다하는 모습이다. 그리고 인터뷰에서 알게 된 부모님이 좋아하는 색·취향을 생각하며 채색 도구를 이용하여 조화롭게 채색한다. 아크릴로 채색까지 마치고 나면 매직펜을 이용하여 검정 테두리 선의 강약을 생각하며 깔끔하게 마무리한다.

다음은 초상화 그리는 과정이다.

준비물

캔버스, 먹지, 사진, 매직, 아크릴물감, 채색도구

제작과정

① 캔버스 위에 사진과 먹지를 올려 그린다.

② 스케치된 이미지를 매직을 이용하여 덧그린다.

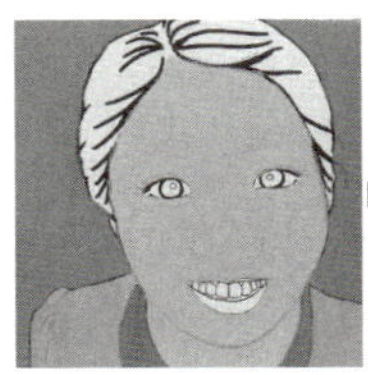

③ 아크릴 물감을 이용하여 채색한다.

④ 매직으로 다시 그려 깔끔하게 부모님 초상화를 마무리한다.

완성된 그림을 보며 아이들은 뿌듯해한다. 그리고 이 그림을 드렸을 때 부모님이 어떤 반응을 보일지 궁금해하며 설레는 모습이 아이들의 목소리에서 느껴진다.

"야 우리 엄마야! 정말 엄마랑 똑같이 그린 거 같아."

"우리 아빠는 남색을 좋아하셔서 푸른색 계열로 했어. 좋아하셔야 할 텐데."

이 수업은 다른 어떤 수업보다 부모님께 드린다는 생각으로 표현해서 그런지 집중도가 높다. 아이들의 이런 모습에서 부모님에 대한 생각이 조금 더 성숙해졌을 거라 기대해본다. 수업이 마무리되고 아이들은 자신이 만든 감사패와 초상화를 가지고 뿌듯한 마음으로 집으로 돌아간다. 그리고 부모님께 드리며 '감사의 마음'을 전달하였을 것이다. 그 마음이 온전히 전달되었는지 다음 날 부모님의 반응이 뜨겁다.

'선생님 감사해요. 아이에게 이런 선물을 받을 줄 몰랐어요.'

'아이도 뿌듯해하고 받는 저도 너무 기분이 좋네요.'

'이번 어버이날은 잊지 못할 거 같아요.'

참 별거 아닌 것에도 자신의 아이들이 고민하고 표현하였다는 점에 감동하는 부모님이다. 이런 부모님의 마음을 아이들도 알았으면 한다.

2-2-2. 담임을 부탁해!

우리 담임쌤은
비빔밥이 좋다고 하신다.
각각의 재료들이 예쁜 색을
뽐내며 개성 있지만, 하나로
비벼지면 튀지 않고 맛이
조화롭게 어우러진다고….

선생님을 위해 만든 비빔밥과 선생님과 인터뷰 내용 중

학교 안에서 교사는 철인이 되어야 한다. 학기·학년 말이 되면 선생님들은 성적 처리며 생활기록부 작성, 학생 생활지도에 업무가 폭발한다. 그렇지만 아이들은 선생님의 이러한 사정을 봐주지 않는다.

'○○와 ○○가 싸우고 있어.'

'○○가 수업 시간에 들어오지 않아요.'

'요즘 학교 오기가 싫어요.'

학업에 따른 스트레스, 진로에 대한 고민 등 개인적인 고민에서부터 친구와의 갈등과 교과 선생님과의 마찰 등 참 여러 가지 일들이 발생한다. 하지만 담임교사는 여러 업무를 처리하는 정신없는 와중에도 학생과 상담을 하며 고민을 들어주는 철인이 될 수밖에 없다. 아이들은 담임선생님과 이야기를 하면 풀리지 않던 친구와의 갈등, 교과 선생님과의 갈등도 조금씩 풀려 해결되기 때문이다. 하루종일 학교라는 공간 안에서 아이들과 함께 지내다보면, 담임교사는 아이 개개인이 갖고 있는 생활 습관, 교우 관계, 학습 정도 등 모든 것을 속속들이 파악하고 아이의 마음을 훤히 들여다보는 전문가가 될 수밖에 없다. 아이가 교과 선생님과 갈등이 있을 때면 부모가 되어 아이의 상황을 이야기하며 교과 선생님을 이해시키고, 아이의 마음을 달래 공감하며 그 상황에서 어떻게 대처해야 하는지에 대한 올바른 방법에 대해 다양한 경험과 생각을 제시하며 공유한다. 담임교사는 학교 안에서 공감하고 이해해주는 부모이다.

활동1 》 **그림책을 읽으며 선생님에 대한 생각과 감정 나누기**

마치 우리 반 아이들을 보는 듯한 각각 개성이 강한 아이들에게 선생님의 '사랑해'라는 고백이 담긴 책을 보며 교사의 스토리텔링으로 수업은 시작된다.

「선생님은 너를 사랑해 왜냐하면」36)

교 사　　여러분을 생각나게 하는 그림책을 소개하고자 합니다. 「선생님은 너를 사랑해 왜냐하면」라는 책인데요. 어때요? 그림에서부터 개구쟁이 여러분의 모습이 보이죠.

학생A　　저희와 다르죠. 그림은 어린아이잖아요. 저희는 이제 중학생인데요.

교 사　　그렇네요. 그런데 왜 선생님은 이 책을 읽으면서 여러분의 얼굴들이 하나씩 떠올랐는지 모르겠어요. (웃음) 친구가 안 놀아준다며 매일 우는 울보 '고우나', 사소한 일도 모두 일러바치는 고자질쟁이 '왕이륵', 주체하지 못하는 힘과 에너지를 친구에게 자랑하는 힘자랑쟁이 '한영웅', 저질 개그로 즐거운 학급 분위기를 유도하는 개그쟁이 '유쾌한', 자신이 제일 잘났다고 믿는 잘난척쟁이 '허풍이' 등 참 다양한 기질의 아이들의 모습을 보

36) 강밀아(2013). 「선생님은 너를 사랑해 왜냐하면」. 글로연.

여줍니다. 하지만 우리 반에는 이보다 더 다양한 모습들이 많죠? 이 책을 보면서 나와 비슷하다고 생각되는 아이가 있나요?

학생B 무언가 하나를 시작하면 끝을 보는 이상한 고집을 가지고 있는 '구준희'요.

교 사 이상한 고집이라니 꾸준하고 성실한 거지. 그래서 선생님은 ○○에게는 뭐든 믿고 맡기잖아.

학생B 오, 정말요? 감사합니다.

교 사 이 책에서는 다양한 성향을 가지고 있는 아이들에게 선생님은 사랑한다고 말하고 있어요. 마치 선생님에게 초심으로 돌아가라고 하는 것 같네요. 여러분의 다양한 성향을 인정하고 그 속에서 바르게 성장할 수 있도록 격려해주는 선생님의 모습에서 그러지 못했던 선생님을 반성하게 만듭니다.

학생C 선생님도 저희에게 칭찬도 많이 해주시고 격려도 많이 해주시잖아요. 선생님 힘내세요.

교 사 고마워요. 여러분이 선생님에게 힘을 주네요. 자, 그럼 이렇게 나에게 칭찬과 격려를 아끼지 않았던 가장 기억에 남는 선생님이 누가 계신지 생각해볼까요?

교실에서 심한 장난을 치다 손을 헛디뎌 다치고, 복도에서 뛰다가 넘어져 울고, 친구와 말다툼을 하고 토라지는 아이들이 있는 학교는 항상 소란스럽다. 게다가 아이들은 저마다 하고 싶은 이야기와 행동, 그리고 표현하는 방법이 다르다. 그런 아이들의 이야기를 다 들어주려면 골치가 아플만도 한데 「선생님은 너를 사랑해 왜냐하면」은 하나하나 귀 기울이고, 아이들의 장점을 보려고 애쓰는 선생님의 모습이 그려진다. 그리고 각기 다른 개성을 가진 아이들이라 선생님을 힘들게 하지만 그것은 아이의 단점 때문이 아니라 어른들이 편하기 위해 정해 놓은 기준으로 힘듦을 느끼는 것이 아닌지 한 번쯤 생각해보게 한다.

현재 교육은 아이 한 명 한 명의 개성을 존중하는 교육관을 갖고 있지만, 학교에서 정해 놓은 기준에 미치지 못하면 외면하거나 이상한 아이로 치부해버리는 경향이 아직 존재한다. 이 책은 그런 교사 자신의 태도를 되돌아보게 하는 시간을 주는 듯하다. 또한, 아이들에게는 그동안 함께 했던 선생님들을 떠올려볼 수 있도록 하여 선생님에 대한 감사의 마음을 표현해보는 계기를 마련해준다.

활동2 >> 선생님께 감사의 편지 작성하기

책을 보고 있는 아이들에게 자신의 잘못된 행동에도 꾸중하지 않고 장점으로 칭찬과 격려를 해주셨던 선생님이 계신지 생각해 보도록 질문을 던져본다.

"가장 기억에 남는 선생님이 누구니?"

얄밉게도 '기억에 남는 선생님 없는데요.'라고 대답하는 아이도 있지만 '○○ 선생님요.'라고 선생님의 성함을 말하는 아이들이 대부분이다. 참 뿌듯하고 고마운 일이다.

"왜 그 선생님이 가장 기억에 남니?"

아이들에게 더 구체적으로 물어본다. 간혹 '저만 혼내고 때렸어요.'라는 부정적인 이유로 기억하는 아이도 있지만 '제 이야기를 많이 들어주셨어요', '잘한다고 칭찬을 많이 해주셨어요.', '항상 웃어주셨어요.', '제가 기분이 좋지 않을 때 항상 기분을 물어봐주시고, 걱정해주셨어요.' 등 선생님의 칭찬과 격려에 힘을 얻었다는 이야기이다. 학생을 인정해주고 마음을 나누는 과정에서 개개인이 소중한 존재라는 마음이 아이들에게도 고스란히 전달되었기 때문일 것이다.

<활동2>는 이렇게 떠올린 선생님을 생각하며 감사의 마음을 진솔한 자신의 언어로 표현하는 감사편지 쓰기 활동이다. 선생님으로부터 어떤 말이나 표현에서 고마운 마음이 느껴졌는지, 어떨 때 힘이 되었는지 작은 일부터 곰곰이 생각해보고 구체적으로 작성하도록 한다. 이렇게 작성된 감사편지는 쓰는 사람이나 그 편지를 받는 사람 모두 행복해질 수 있다는 연구결과가 있다.[37] 두 사람 모두에게 행복한 바이러스가 전달될 수 있도록 감사의 마음을 담은 편지를 써보기로 한다.

37) 최인철 외(2011). 「행복교과서」. 주니어 김영사.

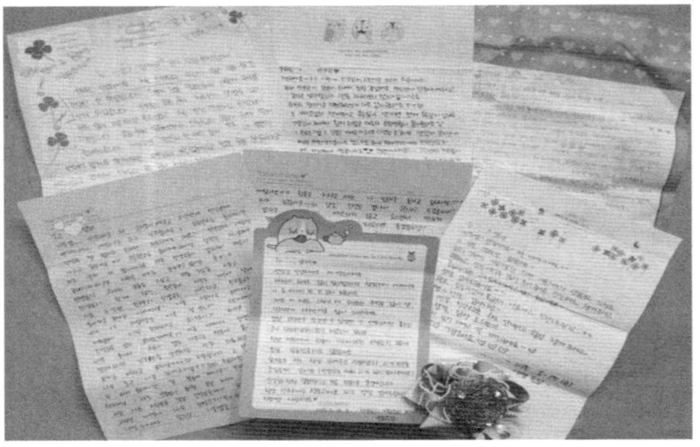

아이들이 작성한 감사편지

아이들은 무슨 할 얘기가 많은지 편지지 가득 감사의 마음을 담아낸다. 이 활등을 통해 한 번쯤 아이들이 선생님에 대한 진정한 의미를 생각해보며, 좋은 기억을 떠올려보는 소중한 시간이 되었기를 바라는 마음이다.

9-12차시 담임을 부탁해!

이번 활동은 담임교사를 위한 이벤트성 수업이라고 볼 수 있다. 학기·학년 말 여러 가지 업무로 고생하시는 담임선생님께 감사의 마음을 전달하며, 선생님의 힘든 마음을 풀어줄 수 있는 계기를 마련하는 것이다. '담임을 부탁해!'라는 주제로 아이들의 마음을 한 곳에 모으는 수업이다.

활동1 》 우리 선생님은 어떤 음식을 좋아하실까?

"담임선생님께 무엇을 해드릴까?"

"어떤 것을 해드릴 때 기운이 나실까?"

아이들과 함께 담임선생님을 위해 어떤 것이 좋을지 고민해본다. '음식이 가장 좋죠.', '맛있는 음식을 먹을 때 기분도 좋아지잖아요. 그리고 힘도 나고.' 아이들과의 논의 끝에 '담임선생님을 위한 음식 만들기' 수업이 결정되었다.

"담임선생님은 어떤 음식을 좋아하실까?"

우리 담임선생님의 정보가 필요하다. 그러기 위해서 인터뷰 계획을 세워야 한다. 깜짝 이벤트 활동이기 때문에 담임선생님께서 눈치채지 못하도록 인터뷰 내용을 잘 계획해야 한다. 우선, 모둠별 구성을 하고 언제 인터뷰를 할 것인지, 역할은 어떻게 나눌 것인가를 모둠원끼리 정한다. 다음과 같이 기본적인 내용이 담긴 계획서를 제공하지만 자기 모둠만의 개성적인 인터뷰가 될 수 있도록 내용을 수정·보완한다.

다음은 학생들이 활용할 인터뷰 계획서이다.

활동지 예시

인터뷰 계획서

주제		
기자		
날짜		
내용	역할분담	▸ 사진촬영, 녹음 ▸ 인터뷰 ▸ 기록
	질문내용	1. 어릴 적 꿈은 무엇인가요? 2. 교사가 된 계기는? 3. 가장 힘들었던 순간은? 4. 가장 힘든 학생은? 5. 어떻게 스트레스를 푸시나요? 6. 어떤 음식을 좋아하시나요? 스트레스를 풀 때 먹는 음식은? …

인터뷰 계획서를 바탕으로 담임선생님과의 인터뷰를 이어나간다. 아이들의 인터뷰가 당황스럽고 귀찮기는 하지만 담임교사는 정성껏 내용에 답한다. 이 과정에서 아이들은 선생님에 대해 더 자세히 알게 되고 평소에 말하지 못한 이야기를 터놓을 수 있는 기회를 잡게 된다. 선생님 또한 자신의 경험을 통해 얻은 삶의 지혜를 조언할 수 있는 시간을 제공하고, 평소에 힘들게 하는 아이에게 자신의 마음과 고민을 전달할 좋은 기회가 된다. 서로가 서로의 생각과 마음을 이해하고 교감하는 과정이다.

활동2 》 '담임쌤을 위한 레스토랑' 메뉴판 디자인

모 방송국에서 제작한 「냉장고를 부탁해」라는 프로그램이 있다. 유명 셰프가 출연해 1:1 대결을 통해 게스트 취향에 맞는 음식을 만드는 것이다. 이는 게스트 2명의 집에서 각자 냉장고를 그대로 스튜디오로 가져와 냉장고 속을 소개한 후 그 속에 있는 재료를 이용하여 제한된 15분 안에 음식을 만드는 게스트 맞춤형 음식 프로그램이다. 마치 나를 위해 유명한 셰프가 하나밖에 없는 음식을 만든다는 점에서 감동을 준다. 게스트가 자신이 먹고 싶은 음식의 주제를 제시하면 셰프는 게스트와 MC가 대화하는 동안 게스트의 취향을 파악한다. 누가 게스트의 마음을 움직일 수 있는 음식을 만들어 내느냐가 승리의 키포인트인 것이다. 아무리 좋은 재료, 고급진 재료이더라도 게스트의 마음을 얻지 못하면 지게 된다.

이 프로그램에서 아이디어를 얻은 '담임선생님을 위한 음식 만들기'는 선생님과의 인터뷰에서 얻은 내용을 바탕으로 모둠별 대결방식으로 진행된다. 선생님의 취향을 고려하고 균형 잡힌 영양가 있는 음식이 무엇인지를 생각해봄으로써 담임선생님의 희생과 노력에 대해 감사한 마음을 갖도록 하는 데 목적이 있다.

수업은 재료에 대한 제한을 두면서 시작된다. 너무 많은 재료나 고가의 재료는 학생 개인에게도 부담이 되기 때문에 한정된 재료를 이용하여 최대한 담임선생님의 취향을 고려한 음식이어야 함을 공지한다.

활동순서 는 다음과 같다.

1. 인터뷰 내용을 바탕으로 선생님을 위한 음식엔 무엇이 좋을지 각자 개인 의견을 스티커에 적어 표현한다. 어떤 종류의 음식인지 그리고 그에 따른 이름을 정한다면 무엇인지 스토리가 있는 이름을 정한다. 마지막으로 완성되었을 때 어떤 비주얼인지를 그려보도록 한다.

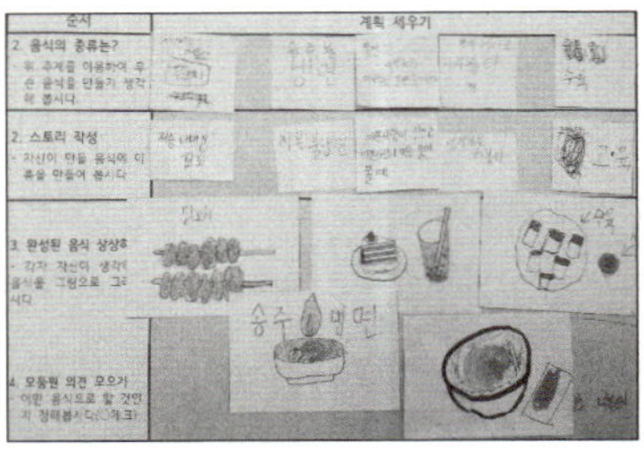
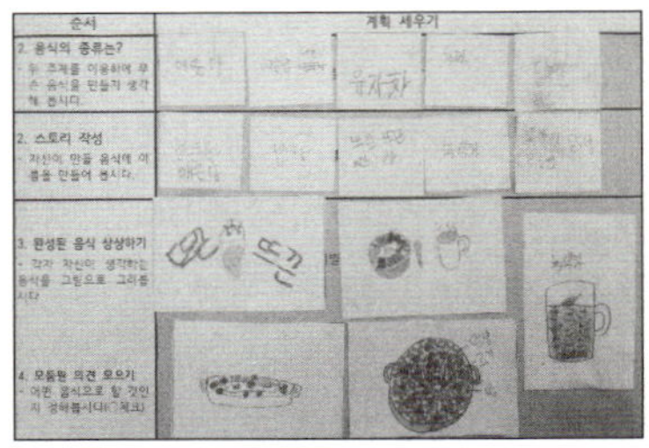

2. 학생 각자가 낸 의견 중에 어떤 음식을 만들었을 때 담임선생님께서 좋아하실지와 조리가 가능한 것은 무엇인지에 대해 논의한다. 이 활동에서 아이들의 반응이 활발하다. 자신이 정한 메뉴가 선정되기를 바라며 모둠원을 설득시킨다.

3. 음식이 결정되면 핸드폰을 이용해 음식 재료와 레시피를 검색하여 계획서에 작성한다.

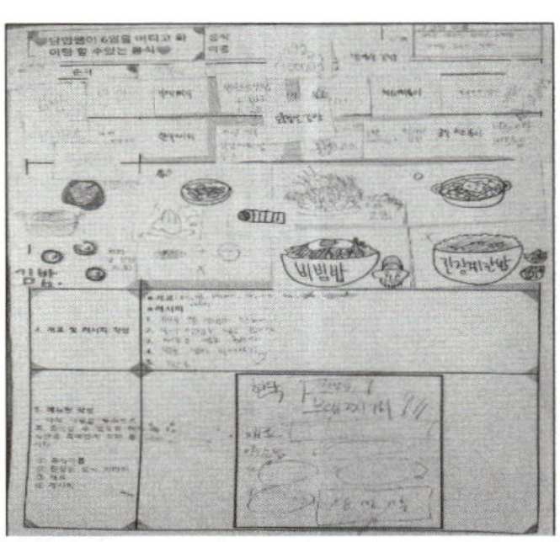
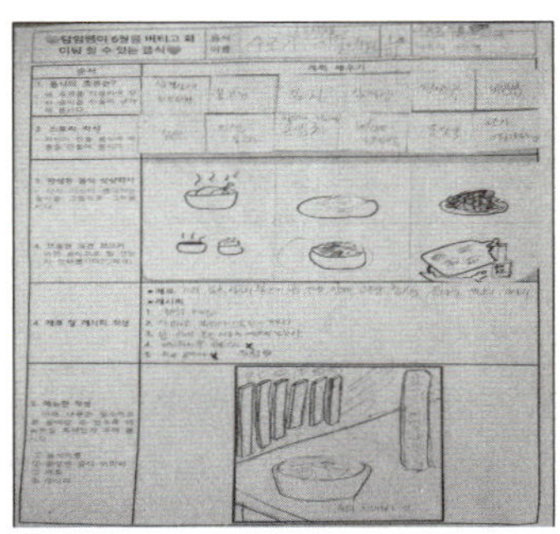

모둠별 '담임선생님을 위한 레스토랑' 활동지

4. 선생님께 제공할 메뉴판을 다양한 재료를 이용하여 표현한다.

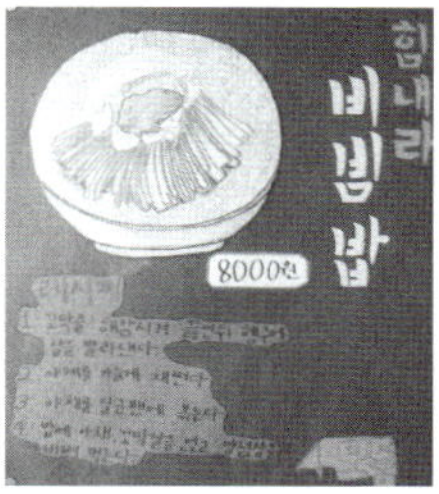

다음은 음식을 만들기 위해 계획을 세울 활동지이다.

활동지 예시

담임을 부탁해

순서	계획 세우기
1. 음식의 종류는?	개별 작성 후 붙이기
2. 스토리 작성 - 자신이 만든 음식에 이름을 붙여 봅시다.	개별 작성 후 붙이기
3. 음식 상상하기 - 자신이 생각하는 음식을 그림으로 그려봅시다.	개별 작성 후 붙이기
4. 모둠원 의견 모으기 - 모움원의 의견을 모아 완성된 상차림을 그려봅시다.	
5. 재료 및 레시피	• 재료 • 레시피 ① ② ③

활동3 ≫ 선생님께 감사의 마음 실천하기

선생님을 위한 음식 계획이 세워지고, 메뉴판까지 완성되었다면, <활동3>은 가사실에서 조리과정에 맞게 실제 음식을 만들어 선생님의 노고에 감사함을 전달하는 활동이다.

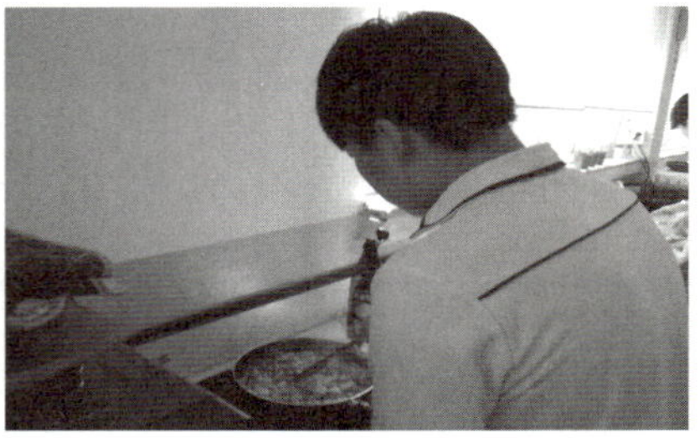

서툴지만 자신이 맞은 역할을 수행하며 진지하게 임하는 아이들의 모습

아이들이 만든 음식을 맛보며 행복해하는 담임선생님, 그리고 그 모습을 보며 더 행복한 아이들

2년 동안 연이어 자신들의 담임을 맡은 ○○○ 선생님을 기쁘게 해드린다는 마음이 담겨서 그런지 음식을 만드는 내내 표정이 밝고 기대감이 큰 모습이다. 그 영향이 수업을 담당한 교사에게까지 전달되어 행복한 마음이 들게 하는 힐링의 시간을 만들어주었다. 더구나 '선생님도 드세요.', '이건 선생님을 위한 음식이에요.', '선생님 감사합니다.'라는 말은 잔잔한 감동을 주고 교사로서의 보람을

느끼게 했다. 아마 담임교사 또한 아이들이 만든 음식을 남길 수 없다며 그 많은 음식을 비워낸 걸 보면 같은 마음이었을 것이다.

이 수업의 계획은 앞에서 제시된 것과 같이 대결의 방식이었지만 담임선생님은 자신을 위해 만든 음식을 어떻게 하나만 정할 수 있겠냐며 모든 음식이 1등이라고 말씀하시고는 순위 정하는 것을 포기하셨다. 실제로 수업을 진행한 교사도 아이들이 담임선생님이 자신이 만든 음식을 맛보면서 행복해할 것을 생각하며 진지하고 즐거운 마음으로 임하는 모습을 보았기 때문에 담임교사의 의견을 받아들일 수밖에 없었다. 서로가 서로에게 행복을 주는 활동이었다는 점에서 수업을 마무리할 수 있었다.

6장 스토리텔링으로 해결하는 '우리' : 사회성 강화전략

서로 다른 생각과 가치관을 갖고 생활하는 나와 너는 '우리'라는 이름으로 연결되어 있다. '우리'가 하나로 이어져 '함께'가 되기 위해서는 소통이 필요하다. 소통은 다른 사람의 이야기를 경청하고 내 생각과 다른 점이 무엇인지 알고 이해하며, 그 견해의 폭을 줄여나가는 노력에서 시작된다. 이러한 소통은 사람과의 친밀한 관계를 형성하게 하고 협력을 가능하게 한다.

그러나 현대화된 생활이 계속되면서 '우리 함께'라는 공동체 의식보다는 개인을 우선시하는 경향이 커지고 있다. 더구나 스마트폰을 비롯한 각종 미디어의 대중화로 직접 서로의 얼굴을 보며 함께할 수 있는 환경까지 줄어들면서 친구와 협력할 기회조차 사라지고 있다. 나 홀로의 시간이 점점 더 늘어나고 있다는 것이다. 하지만 이 세상은 혼자서는 살아갈 수 없음을 우리는 잘 알고 있다. 사람들과의 관계 속에서 내가 있고, 그 속에서 자신을 표현하였을 때 비로소 나의 존재를 나타낼 수 있다. 그러므로 우리는 사람들 사이에서 더불어 살아가는 존재임을 인식하고 배워야 한다.

생활 속에서 아이들이 함께 관계를 맺고 더불어 살아가는 삶의 지혜를 익혀나가는 것은 매우 중요하다. 이에 6장에서는 사회성 강화전략으로서 '우리'를 주제로 프로젝트 수업을 진행하고자 한다. 프로젝트 수업형태는 협력 학습으로 이루어질 것이며, 이 협력 학습은 자신의 역할과 책임을 충실히 이행하고, 서로 간의 갈등을 조절하며, 함께 만들어가는 공동체 역량을 신장시키는 데 교육적 효과가 있다. 또한, 공동체에 대한 배려와 공감의 중요성을 깨닫게 되고, 열린 마음으로 서로가 다름을 인정하게 되어 사회생활에 필요한 민주시민으로서의 자질을 육성할 수 있을 것이다.

프로젝트는 크게 2가지 주제로 이루어진다.

첫 번째는 '왕따 없는 학교 프로젝트'이다. 이 프로젝트의 목표는 첫째, 실제 학교생활에서 겪고 있는 친구 관계에 대해 생각해 볼 기회를 제공하고, 둘째, 자신과 타인의 감정을 고려할 줄 아는 시각 이미지를 제작하며, 셋째, 감상 발표를 통해 현대 사회에서 문제가 되는 학교폭력의 심각성을 인식하도록 하는 것이다.

두 번째는 '더불어 사는 삶 프로젝트'이다. 이 프로젝트의 목표는 첫째, 우리가 생활하는 학교(지역사회) 공간에서 마주치는 문제에 대해 비판의식을 갖고, 둘째, 협력을 통하여 목적 의도에 맞게 시각적 창작 활동을 실천하고, 셋째, 우리 함께 해결할 수 있다는 공동체 의식을 갖도록 하는 것이다.

다음 <표 2-3>은 사회성 강화전략으로 진행되는 프로그램 전개 과정을 나타낸 흐름도이다.

〈표 2-3〉 사회 강화전략 프로그램 전개

인성 전략	단계	인성 수업 주제	수업내용	스토리텔링 방법
3. 사회성 강화 전략	3-1. 왕따 없는 학교 프로젝트	3-1-1. 친구야 사랑해!	•「내 탓이 아니야」 그림책 읽기 • 그림책을 활용한 '책임'에 대한 생각과 감정 나누기 • '나라면….' 어떻게 했을지 핑거형 비주얼싱킹으로 표현하기 • 그림책과 관련된 논제를 만들어 토론하기 • '친구야 사랑해!' 4컷 만화 이어 그리기 • 친구와 공유	지각 ↓ 인지 ↓ 공감 ↓ 표현

인성 전략	단계	인성 수업 주제	수업내용	스토리텔링 방법
		3-1-2. 마음을 움직이는 공익광고	• 상업광고와 공익광고 이미지를 활용한 교사의 스토리텔링 • 내가 생각하는 광고란? 표현하기 • 색 위주로 공감 대화 나누기 • 마블링 기법을 이용하여 내 감정 표현하기 • 표정 위주로 공감 대화 나누기 • 표정 읽기 게임과 표현하기 • 글 위주로 공감 대화 나누기 • 마음을 움직이는 공익광고 제작하기 • 모둠별 감상 및 발표 - 모둠별로 제작된 결과물에 관한 작품의 의도와 강조점, 제작과정에서 느낀 점 발표 • 캠페인 활동	지각 ↓ 인지 ↓ 공감 ↓ 표현 ↓ 실천
	3-2. 더불어 사는 삶 프로젝트	3-2-1. 우리 학교 공간을 새롭게!	• 화이트의 '네모의 꿈' 노래 가사로 우리 학교 연상하기 • 나에게 '학교'란 어떤 의미를 갖는지 공감 대화 나누기 • 의미 있는 공간을 만들기 위한 의견 모으기 • '미술실을 새롭게!'를 위해 역할 분담 후 표현하기 • 나에게 미술실이란 무엇인지 느낌 나누기	지각 ↓ 인지 ↓ 공감 ↓ 표현 ↓ 실천
		3-2-2. 이웃과 공감하는 마을 만들기	• '우리 동네'에 대한 문제 인식하기 • 우리 마을 소개하기 • 우리 마을의 문제, 어떻게 해결할 수 있을지 공감 대화 나누기 • 이웃과 공감하며 함께하는 마을벽화 그리기 표현하기 • 나눔을 통한 소감 나누기	지각 ↓ 인지 ↓ 공감 ↓ 표현 ↓ 실천

3-1 왕따 없는 학교 프로젝트

"죽어버릴까?'

"죽어버릴거야."

어느 순간부터인지 이 말을 입에 달고 다니는 아이가 있다. 왜 이렇게 과격한 말을 사용할까? 무슨 이유인지 걱정스러워 상담교사에게 상담을 의뢰한 적이 있다. 상담교사의 다양한 상담법에도 불구하고 '모르겠어요.'라고 일관된 모습을 보이는 아이이다. 하는 수 없이 아이의 일상을 지속해서 관찰할 수밖에 없었다. 아이는 친구로부터 비난을 받거나, 선생님이 다른 아이에게 관심을 갖고 대화를 시도하려 하면 여지없이 '죽어버릴거야'라는 말로 옆에 있는 사람을 위협한다. 아마도 아이는 친구나 교사에게 관심을 받고 싶었던 모양이다.

어린아이들이 불안정한 심리상태를 해결하기 위해 자기답지 않은 행동으로 어른에게 관심을 받고자 하는 모습처럼 말이다. 물론 처음부터 이렇게 '죽어버릴거야'의 자해성 발언을 한 것은 아니다. 하지만 입학식부터 다른 아이들과 조금 달랐던 듯하다. 자신의 기분을 과장되게 표출하여 주변 사람들을 당황하게 만들기도 하고, 모르는 것도 아는 척하는 등 첫날부터 사람들의 이목을 끄는 행동을 서슴없이 하였다. 이런 모습에 '유쾌한 친구구나'라고 생각했던 아이들은 수업 시간마다 반복되는 모습을 보며, 점점 인상을 찌푸리게 되었고, 나중에는 그 아이의 말을 무시하게 되었다.

아이들의 비난과 무시가 더해질수록 그 아이 또한 기죽지 않으려는지 '죽어버릴거야'라고 말로만 하던 모습에서 카드로 손목을 긋는 과격한 행동을 나타내게 되었다. 실제로 손목에 붉은 자국이 남을 정도로 그어댄 모습을 보고 놀랄 수밖에 없었다. 이런 행동이 처음에는 장난으로 시작되지만, 손목을 긋는 자체에서 오는 쾌감 때문에 나중에는 더 큰 자극을 주어야 쾌감을 느낄 수 있게 된다고 한다. 상담 전문가는 이 아이처럼 자신을 해하는 행동은 자신의 힘든 처지를 주변 사람들에게 알리기 위한 하나의 신호이기 때문에 관심을 가지고 지켜보아야 한다고 조언한다. 자해는 습관이 되기 쉽고, 자해하는 본인은 정작 고통에 무뎌진다. 아마도 이 아이는 자신을 해하면서까지 우리에게 'SOS' 신호를 보내고 있는지도 모른다.

여성가족부가 발표한 2020년 청소년 통계에 따르면, 2019년 9~24세 청소년 사망원인 1위가 8년째 고의적 자해에 의한 자살이라고 한다. 그 사망의 원인이 27%가 우울감인데, 중고생 10명 중 3명은 일상생활을 중단할 정도로 슬픔이나 절망감·우울감을 느꼈다는 것이다.[38] 실제로 자신을 해치는 행동이 청소년들 사이에서 유행처럼 번지고 있다. 많은 아이들이 친구와의 관계 맺음에서 오는 오해와 갈등으로 인해 자신의 몸과 마음에 상처를 내는 것으로 하루하루를 견뎌내고 있는지 모른다. 우리는 어떻게 하면 아이들이 누구도 피해 보지 않고 즐겁고 행복한 학교생활을 할 수 있을지 고민해보아야 한다.

6장 사회성 강화 전략으로서의 첫 번째 프로그램인 '왕따 없는 학교 프로젝트'는 친구 관계 속에서 우정을 만들어가는 협동 활동인 '친구야 사랑해!'와 '마음을 움직이는 공익광고'라는 두 가지 주제로 이루어진다. 이는 친구들과의 갈등 상황을 회복하고 협력을 도모하는 우정 쌓기 프로젝트라고 할 수 있다.

우선, '친구야 사랑해!'의 주제는 토론과 표현활동으로 학교폭력이 어떻게 발생되고 어떻게 해결해야 하는지에 대해 아이들 스스로 생각하도록 하는 수업이다. 도덕과 미술 교과의 융합으로 이루어지며, 수업의 과정은 학교라는 공간에서 아이들이 관계를 맺는 동안 발생하는 갈등을 어떻게 해결할지를 도덕 교과에서 토론 수업으로 진행하고, 미술 교과에서 4컷 만화 이어 그리기의 협동화로 진행된다.

38) 여성가족부에서 조사한 2020년 청소년 통계 내용이다.

각 교과의 성취기준은 다음과 같다.

도덕	학습단원	2. 평화적 해결과 폭력 예방 - 폭력의 문제
	성취기준	[9도02-07] 폭력의 결과를 상상해보고, 그 속에 내재한 비도덕성을 지적할 수 있고, 일상생활에서 일어나는 폭력 상황에 민감하게 반응하고 대처하는 능력을 가질 수 있다.
	평가기준	갈등 상황에서 폭력이 나타나는 경우를 알고 유형과 심각성을 말할 수 있다.
미술	학습단원	2. 사회 속의 나를 보다 - 우리 함께
	성취기준	[9미02-06] 주제와 의도에 적합한 표현 매체를 선택하여 활용할 수 있다.
	평가기준	자신과 주변의 사회적 관계를 탐구하여 타인과 소통하는 방법을 이해하고 시각 이미지로서 효과적으로 표현할 수 있다.

'친구야 사랑해!'의 전체 수업 흐름은 다음과 같다.

차시	학습주제	학습활동
1차시	책임이란	• 그림책을 활용한 책임에 대한 생각 나누기 • 핑거형 비주얼싱킹으로 '나라면….'
2-3차시	학교폭력에 따른 우리의 자세	• 그림책과 관련된 토론 주제 만들기 • 우리의 자세 토론하기
4-5차시	친구야 사랑해!	• '친구야 사랑해!' 주제로 4컷 만화 그리기

두 번째 주제 '마음을 움직이는 공익광고'는 공익광고 포스터를 제작하여 학생들이 실제로 캠페인 활동을 함으로써 학교폭력 예방을 위해 적극적으로 실천하는 수업이다. 사회와 미술 교과의 융합 수업으로 이루어지며, 수업의 과정은 광고가 사회현상을 어떻게 반영하고 있으며, 공익광고가 갖는 의미는 무엇인지에 대해 정의를 내리는 수업으로 사회 교과에서 진행하고, 미술 교과에서는 공익광고 속 시각 이미지에 담겨있는 의미를 이해하고, 공익광고를 직접 만들어보는 수업으로 진행된다.

각 교과의 성취기준은 다음과 같다.

사회	학습단원	3. 대중매체와 대중문화
	성취기준	[9사(일사)02-03] 대중매체와 대중문화의 의미와 특징을 이해하고, 대중문화를 비판적으로 평가하는 태도를 가진다.
	평가기준	광고가 건강한 사회문화의 확립에 기여하고 있음을 이해할 수 있다.
미술	학습단원	2. 사회 속의 나를 보다 - 남이 아닌 우리
	성취기준	[9미-01-02] 시각 문화 속에서 이미지의 다양한 전달 방식을 이해하고 활용할 수 있다.
	평가기준	학교폭력이 사회적으로 심각한 문제를 야기시키고 있음을 이해하고, 학교폭력 예방을 위한 마음을 움직이는 공익광고를 창의적으로 표현할 수 있다.

'마음을 움직이는 공익광고'의 전체 흐름도는 다음과 같다.

차시	학습주제	학습활동
5차시	광고 너 뭐니?	• 상업광고와 공익광고 이미지를 활용한 특징 이해하기 • 내가 생각하는 광고란?
6차시	색으로 말해요	• '자살예방 공익광고' 색 위주로 공감 대화 나누기 • 마블링으로 내 감정 표현하기
7차시	표정으로 말해요	• '언어폭력 공익광고' 표정 위주로 공감 대화 나누기 • 표정 읽기 게임과 표현하기
8차시	글로 표현해봐	• '사이버언어폭력 공익광고' 글 위주로 공감 대화 나누기 • 모둠별 활동하기
9-10차시	지금을 표현해봐	• 마음을 움직이는 공익광고 제작하기 • 복도에 게시 및 컴페인 활동

3-1-1. 친구야 사랑해!

매일 가는 학교에서 친구들과 잘 지낼 수 있다면 얼마다 행복할까? 하지만 학교 가기를 무서워하거나 싫어하는 아이들이 점점 늘어나고 있다. 그 원인을 살펴보면, 학교폭력, 왕따 등의 문제로 학교 안에 있기 괴롭기 때문이다. '친구야 사랑해!' 수업은 학교폭력과 관련된 내용 토론과 표현활동을 통해 학교폭력의 피해자와 가해자·방관자에 대해 아이들 스스로 문제를 인식함으로써 앞으로 우리의 자세는 어떠해야 하는지에 대해 생각해 보는 계기를 마련한다. 더불어 협력 활동으로 '우리끼리'가 아닌 '우리 함께'라는 생각을 심어주고자 한다.

1차시 책임에 대하여

활동1 ≫ 그림책을 활용한 '책임'에 대한 생각과 감정 나누기

수업은 14명의 아이들이 한 아이를 괴롭히고 때리는 왕따 사건을 담고 있는 「내 탓이 아니야」 그림책을 활용한 교사의 스토리텔링으로 시작된다.

「내 탓이 아니야」39)

39) 레이프 크리스티안 손(2007). 「내 탓이 아니야」. 고래이야기.

교 사	14명의 아이들이 모두 '내 탓이 아니야'라고 말하고 있는 책을 소개하려고 합니다. 제목과 표지 그림으로 볼 때 어떤 내용일 것 같나요?
학생A	아이들이 많은 걸 보면 유치원이나 학교 이야기인가요?
학생B	제목 밑에 '책임에 대하여'라고 적혀 있어요. 아마도 자기가 해야 할 일을 하지 않아 아이들이 '나 때문이 아니야.'라고 변명하는 얘기일 거 같아요.
교 사	어떤 내용인지 한 번 읽어볼까요? (잠시 침묵) 한 아이가 울고 있어요. 그 주변으로 친구들이 몰려 있네요. 아마 친구 간에 다툼이 있었나 봐요. 그리고 아이들은 쉬는 시간에 있었던 일에 대해 한 마디씩 합니다. 그 일이 어떻게 시작됐는지 잘 몰랐다고, 겁이 나서 말리지 못했다고, 다른 아이들이 먼저 때리기 시작했다고, 그 아이는 한심하고 우리와 다르다고, 짜증 나고 이상한 아이라고, 바보처럼 그냥 서서 울기만 한다고, 때리긴 했지만 별 뜻이 없었다고, 모두 내 탓이 아니라고 말하고 있어요.
학생A	학교폭력, 왕따에 대한 내용이네요.
학생B	피해자는 있는데 가해자가 없는 상황이네요. 아니면 모든 아이들이 가해자인가?
학생C	며칠전 우리반에서도 이런 일이 있긴 했어요. ○○가 ○○를 때렸었거든요. 그때 친구들의 반응도 이랬던거 같아요.
교 사	그래, 그런 일이 있었구나? 그럼 여러분들은 이 상황에 대해 어떻게 생각하나요? 책에서 나오는 아이들 각자가 말하는 것처럼 정말 내 탓이 아닐까요? 그럼 누구의 탓일까요?

교사는 그림책 마지막 장에 나온 물음 '정말 내 탓이 아닐까'를 끝으로 이 책의 이야기를 마무리한다. 이 물음에 대한 아이들의 반응은 시원하게 나오지 않는다. 자신의 모습을 보는 듯하기 때문일 것이다. 학급에서 주먹다짐이나 말다툼이 있을 때면 싸우는 모습을 구경하는 아이, 모른 척 피해버리는 아이, 싸움을 부추기는 아이 등 그림책에서 나온 아이들의 모습과 똑같다. 이는 자기 일이 아

니기에 나서고 싶지 않은 것이다. 아이들은 자신의 이런 행동에서 직접 가해를 하지는 않았지만 묵인함으로써 당사자에게 더 큰 상처를 준다는 사실을 알아야 한다.

예전 학교에 있으면서 둘도 없이 친하게 지낸 아이들이 서로 돌아가며 한 명씩 왕따를 시키는 모습을 본 적이 있다. 오늘은 가해자였다가 내일은 피해자가 되고, 서로 그 집단에서 낙오되지 않으려고 잘못된 행동을 알면서도 동조하는 모습이었다. 그 안에서 우리 아이들은 서로에게 상처를 입고 입히면서 관계의 끈을 놓지 않으려 한다. 그 관계에서 떨어져 나온다는 것이 두렵고 외로운 일이라고 생각하기 때문일 것이다. 가장 감수성이 예민하고 또래와의 소속감이 중요한 이 아이들에게 부정적인 대인관계의 경험은 정서적 장애로 이어질 수 있다. 그런 점에서 이 책은 어린 아이들의 변명하는 모습을 통해 우리가 무심코 하는 행동, 왕따 문제에 대해 생각해 볼 수 있도록 하고 있다. '책임'에 대해 질문하는 것이다.

활동2 》 나라면….

＜활동1＞에서 읽은 「내 탓이 아니야」 그림책에 등장하는 아이들의 모습은 내 눈에 어떻게 비춰졌을까? 책 속 아이들의 대답과 아이들의 표정은 어떤지를 핑거형 비주얼싱킹[40]의 방법으로 표현해보기로 한다. 그리고 그 상황에서 나라면 어떻게 말을 했을까도 생각해 보도록 한다.

40) 핑거형 비주얼싱킹은 종이에 대고 그린 자신의 손 모양 틀에 이미지와 텍스트를 배치하는 방법이다. 자기소개서, 체험 활동 보고서 등을 작성할 때나 소설 속 등장인물을 정리할 때 활용할 수 있다(비주얼싱킹).

활동순서 는 다음과 같다.

1. 활동지 위에 자신의 손을 올려놓고 펜으로 손을 따라 그린다.

2. 손톱의 위치에는 그림책에 등장하는 아이들의 표정을 상상하며 그려보도록 하고, 손마디 위치에는 그 아이의 현재 마음(변명의 말)을 적는다.

3. 손등(가운데)에 자신의 모습을 그리고 그 상황에서 '나라면….' 어떤 얘기를 하고 어떻게 대처했을지에 대해 적는다.

4. 여러 가지 재료를 이용하여 다양하게 꾸민다.

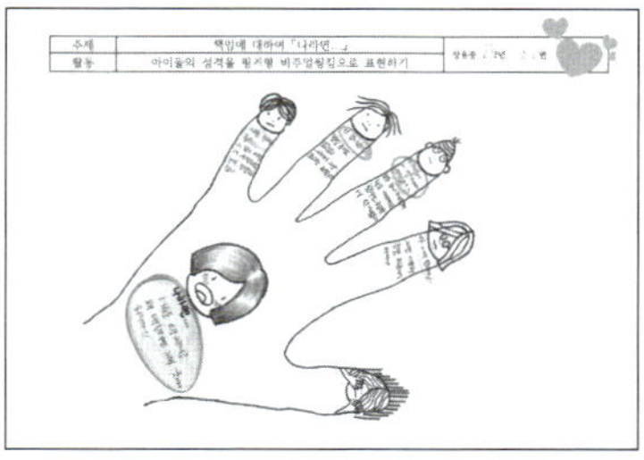

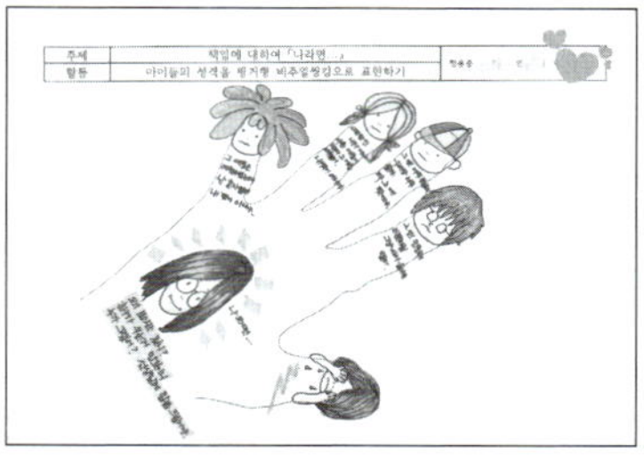

「내 탓이 아니야」는 책임에 대해 생각해보게 한다. 14명의 아이들은 때리긴 했지만 그냥 별 뜻이 없었고, 모두가 때리니까 때렸다며 자신의 탓이 아니라고 이야기한다. 다수의 아이들은 무책임한 행동을 할 때 '그 속에 묻어가자는 마음'으로 자신이 책임질 일을 회피하려 한다. 요즘 아이들의 문제점은 여기에 있다. 다들 문제가 발생했을 때 '왜 제가 해야 해요?', '저는 몰라요.'라고 말하며 책임을 지려고 하지 않는다는 점이다. 그러나 이렇게 책 속 인물의 표정과 말로 표현하는 활동을 통해 아이들은 평상시에 자신이 하는 말과 행동 또는 주변 친구들의 모습을 떠올렸을지도 모른다. 그리고 '나라면….' 어떻게 했을지 생각해보면서 앞으로 이러한 상황이 닥쳤을 때 어떻게 대처해야 하는지 생각했을 것이다.

2-3차시 학교폭력에 대한 우리의 자세

'책임'지는 우리가 되기 위해 생각해보는 시간을 갖고자 토론 수업을 한다. 그림책과 관련된 토론 주제를 아이들 스스로 만들어 서로의 생각을 발표하는 것이다.

활동순서는 다음과 같다.

1. 4~5명씩 모둠을 형성하고 토론할 논제를 선정하기 위해 논의한다. 「내 탓이 아니야」 책의 내용을 바탕으로 각자의 입장과 의견을 이야기하도록 한다. 이때는 가해자·방관자를 옹호하는 입장이 있을 수 있고 피해자의 편에서 이야기할 수 있다.

2. 각 모둠별로 나온 논제의 내용 6가지를 놓고 전체 아이들과 가장 논쟁거리가 될 논제 한 개를 선정한다.

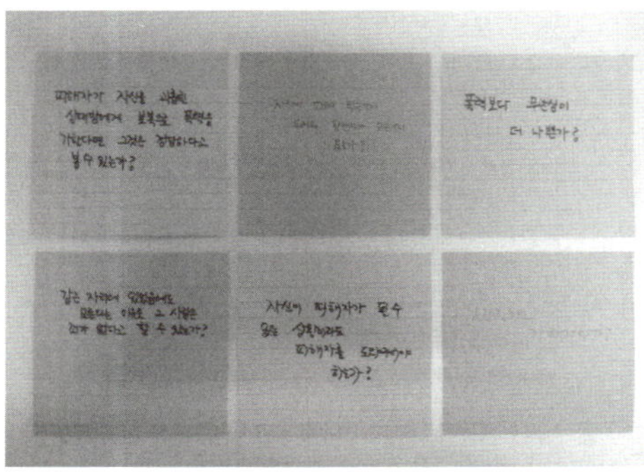

모둠별로 나온 논제 내용

3. 선정된 논제를 칠판에 적고, 찬반 입장을 비슷한 비율로 구성한다. 그리고 찬성 2팀과 반대 2팀으로 나눈다(한 팀당 4~5명으로 구성).

4. 토론 준비표를 배부하여 개별로 작성하도록 한 후, 모둠별로 내용을 정리 한다.

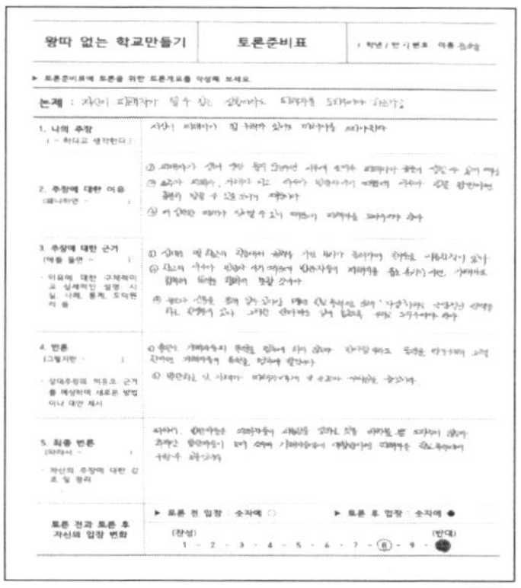

왕따 없는 학교만들기 | 토론준비표

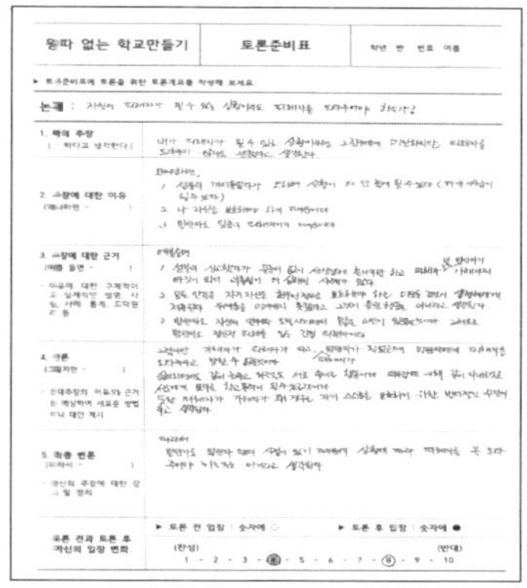

왕따 없는 학교만들기 | 토론준비표

찬성과 반대의 토론 준비표

5. ㄷ자 모형으로 자리를 배치하고 찬반 자유 전체 토론으로 진행한다. 논제를 만든 학생의 입론을 시작으로 반른·재반론·지지 발언을 통해 토론에 적극적으로 참여한다.

찬·반팀은 서로 마주보고 앉고
중앙은 사회자가 위치

아이들에게 그림책과 관련된 내용으로 논의하고자 하는 주제를 자유롭게 정할 수 있도록 한다. 그러자 '방관자도 가해자인가?', '무관심보다 폭력이 더 나쁜가?', '피해자가 자신을 괴롭힌 상대방에게 폭력을 가했다면 정당한 것인가?', '방관자를 처벌하는 것이 옳은가?', '자신이 피해자가 될 상황이더라도 피해자를 도와주어야 하는가?' 등 다양한 의견이 나왔다. 그중 토론할 주제는 '자신이 피해자가 될 상황이더라도 피해자를 도와주어야 하는가?'로 선정되었다. 실제상황이 되었을 때 어떻게 대처해야 하는지에 대한 아이들의 고민이 느껴지는 주제이다.

'도와주어야 한다.'

'도와주지 않아도 무방하다.'

두 의견으로 토론 준비가 시작된다. 아이들은 열심히 인터넷을 검색하여 자신의 의견을 뒷받침할 증거와 자료를 찾아 토론 준비표에 작성한다. 그리고 모둠별로 자료를 정리한 후 비장한 각오로 토론장에 들어서서 자신들의 의견을 피력한다. 처음에는 찬성과 반대의 의견이 대등하게 이루어진다.

'도와주지 않아도 무방하다.'고 말하는 토론자들은 도움을 주다가 자칫 잘못하면 자신 또한 피해자가 될 수 있다고 주장을 펼친다. 그렇기 때문에 왕따를 당하고 있는 친구가 불쌍하지만, 괜히 나섰다가 되려 '자신이 타깃이 되어 욕을 먹거나 보복당하지 않을까'라는 걱정을 하지 않을 수 없다고 한다. 그래서 왕따를 당한 모습을 보고 못 본 척하고 지나칠 수 밖에 없었던 자신들의 경험을 이야기한다. 하지만 토론이 진행되면서 친구의 방관은 피해자를 더욱 아프게 한다는 사실을 아이들은 스스로 인식하게 된다. 피해를 본 아이 입장에서 생각해 볼 때, 자신의 존재가 친구들 사이에서 잊혀지고, 무시당했다고 생각할 것이고 그 상처가 폭력으로 입은 상처보다 더 아픔으로 다가올 것은 당연하기 때문이다.

이 토론에서 결론은 정해져 있다. 아이들도 그것을 안다. 그렇지만 실제 학교 안에서 폭력으로 친구들에게 외면당하는 일들이 비일비재하게 일어나는 상황에서 자신이 당사자(목격자)라면 어떻게 해야할지 고민을 토로하는 아이들이 많다. 학교 안에서 누구든 자신을 도와줄 수 없다고 생각하기 때문이다. 토론을 마치면서 아이들은 착한 사마리아인 법[41]처럼 왕따를 당하는 아이를 도와주어도 불

41) 자신에게 특별한 부담이나 피해가 오지 않는데도 불구하고 다른 사람의 위험을 보고도 구조

이익을 당하지 않고 피해자·목격자 모두 보호하며 문제를 해결할 수 있는 학교 안 분위기를 형성해야 한다는 발언을 하며 마무리한다. 이 토론 과정을 지켜볼 때, 아이들 스스로가 찾아낸 논제여서 그런지 모두 열심히 참여하는 모습이었으며, 나와 다른 의견을 가진 친구에게 논리적인 근거를 들어 설득해가는 모습이 진지해보였다. 그리고 자신의 설득과 질문·주장을 펼치면서 학교폭력을 가하는 자나 그것을 묵인하거나 동조하는 방관자의 불합리한 태도가 되려 수치스럽고 부끄러워야 한다는 올바른 판단에 이르게 된다는 점에서 주입식 가르침이 아닌 스스로가 깨우쳐가는 수업이었다.

에 나서지 않는 경우에 처벌을 하는 법이다.

4-5차시 '친구야 사랑해!' 4컷만화 이어그리기

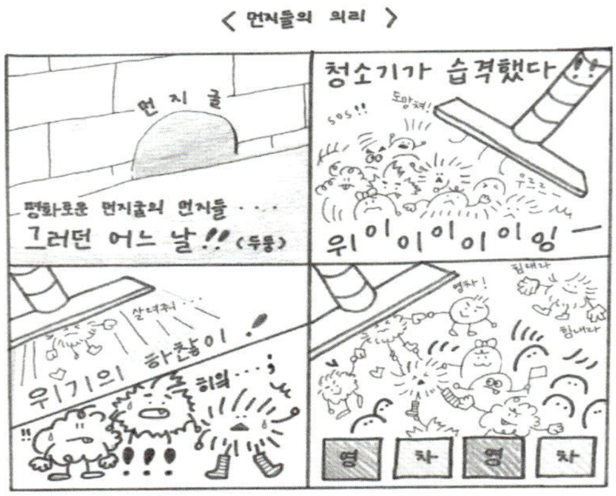

'협동'에 대한 학생작품

앞의 학생이 그린 4컷 만화처럼 '협동'은 원하는 목적을 성취하기 위해 마음과 힘을 하나로 합쳐 함께 행동하는 것이다.[42] 친구 간에 서로서로 힘을 합치면 어렵던 일도, 안 풀리는 것도 뭐든 할 수 있다.

이번 수업에는 협동화를 그려보려고 한다. 5~6명씩 모둠을 구성하여 '친구야 사랑해!'라는 주제로 만화를 이어그리는 활동이다. 자신이 학교생활을 하면서 체험하거나 느꼈던 친구와의 갈등 상황이나 친구에게서 받았던 감동의 상황 그리고 우정·의리에 대해 친구들과 함께 표현할 수 있도록 한다.

42) 네이버 지식백과 참고.

활동순서 는 다음과 같다.

1. 5~6명으로 모둠을 구성하고, '친구야 사랑해!' 주제를 제시한다.

2. 주제에 따른 스토리를 협의한 후 자신의 학교생활을 소재로 만화 스토리를 생각하도록 한다. 각자가 생각하는 친구에 대해 포스트잇에 작성하여 활동지에 붙이고 서로의 의견을 교환한다. 그리고 어떤 내용으로 할지에 대해 의견을 모은다. 이는 서로의 친구관에 대해 아는 계기가 된다.

3. 시나리오가 만들졌다면, 각 칸마다 들어가는 콘티를 구상한다.

4. 줄거리를 컷으로 나누어 등장인물과 말풍선을 배치하고 화면 연출계획을 세운다.

5. 스토리에 따른 인물의 캐릭터를 설정한다.

6. 각자 맡은 칸 그림을 생각하며 스케치한다. 이때 같은 모둠 친구들과 많은 이야기를 하며 진행한다.

7. 펜터치 후 지우개질로 마무리한다.

표지

1면

2면

3면

4면

5면

8. 모둠 친구들과 그림을 돌려가며 공유 후 학급 동료와 공유한다.

아이들이 그려낸 4컷 만화 협동화의 내용을 보면 혼자서는 하지 못할 일이라도 친구들과 함께라면 뭐든 가능할 수 있다는 내용과 청각 장애를 가지고 있는 친구에게 먼저 손을 내밀어 주는 내용, 다문화 학생으로 학교생활에 부적응을 겪고 있는 친구에게 어떻게 하면 도움을 줄 수 있는지에 대한 내용, 한 명의 진정한 친구를 갖기란 어렵다는 우정에 관한 내용, 친구 간에 뒷담으로 발생하는 갈등을 어떻게 대처할 것인가에 대한 내용 등 다양하다. 여기서 각자가 중요하게 생각하는 친구에 대한 생각을 엿볼 수가 있다.

다음은 4컷 만화 이어그리기를 위한 활동지의 예이다.

활동지 예시

'친구야 사랑해' 4컷 만화 이어그리기	제목		모둠원	
순서	계획 세우기			
친구란? 우정이란? 간단한 개요				
기승전결에 맞는 스토리 준비	<시나리오 작성>			
스토리에 맞는 콘티작성	<콘티작성> 1 2 3 4 › 5 6 7 8 › 9 10 11 12 › 13 14 15 16 › 17 18 19 20			
캐릭터 정하기	<등장하는 인물을 정하고 캐릭터를 간단하게 스케치>			

3-1-2. 마음을 움직이는 공익광고 만들기

이 수업은 광고가 사회현상을 얼마나 반영하고 있으며, 어떠한 영향을 미치고 있는지에 대해 이해하는 것이다. 그리고 다양한 시각 이미지를 이용하여 공감을 이끌어내는 공익광고 포스터를 만들어 행복하고 안전한 학교생활을 위해 적극적으로 노력하고 실천하는 데 목적을 두고 있다.

5차시 광고 넌 뭐니?

기발한 아이디어로 만들어진 광고를 제시하며, 이미지 형태를 위주로 교사가 스토리텔링한다.

상업광고의 예[43)]

공익광고의 예[44)]

교 사	허름한 트럭 위에 산더미처럼 쌓인 지푸라기들이 실려 있네요. 그 옆으로는 지푸라기에 깔릴 것 같이 아슬아슬하게 망아지가 서 있습니다. 잘못하다가는 지푸라기에 파묻힐 것 같아요. 그러나 쏟아지지 않네요. 무엇 때문일까요? 그리고 이것은 무엇을 광고하는 것일까요?
학생A	고속도로 주행 시 트럭에 적재량을 실어야 한다는 의미의 광고요.

43) https://blog.naver.com/hja9415/220288103146
44) 한국방송광고진흥공사 공익광고협의회(2006).

교 사 답은 아닌데 듣고 보니 그럴듯합니다. 다른 답은 없나요? 잘 모르겠나요? 지푸라기가 어떤 것으로 묶여 있는지 자세히 관찰해보세요. 물건이 쏟아질 듯 하다 이것 때문에 쏟아지지 않아요.

학생B 테이프 광고요.

학생A 아 맞네. 저기 옆에 테이프 이미지가 있어요.

교 사 네 맞습니다. 이것은 테이프 광고입니다. 테이프의 어떤 점을 강조하고 있나요?

학생A 용량. 저 많은 짐을 다 묶을 수 있을 정도로 양이 많다.

학생B 끊어지지 않고 튼튼하고 질기다.

학생C 강력한 접착력.

교 사 네 맞습니다. 이러한 제품의 우수성을 강조해 판매를 목적으로 만드는 광고를 우리는 상업광고라고 합니다. 또 다른 광고를 봅시다. 이 광고의 이미지에는 흙이 보이네요. 흙 속에 초록색 뭔가가 있어요.

학생A 자연의 아름다움을 보여주고 있어요. 새싹이 자라고 있는데요.

학생B 아니야. 잘 봐. 새싹이 아니라 비닐이잖아. 흙 속에서 비닐이 삐져나오고 있잖아. 이건 환경오염에 대한 이야기일 것 같아요.

교 사 네, 맞습니다. 비닐봉지로 인한 환경오염에 대해 이야기하고 있지요. 아이가 '엄마, 이 풀의 이름이 뭐예요?'라고 말하는 것에서 더 확신이 생기죠. 그런데 이 말이 참 충격적이고 슬프기도 합니다. 그럼 이 광고는 뭘 전달하고 싶은 걸까요?

학생C 비닐봉지는 환경오염의 주범이다. 그래서 무분별하게 사용하면 미래에 새싹이 아닌 비닐을 볼 수 있다고 위협하고 있어요.

교 사 그렇죠. 환경오염의 심각성을 말해주고 있죠. 재활용되지 않고 땅에 매립하는 쓰레기들이 점점 늘어나고 있습니다. 정말 우리 아이들이 살아가야 할 미래에는 땅에서 새싹이 아닌 비닐만 나올 수 있겠어요. 심각합니다. 이렇게 심각한 사회적 문제들을 사람들에게 알려 문제의식을 가질 수 있도록 하는 것이 공익광고입니다. 그렇다면 상업광고와 공익광고의 관계는 어떻나요? 선생님이 제시한 한쪽 이미지는 상품의 강력한 접착력을 강조해 테이프를 소개하고 있습니다. 그러나 강력한 접착력을 가지고 있다는 장점이 환경적인 면에서는 단점으로 보일 수 있어요.

학생A　그럼 이런 단점을 보완한 친환경적 테이프를 만들어 광고하면 되지 않나요?

학생B　그래서 요즘은 친환경적인 소재로 만드는 것들이 많잖아. 비닐봉지 대신 종이봉투 · 플라스틱으로 된 빨대가 종이로 만들어지고, 테이프도 종이로 된 테이프….

학생C　그러고보니 환경을 생각하는 제품들이 많네요.

교 사　네, 맞습니다. 환경오염이 사회적으로 큰 문제로 대두되자 소비자들의 인식이 변하기 시작했죠. 그러자 기업들은 환경을 소재로 한 제품을 만들고 그것을 반영하듯 광고도 만들어지게 된 거죠. 이때 사람들의 인식을 변화시키기 위한 방법으로 선생님이 보여준 공익광고도 그 역할을 했다고 볼 수 있죠.

학생A　서로 서로가 영향을 주고 있는 거네요.

교 사　또 다른 영상 자료를 보고 느낌을 나눠보기로 합시다.

아이들은 상업광고와 공익광고를 구분하는 것 자체가 힘들 수 있다. 하지만 교사가 제공한 이미지를 비교하며 서로의 차이점을 구분 짓기 시작한다. 그리고 광고가 사회현상을 반영하고 있고, 서로 영향을 미치고 있음을 대화를 통해서 점점 알게 된다.

생각 나누기 대화를 통해 알게 된 '광고란 무엇인가'에 대해 자신의 생각을 정리해보는 시간을 갖도록 한다. 자신이 생각하는 '광고란 무엇인지' 아래와 같이 한마디로 정의해보도록 교사는 물음을 던진다.

'광고란 ○○이다. 왜냐하면 ○○이기 때문이다.'

아이들의 반응은 '광고란 이정표이다. 왜냐하면 사람들에게 모르는 것을 알려주고, 그렇게 할 수 있도록 방향을 제시하기 때문이다.', '광고란 쌍방향 소통이다. 왜냐하면 정부나 회사에서 알리고 싶은 내용이나 제품에 대한 정보를 사람들에게 알려주면, 사람들은 듣고 바로 구매하고 실천하기 때문이다.', '광고란 마술이다. 왜냐하면 사람들이 인식을 변화시켜 행동하도록 하는 놀라운 변화를 주기 때문이다.' 등 광고에 대해 다양하게 정의를 내리고 있는 것을 볼 수 있었다. 그리고 광고 속에는 사회현상과 문화가 반영되어 있다는 사실도 자연스럽게 알게 된다.

아이들은 정부나 단체, 기업이 자신의 이익을 취하고 사람들의 행동 변화를 유도하기 위해 의도성을 가지고 광고를 제작한다고 말한다. 의도성을 가진 광고는 사람의 마음을 움직여 행동으로 나타났을 때 그 목적을 달성했다고 할 수 있다. 예전의 공익광고는 목적 달성을 위해 강압적이고 권위적인 형태로 일방적인 강요를 통해 행동을 유도했다면, 요즘의 공익광고는 사람들의 감성을 자극하여 수요자가 자발적 행동으로 이어지게 하는 형식으로 변화되었다. 그렇기에 사람들의 공감을 불러일으켜 실천으로까지 연결될 수 있는 광고를 만드는 것이 중요하다.

6-10차시 마음을 움직이는 공익광고 만들기[45)]

많은 사람이 공감하고 실천할 수 있는 공익광고를 제작하는 시간을 갖고자 한다. 이 수업은 5차시 동안 '색으로 말해요', '표정으로 말해요', '글로 표현해요', '지금을 표현해봐'라는 각각의 테마를 가지고 순차적으로 진행한다. 그리고 각 테마마다 제시된 시각 이미지에 대한 이해를 바탕으로 마지막 차시에는 모둠별로 현재 사회현상을 반영하는 주제로 마음을 움직일 수 있는 공익광고를 협동 제작하면서 수업을 마무리한다.

각 테마마다 감성적인 공익광고를 제시하여 시각·언어 텍스트 속에 담겨있는 이야기가 무엇인지 아이들 경험에 비추어 생각하고 이야기할 수 있도록 한다. 도입부에서 이루어지는 교사의 스토리텔링은 제시된 시각 이미지를 좀 더 자세하게 관찰하게끔 하고, 그 속에 담겨진 의미가 무엇인지 스스로 찾아갈 수 있도록 유도하는 역할을 한다. 이를 위해 지각→인지→공감의 스토리텔링 방법을 활용하고자 한다. <표 2-4>는 교사와 학습자가 이야기를 자연스럽게 할 수 있도록 상황을 보면서 던져야 할 발문들이며, 이러한 이야기 과정을 통해 아이들은 자신과 만나고 대면하면서, 자신의 감정에 솔직해지는 자신을 발견하게 될 것이다.

〈표 2-4〉 스토리텔링 3단계

단계	질문
1단계 지각 (몸으로 보기)	• 무엇이 보이나요? • 색은 무엇인가요? • 사물(인물)은 어떤 표정을 짓고 있나요? • 어떤 문구가 적혀있나요?

45) 이 수업은 이지영(2018)의 「스토리텔링을 활용한 공익광고 이해가 공감능력에 미치는 영향: 중학교 1학년을 대상으로」 석사학위논문 일부 내용을 요약한 것이다.

단계	질문
2단계 인지 (머리로 보기)	• 색/형태(을)를 통해 느껴지는 느낌은 무엇인가요? • 인물의 표정에서 느껴지는 느낌은 어떤가요? • 문구에서 보이는 내용은 어떤 건가요? • 시각 이미지와 문구를 통해 이 광고가 전달하고자 하는 내용은 무엇일까요?
3단계 공감 (마음으로 보기)	• 여러분은 언제 행복한가요? 행복했던 경험을 공유해봅시다. • 위험하다고 생각이 드나요? 이런 장면을 목격한 적이 있나요? • 화가 난 적이 있나요?

활동1 》 색으로 말해요!

이 활동은 색채를 통해서도 광고의 내용과 느낌을 전달할 수 있음을 아이들에게 이해시키기 위함으로 색채가 강조된 「자살방지 공익광고」[46]의 이미지를 제시한다. 교사는 아이들이 색채에 집중하여 광고를 바라볼 수 있도록 하고, 교사의 발문을 토대로 색채에서 느껴지는 느낌을 자유롭게 이야기할 수 있도록 지도한다.

교 사 가장 눈에 띄는 색은 무슨 색인가요?

학생A 노란색요. 그냥 전체가 노란색이에요.

교 사 어떤 이미지가 보이나요?

학생A 흰색의 밧줄 모양 형태가 희미하게 보여요. 꼭 사형 당할때 목에 거는 밧줄요.

46) 생명나눔실천본부(2014).

학생B　　저는 전구 모양으로 보여요.

교 사　　전구 모양 같기도 하고 밧줄 모양 같기도 하고 나중에 확대해 보기로 합시다. 그리고 어떤 문구가 보이나요?

학생A　　‘자살?’이라는 문구가 거꾸로 적혀 있어요.

학생B　　‘살자’로 보이기도 해요.

학생C　　‘자살’, ‘살자’ 재미있다.

교 사　　색채를 통해서는 어떤 느낌을 받았나요?

학생A　　노란색이라 밝은 느낌이 들어요.

학생C　　병아리 같은 귀여운 느낌도 있어요. 그래서 봄이 생각나요. 따뜻해요.

교 사　　이미지를 확대해서 볼까요. 어떤가요?

학생B　　전체는 전구 모양인데 유리 부분이 밧줄로 되어 있어요. 신기해요. 왜 이렇게 표현한 거지.

교 사　　이미지와 문구를 통해 무슨 내용을 전달하고자 한 걸까요?

학생A　　전구는 불을 켜서 세상을 밝게 하는 물건인데 유리 부분을 밧줄로 표현해 세상을 밝혀주는 것이 아니라 목을 매달고 죽게 하는 도구로 만들었어요. 그래서 문구도 ‘자살’이라고 적혀 있어요.

학생B　　그런데 ‘자살’이 거꾸로 적혀 있잖아. 그럼 ‘살자’라는 뜻도 되는데 이미지와는 무슨 상관이지?

학생A　　‘살자’라는 의미이니까 색채가 어두운색이 아니라 노란색의 밝은 색으로 표현한 것이 아닐까? 그리고 이미지는 목을 매는 밧줄이 아니라 전체적인 이미지는 세상을 밝혀줄 전구의 이미지로 표현한 것 같은데.

교 사　　여러분의 이야기가 맞습니다. 아주 잘 해석했네요. 그럼 이 광고를 보면 어떤 느낌이 드나요? 혹시 ‘자살’하고 싶다는 생각을 해본 적은 있나요?

학생C　　‘자살’이라는 단어를 보면 연상되는 것이 끔찍하고 두려운, 얼마나 힘들었으면…. 외롭다는 느낌이 듭니다.

학생A　　정말 외롭거나 힘들 때 자살하는 경우가 많은데….

학생B　　난 화가 나서 홧김에 죽고 싶다는 생각도 해봤는데….

학생C　　난 친구들과 싸우고 친구들이 나를 무시할 때 죽고 싶다는 생각이 들었어. 학교 오기도 싫고 모든 것이 싫었거든. 그때는 너무 힘들었어.

학생A	아 계속 아프다고 엎드려 있을 대 그때구나!
학생C	아마도. 진짜 머리도 아프기도 했는데 그냥 누워있고 싶기도 해서 계속 그랬지.
교 사	그럼 화가 나서, 왕따를 당해 외로울 때 자살하고 싶은 마음이 있었는데, '살자'라는 마음이 느껴졌을 때는 어떨 때 그런 마음이 나타났나요?
학생A	친구와 싸워, 놀 친구가 없어 쉬는 시간이나 급식시간 늘 혼자 다녔어요. 정말 외롭고 혼자라는 생각에 힘들었어요. 그때 반 친구가 먼저 이야기를 걸어주고 선생님이 따뜻한 말로 이야기해줘서 힘이 나고 살 것 같았어요. 힘들 때는 사소한 도움도 다 힘이 되는 것 같아요.
학생B	저는 친구들에게 항상 다가가는 친구가 될 거에요.
학생C	저는 친구를 왕따시키지 않아요.

아이들은 교사의 발문을 통해 광고를 전체적으로 관찰하며 조형요소를 찾아 이야기한다. 그리고 어떤 내용이 담겨있는지 스스로 알아가는 모습이다. 또한, 아이들은 교사의 발문 없이도 서로 자신의 경험을 이야기하고 싶어 한다는 것을 내용 전개에서 볼 수 있다. 학교생활을 하면서 자신과 비슷한 감정상태에 대해 이야기하며, 친구의 말에 관심을 가지고 경청하고, 자신도 비슷한 경험을 이야기한다. 이는 타인의 감정을 읽어내기 위해 상대방의 이야기, 표정, 억양 등에 집중하여 관찰하려고 노력하려는 모습이 나타난 것으로 생각된다.

서로의 이야기에 공감을 표시하니 아이들이 조금씩 마음을 여는 모습이 보였고, 상대방의 생각과 감정에 대해 바라보려는 자세가 나타나는 공감적 기반이 형성되고 있음을 알 수 있다.

다음으로 학생들이 자신의 감정을 마블링 방법[47]을 통해 색으로 표현해보는 시간을 갖는다. 현재 감정을 보여줄 수 있는 색을 물 위에 뿌려 뾰족한 도구로 모양을 만들도록 한다. 여기에서 교사는 아름답고 조화롭게 표현해야 한다는 부담을 버릴 수 있도록 안내하며, 자유롭게 느낌과 감정을 표현할 수 있도록 한다.

47) 마블링 기법은 물과 기름의 반발 작용을 이용한 기법으로 유성물감을 물 위에 뿌려 종이로 찍어내는 것이다.

다음은 학생들의 마블링 기법으로 표현한 활동의 내용과 결과물이다.

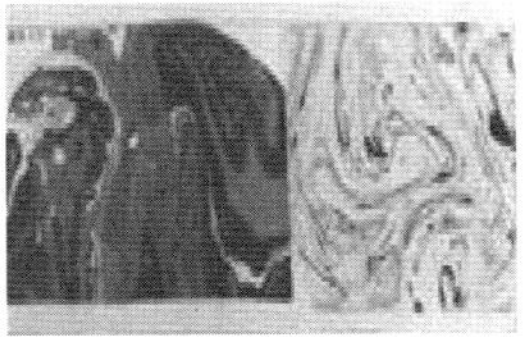

파랑과 보라가 섞이지 않은 상태로 표현하였다. 아무리 예쁜 색이더라도 색이 섞이면 혼란스러워지기 때문에 따로 표현하여 힘든 일을 피하고 싶은 마음을 표현하였다.

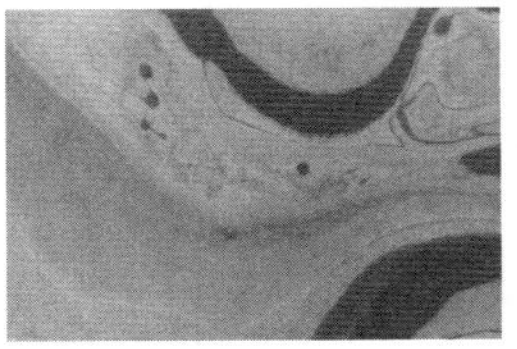

초록 위에 검정과 보라를 넣어 표현하였다. 초록은 편안함, 보라는 물감 냄새로 인해 머리가 약간 어지러움을, 옆 친구의 방해로 짜증남을 검정으로 표현하였다.

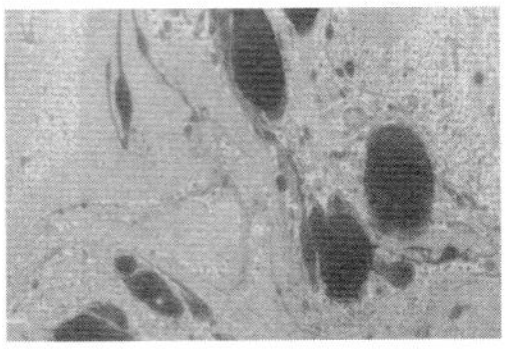

노랑 바탕에 파랑이 살짝 떨어진 모습을 표현하였다. 이는 활동이 너무 재미있어 즐거움을 표현한 것이고, 파랑은 신남을 표현하였다.

'마블링' 활동이 끝난 후 자신 생각을 학습지에 작성하고 마블링으로 표현된 색으로 친구 감정 맞추기 게임을 한다. 이 게임의 방법은 아이들이 표현한 결과물을 화면에 띄워놓고 "○○의 현재 감정의 색입니다. 어떤 감정일까요?" 질문을 하면 아이들이 그 감정을 맞추는 식이다. 이 과정은 상대방에 관심을 가지고 관찰할 수 있도록 하여 같은 색이더라도 각각 다른 감정으로 표현될 수 있음을 알고, 다양한 경험을 공유할 수 있게 하는 소통의 장(場)을 마련해 준다. 이때 교사는 너무 소란스럽지 않도록 하며 모든 학생이 게임에 참여하여 자신의 이야기를 구체적으로 발표할 수 있도록 지도한다. 그리고 작품을 표현한 학생의 이름을 제시하며 "○○는 지금 감정이 ○○해서 이렇게 표현했어. 여러분들의 ○○(응원, 이해 등)가 필요할 것 같아."라고 교사가 그 학생의 감정을 정리하며 게임을 마무리한다.

활동2 》 **표정으로 말해요!**

'표정으로 말해요' 수업은 공익광고 속에 표현된 이미지가 무엇이며 어떻게 표현되느냐에 따라 주제와 내용이 달라지고, 표현된 이미지만으로도 감정 전달이 가능함을 이해시키고자 한다.

고통스러워하는 인물 표정이 강조된 '언어폭력 공익광고'[48]의 이미지를 제시하며 학생의 스토리텔링을 유도한다.

교 사 무엇이 보이나요?

학생A 화가 난 남자와 고통스러워하는 여자가 있어요. 화난 남자의 입에서 주먹이 나와 여자의 머리를 잡아당기고 있어요.

학생B 머리를 잡아당기니까 여자가 고통스러워하고 있어요. 아파하고 있어요.

학생C 남자도 고통스러워하고 있어요. 입에서 주먹이 나가니 얼마나 아프겠어요.

학생A 그럼 이 광고는 언어폭력과 관련된 내용이구나.

교 사 아주 잘 찾았습니다. 아무런 문구가 없는데 언어폭력이라는 것을 어떻게 찾았나요?

학생A 쉽죠. 입에서 주먹이 나가잖아요.

교 사 이런 이미지에서 여러분은 어떤 느낌을 갖게 하나요?

학생B 고통스러워요.

학생C 기분 나빠요.

48) http://hun1056.blog.me/20051091351 언어폭력공익광고.

학생A 화가 난 남자의 입장에서는 짜증날 거 같고, 여자는 아플 거 같아요. 근데 전 화가 나요.

학생B 왜?

학생C 난 아무것도 안 했는데 친구가 욕을 했거든. 너무 화가 났어요. 그래서 저 남자도 화가 나서 욕을 하는지도 몰라요.

학생B 나도 그런 적 있는데. ○○친구가 자꾸 패드립을 하고 건드리고 도망가잖아. 얼마나 화가 났는데….

학생A 맞아. 그 친구가 그렇지. 나도 한 번 그래서 똑같이 패드립했다가 선생님께 혼났잖아. 왜 나만 혼내시는지 모르겠어. 먼저 시작한 건 그 친구인데. 짜증나.

학생C 그럴 땐 선생님께 바로 말씀드리면 되는데. 우리 담임선생님은 패드립 하면 '마음의 창'이라고 깜지를 시키거든. 깜지 쓰는 거 완전 힘들어.

교 사 여러분들의 이야기를 들어보니 이 광고의 내용과 같은 경험을 한 적이 있는 것 같군요. 이 광고는 언어폭력의 내용을 담고 있습니다. 이미지에서 제시한 것처럼 남자와 여자의 표정에서 화나고 고통스러워하는 모습이 표현됐죠. 그리고 입에서 나가는 주먹의 표현에서 폭력을 연상할 수가 있었습니다. 이렇듯 광고는 이미지만으로도 내용을 전달할 수 있어요. 그래서 사람, 사물, 손의 모양 등에 표정을 담아 대중들에게 감정을 전달할 수 있도록 해야 합니다. 여러분들의 말에는 욕이 들어가는 경우가 너무 많습니다. 옆에서 듣고 있으면 화가 나서 싸우는 건지 그냥 얘기하는 건지 도통 모를 때가 많습니다. '가는 말이 고와야 오는 말도 곱다.'라는 말이 있죠. 서로의 표정을 보며 친구들의 감정을 살피는 여러분이 됐으면 합니다.

아이들은 흑백의 강한 명암대비나 극도의 감정이 드러나는 표정을 보고 자신도 모르게 얼굴을 찌푸리는 모습을 보인다. 제시된 광고가 '언어폭력'과 관련된 내용이라 조심스럽게 질문을 제시한다. 직접 언어폭력을 당한 아이도 있을 수 있으며 언어폭력 외에 비슷한 학교폭력을 경험한 아이가 있을 수 있기 때문이다. 그러자 피해자 입장에서 '불쌍해 보인다', '힘들어 보인다' 등의 반응이 나왔다. 하지만 대화의 과정에서 가해자의 입장으로 생각해 보는 아이들의 반응도 나온다. 왜 폭력을 가할 수 밖에 없는지에 대해 친구들의 반응을 살피며 자신의 경험을 이야기하는 모습이다.

이렇듯 공익광고 속 이미지를 통해 아이로 하여금 자신이 언제, 왜 화가 나거나 분노를 표출하는지 스스로 생각할 시간을 가지게 하고, 자신이 어떻게 반응을 하였기에 다른 사람이 화가 나게 되는지에 대해 스스로 되돌아보는 시간을 가지게 한다. 또한, 타인과 소통하는 과정에서 서로의 입장이 다름을 인지하고 공감할 수 있도록 한다. 다음으로 광고 이미지 일부를 보여주며 어떤 광고에 대한 것인지 표정 읽기 게임을 한다.

이미지 읽기 자료

일부모습

광고의 전체모습[49]

광고 일부의 이미지를 화면에 띄우자 아이들은 단번에 '가족사랑 광고요!'라고 외친다. 하지만 '여러분이 보고 있는 광고는 일부분입니다.'라는 얘기를 하자 아이들은 커튼 뒤의 상황을 생각하기 시작한다. 그러자 바로 '아동학대'라는 답을 찾아낸다. 교사의 힌트에 우리가 보는 그림자의 반대상황을 예상해 본 것이다.

이 광고는 중앙아동보호전문기관과 굿네이버스가 함께 제작한 버스정류장 옥외광고이다. 밖에서 볼 때는 커튼 속의 다정한 어머니와 아이의 모습인데, 버스정류장 안쪽으로 들어가 광고판을 보면 아동을 학대하는 엄마의 모습이 보인다. 아이들에게 전체 광고를 보여주자 기발한 광고라며 놀라움을 표현한다. 이렇게 사물이나 인물의 표정으로 전달하고자 하는 내용을 알기 쉽게 표현할 수 있음을 인지하며 밖으로 나가 핸드폰으로 다양한 방법으로 표정을 찍어보도록 안내한다.

49) https://blog.naver.com/ytokh123/220753221303 아동학대 공익광고.

다음은 주변의 사물이나 인물을 통해 사진으로 표정을 표현한 학생들의 결과물이다.

(1)

(2)

(3)

(4)

(1)은 어느 여학생이 떨어뜨려 만들어낸 틴트 자국이다. 그러나 이 사진을 찍은 아이는 '친구의 코피 자국'이라며 아픔으로 표현하였다. 그리고 (2)는 하늘 높이 날아갈 듯 신나는 표정으로 (3)은 내 옆에 누군가 있었으면 좋겠다는 외로움의 표정으로 (4)는 어딘가 한쪽에 버려진 뜯어진 실내화 한 짝으로 서글픈 표정으로 표현하였다.

활동3 >> **글로 표현해봐!**

이 활동은 '마음을 움직이는 공익광고' 제작을 위한 마지막 단계로 '사이버폭력 공익광고'[50]를 감상하는 것으로 시작한다.

50) 한국방송광고진흥공사 공익광고협의회(2007).

이는 '마음을 움직이는 공익광고' 제작을 위해 점점 심각해지는 사이버상의 학교폭력에 대해 사전에 미리 생각해보는 시간을 갖기 위함이다. 또한, 이미지로 표현되는 것뿐 아니라 글로도 충분히 감정을 전달할 수 있음을 이해하는데 목적이 있다.

공익광고에서 언어적인 부분을 담당하고 있는 것을 우리는 카피(copy)라고 부른다. 카피는 광고의 성패를 좌우할 정도로 매우 큰 비중을 차지한다. 특히 인쇄광고의 구조상 시각적 이미지(그림 텍스트)를 제외한 언어 텍스트에는 표제(헤드라인), 부표제(서브카피), 본문(바디카피)이 사용된다. 여기서 부표제(서브카피)는 표제(헤드라인)의 내용을 더하는 역할이며, 본문은 광고의 내용을 자세히 설명하여 대중들이 정확하게 이해할 수 있게 도와주는 역할을 한다. 이에 시각적 이미지(그림 텍스트)만큼 언어 텍스트의 중요성을 알 수 있다. 아래 예시를 보여주며 아이들이 시각 이미지에 어떤 글귀가 더해졌을 때 내용을 풍부하게 만들어 주고, 빠르고 정확히 전달될 수 있는지 이해시킨다.

활동 예시

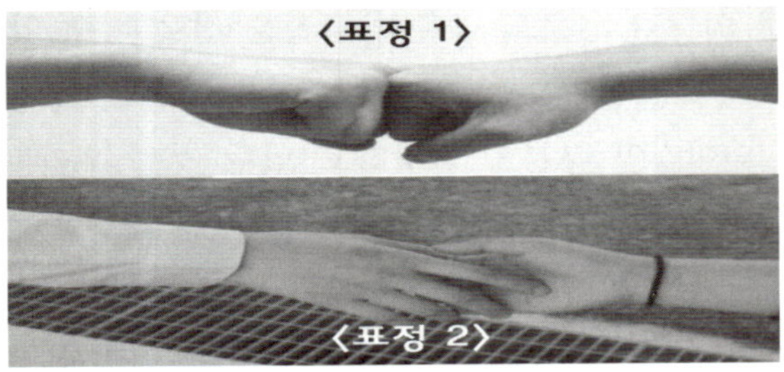

+

쥐면 **폭력**이지만 펴면 **함께**입니다.

용기있게 먼저 손을 내밀어주세요.
우리모두 행복해집니다.

‖

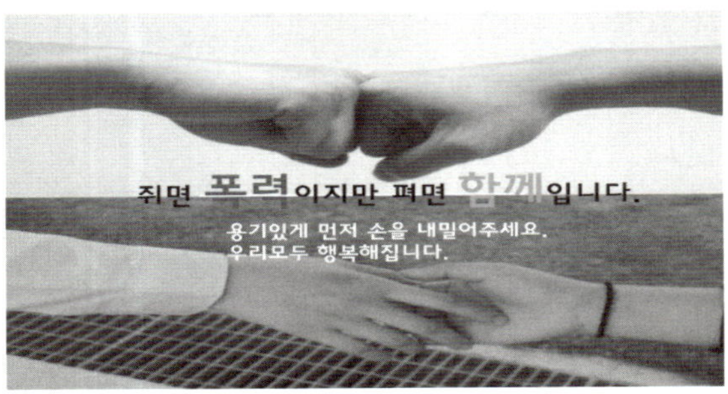

그리고 공익광고협의회에서 만든 '보이지 않은 폭력'[51] 광고지를 수정하여 아이들에게 제시한다(p.219 그림 참조). 아이들이 제시된 시각 이미지를 더욱 부각시킬 헤드라인과 서브카피를 적어보는 활동을 할 수 있도록 지도한다.

---

51) 한국방송광고진흥공사 공익광고협의회(2015).

다음은 아이들의 작성할 헤드라인 작성 활동지이다.

활동지 예시

공익광고 헤드라인 찾기

이미지에 적합한 내용을 스토리텔링하여 그에 맞는 헤드라인과 서브헤드라인, 바디카피를 만들어 적어보자.

아이들은 활동지를 보자마자 '언어폭력'이라는 것을 바로 알아차린다. 시각 이미지 속 한 소녀 위로 말풍선들이 겹쳐져 있다. 소녀에게는 너무나 버거운 무게처럼 느껴진다.

언어폭력과 관련된 시각 이미지를 보며, 그 속에 담긴 이야기를 함축적 언어 텍스트로 표현해본다. 이 활동은 자신의 감정을 구체적으로 드러내며, 타인에게 그 감정을 언어 텍스트로 전달할 수 있도록 하는 것이다. 언어 텍스트는 시각적 텍스트보다 더 구체적이고 정서적으로 자극할 수 있는 '공감'을 제공한다. 더구나 모둠 협력활동으로 이루어지기 때문에 자신의 경험에서 우러나오는 이야기와 다른 친구들이 겪었던 이야기를 서로 공유할 수 있다. 공감적 분위기 속에서 학교폭력에 대한 심각성을 느껴보도록 한다.

다음은 학생의 활동 결과물이다.

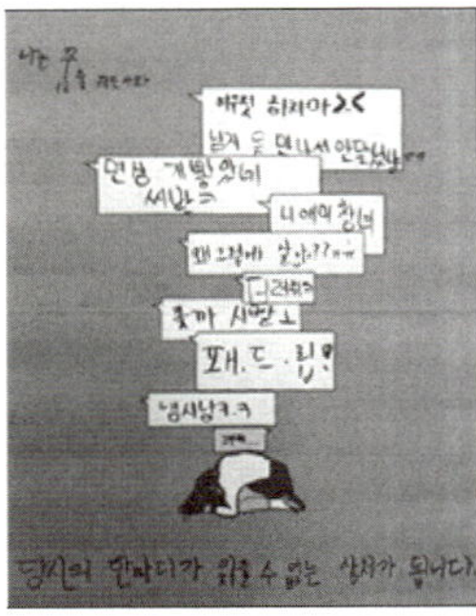

헤드라인

'당신의 한마디가 잊을 수 없는 상처가 됩니다.'

서브카피

'나는 꿈을 꿔도 아파.'

'여우짓 하지마.', '면상xx.', '왜 그렇게 살아.', '시x.',
'더러워.', '왜 그렇게 살아.', 패드립

아이들은 자신이 들었던 기분 나쁘고 듣기 싫은 욕을 그림 속 소녀의 등 위에 겹쳐있는 말풍선 속에 적어본다. 그리고 공통된 욕에 대해 기분 나빴던 상황을 상기하며 친구들과 공감의 대화를 나눈다. 이는 자신이 겪었던 경험에 대해 다른 사람의 이해와 공감을 이끌어내기 때문에 자기편이 생겼다는 긍정적인 사고를 가질 뿐 아니라 다른 사람을 존중하고 수용하는 경험을 통하여 상대방에 대한 깊은 이해에 도달할 수 있도록 한다. 이러한 조화로운 관계 형성은 '공감'이라는 새로운 변화를 만들어 내는 기반이 될 것이다.

활동4 》 지금을 표현해봐!

<활동4>는 실제로 아이들이 공익광고를 제작하는 활동이다. 공익광고를 제작해보는 활동을 통해 자신의 감정과 타인의 감정을 고려한 수용자가 공감할 수 있는 작품을 제작하는 것이다.

주제는 요즘 사회적 이슈가 되고 있는 '숭의 초등학생 집단 폭행사건', '부산·강릉 여중생 집단 폭행사건', '수원역 집단 폭행사건' 등 현재 청소년들에게 가장 해결하기 힘들면서 고민거리인 '학교폭력'으로 잡았다. 학교라는 공간에서 아이들이 실제로 겪고 있는 문제이기 때문에 공감할 수 있는 이야기가 많을 것이다. 또한, 제작하는 동안 친구들과 자신이 경험했던 이야기, 그때의 감정은 어떠했는지에 대해 공유함으로써 공감대가 형성될 것이다. 그리고 피해자나 가해자의

경험을 가진 학생들은 더욱 상대방의 감정을 이해하고 공감하여 존중과 배려가 묻어나오는 언행을 사용할 것이다.

'학교폭력'이라는 주제로 4~5명이 한 모둠을 구성한 후 모둠별로 토의를 거쳐 표현할 내용을 구체화하고, 제작보고서에 자세하게 작성할 수 있도록 지도한다.

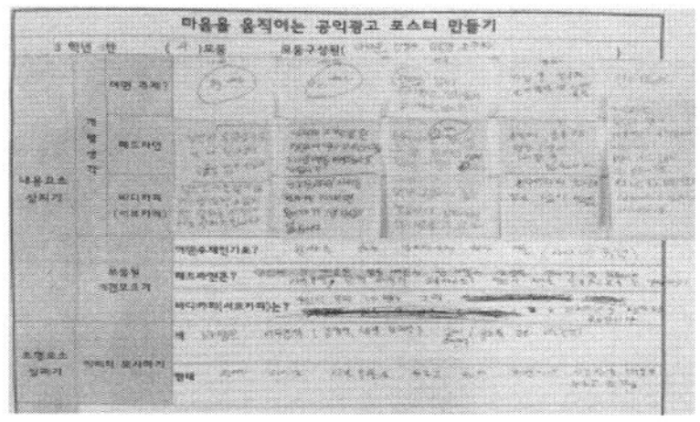

모둠별로 계획한 내용을 연출하여 사진을 찍고, 편집과정을 거쳐 '학교폭력 예방 포스터'를 효과적으로 완성한다. 아이들은 앞에서 배운 색과 이미지를 통해 전달하고자 하는 내용이 무엇인지 인지하여 다양한 필터의 기능을 익히고 표정·동작을 연출하여 사진에 담으려고 노력하였다. 그 과정에서 모델이 된 친구는 쑥스러워하고, 사진을 찍고 옆에서 보조하는 아이는 부끄러워하는 친구를 격려하는 모습이 보였다. 평상시 존재감 없던 아이는 자신의 역할에 충실히 임하며 친구들을 도왔고, 장난이 심해 비난의 대상이 되었던 아이 또한 그 순간만은 장난을 멈추고 진지한 자세로 적극적으로 활동하는 모습이 보였다.

이렇듯 협동 활동을 통해 개인의 생각과 감정으로 행동하기보다는 함께 한다는 생각으로 타인을 배려하며 효과적으로 문제를 해결하는 모습을 발견할 수 있었다. 그리고 평상시와 다른 친구의 모습을 발견하고 다른 관점에서 친구를 바라볼 수 있는 마음가짐이 형성되었다는 점에서 작품 활동을 통하여 공감 확장의 계기가 마련될 수 있었다.

다음은 학생들이 만든 마음을 움직이는 공익광고 결과물이다.

<table>
<tr>
<td>
</td>
<td>표제(헤드라인)
'친구를 잡아주세요.'
부표제(서브카피)
'당신의 친구는 안전한가요?'
본문(바디카피)
'당신은 친구를 잡아주고 있나요? 친구를 난간 밖으로 밀어버리고 있지는 않나요? 자신을 돌아보세요. 그리고 친구를 사랑해주세요. 우리는 친구가 떨어지지 않도록 잘 잡아주어야 합니다.'</td>
</tr>
<tr>
<td>
</td>
<td>표제(헤드라인)
'망설이지 말고 지금 당장 말해'
본문(바디카피)
'피해자는 다른 건 필요 없고 도움의 손길을 필요로 합니다. 당신의 한마디 장난이여도 상처입니다. 사과하세요.'</td>
</tr>
<tr>
<td>
</td>
<td>표제(헤드라인)
'말로 누군가를 아프게 했었나요?'
본문(바디카피)
'욕설이 아닌 소통이 하고 싶은 거예요. 지난 일을 되돌려보고 피해자에게 사과하고 다가가주세요.'</td>
</tr>
</table>

이렇게 포스터 제작에 그치지 않고 다수의 학생들이 볼 수 있도록 복도에 게시하고, 학교 폭력예방을 위한 캠페인 활동에 참여한다. 이로써 학교폭력에 대한 우리의 자세를 내면화시키고 행복한 학교생활을 위해 학생 스스로가 노력하고 실천하는 모습을 기대해 본다.

다음은 공익광고 포스터를 제작하기 위한 활동지의 예시이다.

활동지 예시

마음을 움직이는 공익광고 계획서

<table>
<tr><td rowspan="3">내용요소</td><td colspan="2">주제</td><td></td></tr>
<tr><td rowspan="2">카피</td><td>헤드라인</td><td></td></tr>
<tr><td>바디카피</td><td></td></tr>
<tr><td rowspan="2">조형요소</td><td colspan="2">이미지
묘사하기</td><td>색
형</td></tr>
<tr><td colspan="2">표현방법</td><td></td></tr>
<tr><td>구성요소
레이아웃</td><td colspan="3">• A2 크기로 제작
• 광고 포스터의 구성요소 모두 표현</td></tr>
</table>

3-2 더불어 사는 삶 프로젝트

'우리', '함께', '더불어', '같이'는 우리 삶 속에서 어떤 의미일까? 아리스토텔레스는 인간은 사회성을 가지고 다른 사람들과 어울리며 관계를 맺으며 살아가는 '사회적 동물'이라고 말한다. 그렇기에 사회는 점점 공동체 속에서 협력적인 관계를 강조하며 함께 살아갈 것을 요구하고 있다.

여기에서 소개할 사회성 강화 전략으로서의 두 번째 방법인 '더불어 사는 삶 프로젝트' 수업은 '우리 학교 공간을 새롭게!'와 '이웃과 공감하는 마을 만들기' 두 가지 주제로 나누어 진행된다. 두 가지의 프로젝트는 우리가 함께 생활하는 학교 공간과 이웃과 함께 사는 지역사회 공간에서 나타난 문제점을 생각해보고, 개선을 위한 방안을 함께 모색하고 실천하는 활동이다. 이는 아이들의 생활 속에서 큰 의미로 자리잡고 있는 학교와 지역사회에 관해 관심을 갖고, 나아가 '우리'라는 하나의 공동선으로서 애교심과 애향심을 갖게 한다는 점에서 교육적으로 효과가 있을 것으로 생각된다. 또한, 협력을 통한 상호작용 과정에서 존중과 배려를 실천하고 갈등을 해결하며 최선의 해결점을 찾아냄으로써 공감적 소통 능력과 협업능력을 함양할 수 있을 것이다.

수업 방법으로는 미술 교과의 체험 활동영역인 '소통하는 시각문화' 단원에서 다루고 있는 공공미술을 기본 주제로 진행한다. 공공미술(Public Art)이란 말 그대로 미술과 공공적인 가치의 만남이다. 개인을 위한 미술이 아닌 우리의 삶과 밀접한 공공환경을 활용한 교육이기 때문에 학생이 주체가 되어 사회 참여에 앞장설 수 있고 사회와 구성원들 간의 교류를 활발히 할 수 있다.[52] 이러한 점에서 학생들의 삶과 밀접한 학교와 지역사회 공간을 공공미술을 통해 개선시키면서 공동체적 삶을 풍요롭게 할 수 있을 것이다.

각 주제 활동 '우리 학교 공간을 새롭게!'와 '이웃과 공감하는 마을 만들기'는 아래 [그림 2-4]와 같이 4단계 수업단계로 진행된다.

---

52) 김지은(2015). 「인성교육으로서 노인과 함께하는 공공미술 프로젝트 프로그램 개발 연구」. 경희대학교.

1단계	2단계	3단계	4단계
소통단계	협력단계	실천단계	감상단계
• 나에게 학교(지역사회)란 어떤 공간인지 서로의 생각을 나누는 단계 • 개선이 필요한 공간을 찾아 의견 나누는 단계	• 모둠별 설계 및 기획 발표를 통한 의견을 나누는 단계	• 각자 역할을 분담하여 적용·실천하는 단계	• 의도에 맞게 공간 개선이 효과적으로 되었는지 감상하는 단계

▲ [그림 2-4] 수업단계 모형53)

1단계는 자신이 생활하고 있는 학교나 지역사회의 의미를 알고, 서로의 생각을 나누며 문제점을 인식하는 단계이다. 이 과정을 통해 학생은 사회의 한 존재로서 살아가고 있음을 발견하고 공동체 의식을 형성한다.

2단계는 본격적으로 개선점에 대해 의견을 교류하며 협력하는 단계이다. 이 과정에서 친구들과 의견이 다를 경우 설득해 내 의견을 수용할 수 있도록 하며, 친구의 의견을 받아들이거나 비판할 수도 있어야 한다. 이렇듯 다른 견해에 따른 갈등의 해결 과정에서 존중과 배려의 마음, 더불어 살아가는 방법을 익히게 된다.

3단계는 문제점과 개선점을 알고 실제로 표현하는 실천의 단계이다. 모둠원과 각자의 역할을 분담하여 각자 맡은 바 책임감을 가지고 협력하는 방법을 익히게 된다.

4단계는 자신들이 의도한 목적에 맞게 표현되었는지 감상하는 단계이다. 친구들과 계획한 내용을 바탕으로 효과적으로 표현되었는지 확인하며, 느낌을 나누는 것으로 생활 속에서 표현되는 공공미술의 의미를 이해하고, 미의식을 함양시킨다.

53) 이 수업단계 모형은 김지은(2015)의 「인성교육으로서 노인과 함께하는 공공미술 프로젝트 프로그램 개발 연구」 p.52 표를 참고하여 재구성한 것이다.

이러한 소통, 협력, 실천, 감상의 4단계 과정을 활용하여 우선, 첫 번째 주제 '우리 학교 공간을 새롭게!'를 진행한다. 이 수업은 우리가 생활하는 학교 공간의 문제점을 아이들 스스로 찾아보고 어떻게 개선할지에 대해 숙고하고 토론함으로써 문제를 개선해보는 활동이다.

전체 흐름도는 다음과 같다.

차시	수업단계	학습주제	학습활동
1차시	소통	나에게 학교란	• '학교'의 의미에 대해 공감 대화 나누기
2차시	협력	'미술실을 새롭게!' 설계하기	• 의미 있는 공간을 위한 의견 모으기
3-10차시	실천	'미술실을 새롭게!' 표현하기	• 역할 분담하여 표현하기
11차시	감상	나에게 미술실이란	• 우리들의 의도에 맞게 미술실 공간이 효과적으로 개선되었는지 서로의 느낌 나누기

두 번째 주제 '이웃과 공감하는 마을 만들기'는 자신이 사는 지역사회의 문제점을 인식하고, 개선을 위한 방안에 대해 모색하며 직접 실천하는 수업으로 진행된다. 학생들이 주체적으로 지역사회 구성원으로 공공미술을 체험하고 지역 주민과 함께 소통하며, 직접 참여하였다는 점에서 소속감을 함양할 수 있다.

전체 흐름도는 다음과 같다.

차시	수업단계	학습주제	학습활동
1차시	소통	문제점 공감하기	• '우리 동네' 문제점 공감 대화 나누기
2-4차시	협력	해결을 위한 실천방안 모색	• 우리 마을은…. • 우리 마을의 문제, 어떻게 해결할 수 있을까요?
3-10차시	실천	이웃과 공감하며 함께하는 벽화 작업 실천하기	• 역할 분담하여 마을벽화 그리기
11차시	감상	나눔의 소감 기억하기	• 가장 기억에 남는 느낌 나누기 • 마을벽화로 인해 청소년의 일탈이 예방되었는지 서로의 느낌 나누기

3-2-1. 우리 학교 공간을 새롭게!

아이들이 하루 중 가장 많은 시간을 보내는 곳은 학교이다. 학교는 친구 간에 관계를 맺고, 소통한다는 점에서 매우 의미 있는 공간이라고 할 수 있다. 이 프로젝트 수업은 우리에게 소통의 공간인 학교에서 생활하면서 겪었을 불편함이 무엇인지 생각해보고, 그 문제점을 해결해가는 활동이다.

1차시 「나에게 학교란」

화이트의 「네모의 꿈」이라는 노래를 제공한다. 눈을 감고 내가 다니는 학교는 어떤 곳인지 머릿 속으로 그리며 듣도록 안내한다.

네모난 학교에 들어서면
또 네모난 교실 네모난 칠판과 책상들
네모난 오디오 네모난 컴퓨터 TV
네모난 달력에 그려진 똑같은 하루를
의식도 못한 채로 그냥 숨만 쉬고 있는 걸
주위를 둘러 보면 모두 네모난 것들 뿐인데
우린 언제나 듣지 잘난 어른의 멋진 이 말
세상은 둥글게 살아야 해
지구본을 보면 우리 사는 지군 둥근데
부속품들은 왜 다 온통 네모난 건지 몰라
어쩌면 그건 네모의 꿈일지 몰라

「네모의 꿈」 화이트 노래 중

교 사	우리 학교는 어떤 모습인가요? 노래 가사와 다른가요?
학생A	아니요. 같아요. 가사에 나온 것처럼 다 네모예요. 학교 모양도 네모고 교실도 그래요. 모든 것이 네모모양이에요.

교 사	대부분의 학교가 네모모양이죠. 왜 이렇게 네모모양이 많을까요? 둥글고, 세모지고, 다양한 모양이 많을 텐데….
학생A	네모모양이 집짓기 쉬우니까요.
학생B	가구 놓기도 편해요. 그래서 공간활용도가 높죠.
교 사	네, 맞아요. 사각형은 집짓기도 편하고, 생활에 있어서 실용적인 부분이 가장 크게 차지하죠. 그리고 예전에 학교라는 공간은 체계적이고 효율적으로 교육시켜 표준화된 사람으로 만드는 것이 교육목표였어요. 그 목표 달성을 잘 할 수 있는 구조가 사각형의 모양인거죠. 사각형 모양의 학교는 기능적이고 효율적인 공간이라는 점도 있지만 그에 반해 개성이나 자율성이 살짝 떨어지는 점도 있죠. 우리는 이 사각형의 공간에서 하루의 대부분의 시간을 보내고 있습니다. 여러분들에게 '학교' 공간은 어떤 곳인가요?
학생A	음…. 공부하는 공간요. 재미없는 곳이요.
학생B	친구와 만나서 수다 떨고 장난치는 공간요.
학생C	답답해서 벗어나고 싶은 공간요.
학생D	선생님과 친구들의 간섭이 짜증 나는 공간요.

'학교' 이 한 단어에서 느껴지는 느낌은 다양하다. 긍정적인 대답이 많이 나오길 바랐지만 대부분 '답답하다.', '벗어나고 싶다.', '짜증 난다.' 등의 부정적인 표현이 많이 나온다. 왜 학교라는 공간이 아이들에게 벗어나고 싶은 공간이 되었을까? 이 물음에 대한 답을 찾고자 아이들과 대화를 계속 나눠본다.

"자유가 없어요. 내가 하고 싶은 대로 할 수가 없어요."

"어딜 가나 똑같은 책상에 의자, 벽 모두가 같아서 답답해요."

"학교는 모든 것이 학생들이 생활하기에 불편하게 되어 있어요."

교사는 아이들에게 '학교가 어떤 공간이 되면 불편하지 않을까?'라고 묻는다. 그러면 학교 자체가 그냥 불편한 곳이라는 난감한 대답을 한다. 또 교사는 '그럼 너희들이 원하는 학교는 어땠으면 좋겠니?'라고 되묻는다. 이 물음에 아이들은 멈칫하더니 아무 말도 하지 못한다. 불편한 것에 대한 불평만 있었을 뿐 개선할 방안에 대해 깊이 생각해보지 못한 모양이다. 다시 한번 '오고 싶은 학교 공간은 어땠으면 좋겠어?'라고 물음을 던진다.

"친구들과 이야기를 많이 했으면 좋겠어요."

"핸드폰을 계속했으면 좋겠어요."

"그냥 자유롭게 앉아서 공부하는 곳이었으면 좋겠어요."

"편안한 곳이었으면 좋겠어요."

아이들이 원하는 건 자유롭고 편안한 학교 공간인데, 획일적이고 정형화된 학교 공간에 답답함을 느꼈던 모양이다. 공간이라는 것은 진정한 소통의 능력이 있을 때[54] 편안함을 느끼고 애착의 감정을 느낄 수 있다고 한다. 이번 수업은 학생들이 원하는 학교 공간으로 만들어보는 것이다. 아이들이 학교생활을 하면서 불편한 점, 변화되었으면 하는 점, 학교 공간에 있었으면 하는 것에 대해 포스트잇에 자유롭게 의견을 내도록 한다.

아이들이 생각하는 우리 학교의 문제점을 살펴보면, 사용하지 않은 빈 교실이 많다는 점, 특히 특별실이 낡고 허름해서 사용하지 않고 있다는 것이다. 그리고 교실에서 복도 쪽 창문이 없어 답답하다는 것과 교실과 복도 벽 도색이 벗겨져 흉물스럽다는 점이 문제점으로 나왔다. 그와 함께 학교 공간에 새롭게 있었으면 하는 것은 복도에 잠시 앉을 수 있는 의자였다. 학교는 넓은데 쉴 공간이 없다는 점에서 중간중간 의자를 두어 친구들과 앉아서 이야기도 할 수 있었으면 좋을 것 같다는 의견이다.

54) 이은진(2017). 「창여적 디자인 지도의 효과 연구 - 교실공간을 중심으로」. 경인교육대학교.

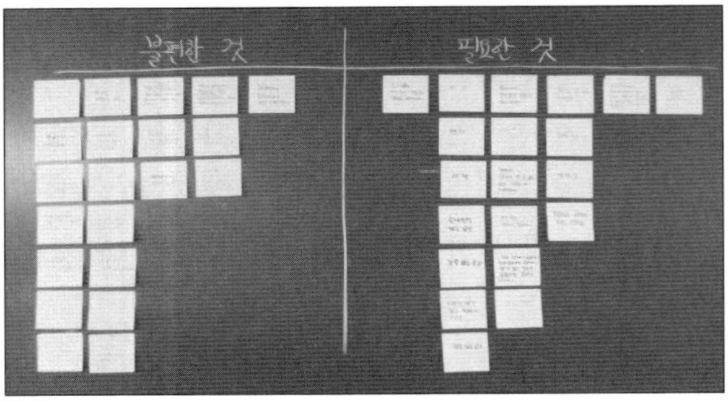

학생들의 생각이 담긴 포스트잇

'그렇다면 이 문제점을 어떻게 개선할 수 있을까?'

처음에는 우리가 직접 개선할 수 있을지 아닌지에 대한 제한을 두지 않고, 자신이 개선하고 싶은 공간을 자유롭게 제시할 수 있도록 하였다. 이렇게 제시된 다양한 의견 중 실현 가능한 것은 무엇인지 생각하도록 한다. 그러자 한 아이가 손을 들어 '창문을 만들거나 도색하는 것은 우리의 힘으로 바꾸기 어려워요. 기존에 있지만 사용하지 않던 특별실을 사용할 수 있는 공간으로 개선하는 것이 어떨까요?'라는 의견을 제시한다. 다수의 아이들이 고개를 끄덕이며 동조하는 모습을 보인다.

'그럼 어떤 특별실을 개선하는게 좋을까?'

교실에서 수업을 하면서 가장 불편했던 미술실을 개조해보기로 의견이 모아진다. 이로써 '우리 학교 공간을 새롭게!'는 '미술실을 새롭게!'로 구체화해 공간을 개선하는 수업으로 진행하게 되었다.

다음은 우리 손으로 공간개선을 위한 의견이 담기 초안이다.

「우리 학교 공간을 새롭게!」 계획안

개선이 필요한 장소	창고가 되어버린 미술실
이 유	창고가 되어버린 미술실로 인해 넓은 공간에서 다양한 재료를 사용해야 하는 미술 수업을 좁은 교실에서 해야 한다. 더구나 물의 사용이 많은 활동인데 먼 거리에 있는 화장실까지 가야 하는 번거로움이 있다. 그렇기 때문에 미술실을 아름답게 개선하여 자유롭게 움직이며 수업을 하면 어떨까?

2차시 '미술실을 새롭게!' 설계하기

학교라는 공간은 지식을 학습하는 배움의 공간이기도 하지만 상호 간에 관계를 형성하고 교류하는 일상이 살아 숨 쉬는 공간이기도 하다. 다른 교과 교실보다 교과 특성상 자유롭고, 창의적인 교류가 활발히 이루어져야 하는 미술실을 아이들이 스스로 고민하고 새롭게 변화시킬 수 있는 기회를 주고자 한다.

활동순서는 다음과 같다.

1. 미술실 탐방을 통해 문제점을 찾고, 어떻게 개선하면 좋을지에 대해 의견을 나누며 활동지를 작성한다.

활동지 예시

① 책상과 의자

문제점	
해결점	

② 서가(복도쪽)

문제점	
해결점	

③ 청소도구함

문제점	
해결점	

④ 수납장(뒤쪽)

문제점	
해결점	

2. 문제점과 개선점을 바탕으로 모여진 아이디어로 콘셉트를 정한 후 세부 계획을 세운다.

활동지 예시

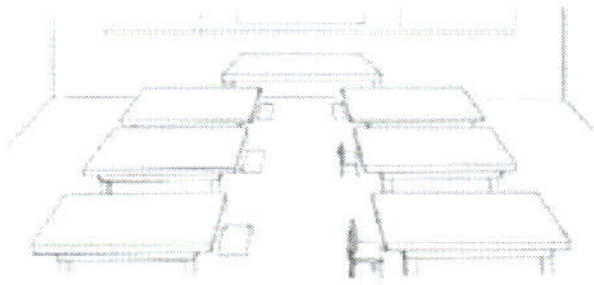

‣ 미술실 내부

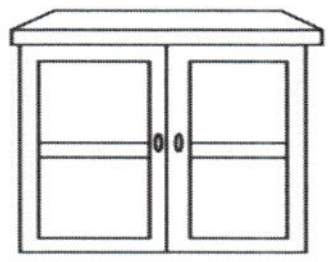

‣ 사물함

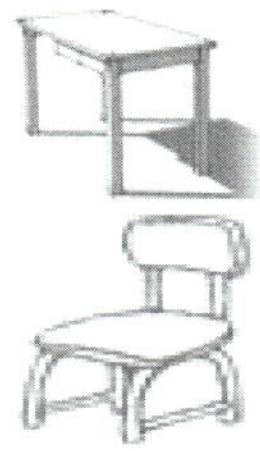

‣ 책상, 의자

3. 모둠별로 기획한 내용을 발표하고, 마지막으로 전체의 의견을 모은다.

미술실 탐방을 통해 아이들이 찾은 문제점은 '들어서는 순간부터 오래된 물건들만 있어서 낡고 칙칙해 보인다.', '정리가 되지 않아 어수선하다.', '교실이 아니라 창고 같다.'라는 것이다. 아마도 몇 년 동안 사용하지 않고 물건들을 쌓아두고 방치했기 때문일 것이다.

아이들은 미술실 전체구조나 벽면 등은 마음대로 허물 수 없다는 현실적 제약이 있어 자신들이 바꿀 수 있는 책상과 의자, 수납장 등을 디자인해보기로 한다. 딱딱한 교실의 공간이 아닌 아늑하고, 계속 머물고 싶은 공간으로 만들기 위해서는 기존의 색과 모양을 벗어나야 한다는 의견들이 일치한다. 이 의견을 바탕으로 모둠원은 콘셉트 있는 미술실을 생각하며 자유롭고 적극적으로 색과 문양을 디자인하기 시작한다.

다음은 콘셉트가 짜인 미술실 디자인을 위한 사전 조사와 모둠별 디자인 계획서이다.

ARMY(Art classroom Re-design My thoughts Yeare later)조

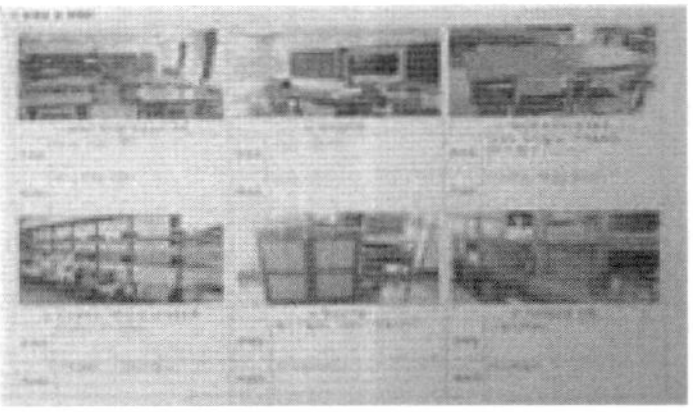 

미술실 심폐 소생술조

모둠별로 제출한 다양한 디자인계획 중 화려한 문양으로 눈의 피로감을 주지 않으면서 교실의 용도에 맞는 안정감과 포근한 느낌이 필요하다는 의견에 아이들은 관심을 갖게된다. 그리고 자유롭게 생각하고 발상할 수 있도록 타 교과실과 차별화된 가슴이 뚫리는 시원한 색채로 채색되면 좋겠다는 의견이 가장 많은 동의를 얻었다.

다수의 의견을 반영하여 정리한 계획서 내용은 아래와 같다.

'미술실을 새롭게!' 디자인 계획서

1. 디자인의 목적

   1) 쾌적하고 편안한 환경을 구성하여 학교생활 삶의 질을 향상시킨다.
   2) 학생들의 창의적 사고가 형성될 수 있도록 한다.

2. 콘셉트

   '○○人 아이디어 바다에 빠지다'

3. 디자인 세부내용

   1) 색: 하늘색과 파란색을 주조색으로 한다.
      ① 학생들이 사용하는 책상은 채도가 낮은 파란색 계통으로 하고, 의자는 하늘색으로 책상과 비슷한 색으로 맞춘다.
      ② 교실 문은 책상과 동일한 색채, 수납장은 하늘색으로 표현한다.
      ③ 그 외 청소도구함과 교탁은 흰색과 노란색으로 포인트를 준다.

   2) 문양
      ① 책상 상판은 심플한 레이스 문양, 의자는 등받이에 스텐실 기법으로 간단한 이미지를 찍어낸다.
      ② 교실 앞에 배치된 교탁은 흰색 바탕에 격자무늬의 다양한 색채가 들어가게 표현한다.
      ③ 교실 문 위에 흰색으로 간단한 문양을 찍어낸다.

4. 개선 후 기대효과

   1) 쾌적하고 편안한 환경 속에서 학생들의 다양한 상상력이 발휘될 것이다.
   2) 넓은 공간 확보를 통해 협동화 활동이 가능해지면서 협업능력이 향상되고, 학생 간 소통 능력 또한 향상될 것이다.

이렇듯 자신이 사용할 공간이라고 생각하니 더욱더 적극적으로 아이디어 구상에 참여하는 모습이 보였다. 그리고 아이디어를 생각하고 공유하는 과정에서 아이들은 평소보다 자신의 생각과 의견을 많이 제시하고, 상호 간에 의견을 경청하며 조율하는 모습이 자연스럽게 이루어지고 있었다.

3-10차시 '미술실을 새롭게!' 표현하기

'미술실을 새롭게!'를 주제로 직접 표현하는 활동이 시작된다. 모든 학생이 역할분담을 하고, 책상 · 의자 · 교탁 · 수납장을 꾸미기 위해 마스크·목장갑을 착용한다. 그리고 사포질로 물건의 거칠고 지저분한 표면 정리와 밑색을 바르기 위한 젯소를 도포하고, 우리가 고심 끝에 정한 색으로 페인트 칠을 한 후, 스텐실 기법을 통해 문양을 찍어 포인트를 준다. 그리고 마지막으로 바니쉬를 바르는 활동까지 열심히 수업에 임한다.

이 과정을 통해 가구가 재탄생(리폼)하기까지 얼마나 손이 많이가며 힘든 과정으로 만들어지는지 체험하게 된다. <표 2-5>은 '미술실을 새롭게!' 표현 수업을 위한 교수 · 학습지도안이다.

〈표 2-5〉 교수 · 학습 지도안

학습단원	3. 소통하는 시각문화 - 함께 누리는 공공미술 3. 발상의 창고를 열다 - 학교 건물 재구성하기	차시	3-10/11
수업 주제	미술실을 새롭게!		
성취 기준	[9미-01-02] 시각문화 속에서 이미지의 다양한 전달 방식을 이해하고 활용할 수 있다. [9미02-03] 표현 재료와 용구, 방법의 특징을 이해하고 표현 과정을 점검할 수 있다. [9미02-05] 표현 매체의 특징을 알고 다양한 표현 효과를 탐색할 수 있다.		
학습 목표	• 학교 공간에서 아름답지 못한 모습을 찾아 개선할 수 있다. • 협력을 통하여 시각적 창작 활동을 실천할 수 있다.		

단계	교수학습방법	자료 및 유의점
배움 열기	• 가구 리폼의 과정이 담긴 영상을 시청	유튜브 영상
배움 활동	• 거친 사포를 활용한 책상과 의자 표면 다듬기 - 광택과 이물질을 제거하기 위해 골고루 문질러서 다듬는다. 활동모습  • 주변을 깨끗하게 정리 - 다음 작업을 위해 주변의 먼지를 정리한다. - 책상 · 의자의 이물질을 깨끗하게 닦는다. • 젯소의 역할을 이해하고 도포하기 - 젯소는 석고와 아교를 혼합한 회화재료로 밑바탕에 칠해서 착색, 발색, 견고함 등을 높이기 위한 보존재료이며, 페인트의 접착력을 높여주고 원래 가구의 색이나 무늬 등 밑바탕을 가려주는 역할임을 설명한다. 활동모습  • 책상 상판 첫 번째 색 페인팅하기 - 학생용 책상은 흰색과 노란색을, 교탁은 흰색으로 깨끗하게 칠한다. 활동모습 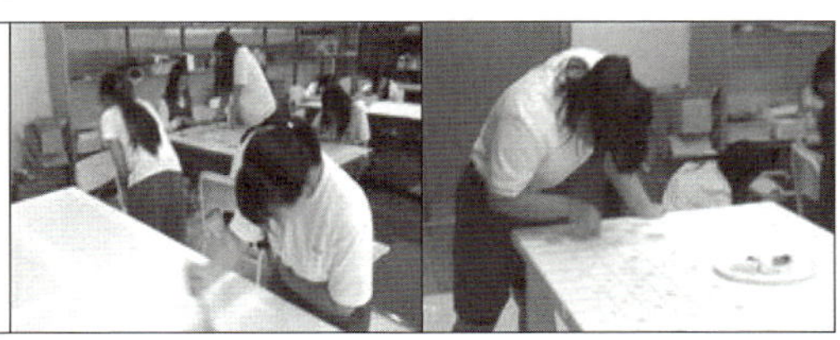	- 사포질로 인한 먼지 날림이 많음을 주의시키고 마스크와 목장갑을 끼고 활동할 수 있도록 지도한다. - 젯소는 재료 특성상 접착력이 강하여 옷에 묻으면 잘 지워지지 않으므로 주의하도록 지도한다. - 페인트는 물에 희석하여 사용하는 것으로 냄새가 거의 없는 편이며, 건조가 빠르고, 수성이라 아크릴물감을 섞어서 다양한 색을 만들 수 있음을 설명한다.

단계	교수학습방법	자료 및 유의점
	• 책상 다리 페인트 칠하기 - 남색, 흰색, 검정색 페인트를 잘 섞어서 칠한다. 활동모습   • 수납장, 청소 도구함 페인팅하기 활동모습   - 교실 뒤 수납장은 의자 등받이(하늘색)와 같은 계열로 페인팅한다. - 책상과 의자 · 수납장 모두 차가운 색(하늘색, 남색 계열)로 청소 도구함은 따뜻하면서 밝은색인 노란과 연두로 정하여 깔끔하게 페인팅한다. • 책상 상판 문양을 위한 마스킹 테이프 붙이기 - 책상 상판 문양을 넣기 위해 마스킹 테이프를 붙이고, 컴퍼스를 이용하여 레이스 모양으로 그려 커터칼로 자른다. 활동모습  • 의자 페인팅 후 문양 찍어내기 - 등받이 부분은 하늘색, 받침은 책상에 칠한 남색으로 깔끔하게 칠한다.	또한, 옷에 묻으면 잘 지워지지 않음을 주의시킨다. - 스텐실은 단순한 이미지를 찍어내는 데 효과가 좋음을 인지시킨다.

단계	교수학습방법	자료 및 유의점
	- 물감이 마른 뒤 스텐실 기법으로 종이에 문양을 그린 뒤 자른다. 종이가 움직이지 않도록 고정시킨 후 스펀지에 물감을 묻혀 고르게 찍는다. 활동모습 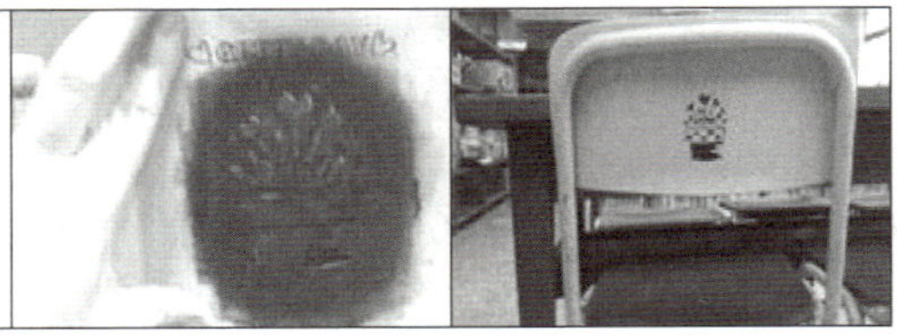 • 정리함 페인팅 후 문양 찍어내기 - 버려지는 상자를 깨끗하게 정리한 후 청소 도구함에 사용한 색으로 페인팅한다. - 덧칠 후 스텐실 기법으로 문양을 찍는다. 활동모습  • 미술실 문 페인팅 후 문양 찍어내기 활동모습  - 미술실 들어오는 문은 너무 많은 이미지로 어수선하게 표현하기보다는 단순한 색 · 이미지로 표현하는 것이 좋다는 의견으로 어두운 바탕에 깔끔한 흰색을 넣어 단순한 이미지로 스텐실한다. • 마무리	- 처음은 물감을 얇게 칠하고 마른 후 덧칠한다. - 붓으로 좌우상하 방향으로 고르게 칠한다.

11차시 '나에게 미술실이란' 감상하기

완성된 미술실의 모습을 바라보며 아이들은 흐뭇한 모습을 보이면서, 빨리 미술실에서 수업을 하고 싶다는 이야기를 한다. 큰 구조의 변화는 없지만 정리 정돈과 색채의 변화만으로도 아이들은 크게 느껴지는 것 같다. 더구나 계획에서부터 제작까지 자신들이 직접 변화시킨 미술실이기 때문에 더 그럴 것이다.

다음은 미술실의 변화된 모습이다.

〈변경 전〉

미술실 전경

〈변경 후〉

밝고 시원한 색으로 변화된 모습

미술실 문과 정리장의 모습

깔끔하게 변화된 정리장의 모습

책상, 의자, 교탁, 미술실 문, 서랍장, 정리함 등 자신들이 만든 물품을 만져보며 힘들었던 과정을 생각하면서 소감을 말한다.

학생A　우리 미술실이 아닌 거 같아요. 완전히 달라졌어요. 분위기도 아늑한 게 꼭 카페 같은 느낌이에요. 빈티지 스타일의 카페요.

학생B　시작은 그냥 물감을 칠하면 되는 간단한 작업인 줄 알았는데, 생각보다 먼지도 많이 나고, 물감 다루기도 힘들고 너무 힘들었어요.

학생C　그래도 내가 공부할 공간을 직접 디자인하고 꾸미니까 힘든 것보다 재미있었어요.

학생D　처음에는 힘들었는데 점점 우리들이 디자인한 모양이 나오니까 신기하기도 하고 너무 좋았어요. 그리고 친구들과 함께하니까 너무 재미있었어요. 다 함께 같이 했기 때문에 가능했지. 혼자서는 힘들었을 거 같아요.

처음과 달라진 쾌적하고 밝은 미술실의 모습을 보며 우리가 직접 했다는 뿌듯함과 자긍심이 소감 발표에서 느껴졌다. 교사의 입장에서도 쉽지 않은 활동이었다. 기존의 미술도구가 아닌 사포, 페인트 등 생소한 재료를 준비하며 '이 수업이 가능할까?' 걱정이 많았다. 그러나 활동하는 과정에서 그 걱정은 기우에 불과하다는 것을 알게 되었다. 교사인 나보다 아이들이 주체가 되어 주도적으로 작업에 임하고 능동적으로 서로서로 돕는 모습이 보였기 때문이다.

이 수업을 통해 아이들은 자신이 생활할 공간을 위해 직접 디자인하는 것에서부터 표현까지 모든 공정의 과정에 참여하였다는 점에서 미술실이라는 공간에 대한 애착이 향상되었을 것이다. 이 말은 주변인이 아닌 주인의식을 가진 주체자로서 학교생활을 즐길 수 있다는 것이 아닐까?

'학교라는 공간은 어떤가요?'

'나에게 미술실이란?'

첫 시간에 던진 물음을 다시 한번 던져본다. 이 물음에 대답을 해주듯 아이들 표정은 만족감과 자신감으로 충만하다. 더불어 스스로 문제를 해결하기 위해 비판적 사고력을 갖고 서로가 존중하고 배려하는 마음으로 협력하였다는 점에서 학생들의 심리와 행동에 긍정적인 변화가 일어난 것이 아닐까 생각해본다.

3-2-2. 이웃과 공감하는 마을 만들기

'한 아이를 기르기 위해서는 온 마을이 필요하다.'라는 아메리칸 인디언 속담이 있다. 그만큼 아이들을 바르고 건강하게 길러내기 위해서는 사회 전체의 노력이 필요하다는 것이다. 아이들의 올바른 성장을 위해 부도, 교사, 지역주민 모두가 함께 관심을 가지고 지켜보아야 한다. 이번 시간은 교실과 교과서에서 벗어나 아이들의 생활 배움터인 지역사회 공간까지 삶의 범위를 넓혀 더불어 사는 삶에 대해 생각해보는 시간을 갖고자 한다.

1차시 문제점 공감하기

평소 지각을 하지 않던 아이가 늦게 등교하여 이유를 물어보았다. 그러자 '늦잠을 자서 늦었어요.'라고 답변할 것이라는 예상과 달리 의외의 대답이 나왔다. 항상 등교하던 골목길로 오던 중 구석진 곳에서 다수의 학생이 담배를 피고 있는 모습을 목격했다고 한다. 그래서 오던 길을 멈추고 돌아서 오느라 늦었다는 것이다. 사실 그 장소는 여러 차례 동일한 민원이 들어왔던 곳이다.

본 저자가 근무하는 지역을 말하자면, 구 도심지로 아파트 단지보다는 다세대주택과 구 주택이 밀집된, 다소 한산하고 허름한 곳이다. 그래서 그런지 우리 학교 학생뿐만 아니라 인근 학교 학생들까지 등굣길에 일탈 행동을 일삼는 장소로 유명하다. 이 문제로 학교나 주민센터에서 대책 마련을 위해 고심하던 중에 우리 아이가 이 광경에 맞닥뜨리게 된 것이다.

얼마나 당황스럽고 두려웠을까? 아이에게 안전해야 할 등굣길이 그렇지 못했다는 것에 교사는 화를 낼 수가 없었다. 아이의 지각 사유를 듣던 중 같은 경험이 있는 아이들의 불편함과 불만 섞인 어조가 여기저기서 나온다. 이러한 문제가 하루 이틀 일어난 것이 아니기에 학교 차원에서는 임시방편으로 순번을 정해 교사가 주변을 순시하며 일탈하는 아이들 지도하고 있지만 근본적인 해결책이 아님을 알고 있다.

이 문제에 대해 아이들과 함께 고민해보기로 한다. '어떻게 하면 아이들이 일탈하지 않을까?'의 현 사회현상에 따른 문제점에서 시작하여 '왜 유독 그 골목에 아이들이 몰려 일탈 행동을 할까?'로 생각이 옮겨진다. 그러자 그 동네를 잘 알고 있는 아이들은 한 목소리로 '그곳은 사람들이 잘 다니지 않는 낡고 허름한 골목이에요. 그래서 등교하기 전 모여 담배를 피기 딱 좋은 장소죠.'라고 왜 그것을 모르냐는 듯 당연하게 말을 한다. 이렇게 아이들의 실제 경험을 통해 느꼈을 학교 주변의 문제점에 대해 생각해 보기로 한다.

우선, 「바다 마을 프로젝트」[55] 영상을 함께 시청하며 수업은 시작된다.

교 사　「바다 마을 프로젝트」는 한 학교가 통·폐합 되면서 빈 학교를 어떻게 사용할지에 대해 시의회, 교육청, 학교, 지역주민 등 관계자들이 함께 논의해 새로운 공간으로 탄생시킨 성공한 사례를 보여주고 있어요. 처음에는 자신들에게 유리한 공간으로 만들기 위해 의견이 분분했지만 '학생을 위한 공간'이라는 공통점은 있었죠. 이를 위해 논의 끝에 만들어진 독서문화 공간인 '지혜의 바다', 다양한 체험을 할 수 있게 만든 '행복 마을 학교'입니다. 이렇듯 당면한 문제에 대해 모두 함께 생각하고 만들어갈 때 좋은 결과로 나오지 않을까 생각됩니다. 이번 수업의 주제는 여러분의 안전한 등굣길을 만들기 위해서 어떻게 해야 할지 생각해보는 것입니다.

학생A　그 장소에 선생님들이 매번 지키고 서 계시면 안되나요?

교 사　현재도 선생님들이 그렇게 순번을 정해서 순시하고 있어요. 그런데도 줄어들지 않는 것 같네요. 그리고 선생님들이 매번 그렇게 하기도 힘들어요. 업무도 있고 학급 아이들 관리, 지도에….

학생B　'담배를 피지 마시오'라는 표지판을 만들어 달면 어때요.

교 사　그것도 좋은 방법일 수 있겠네. 그렇지만 칠판에 '떠들지 마시오'라고 적어두면 어떤가요?

학생B　처음에는 조용하다가 나중에는 여전히 떠드는 것 같아요.

---

55) '바다 마을 프로젝트'는 '빈 공간을 무엇으로 채우면 좋을까'라는 내용으로 지식채널e에서 2019년 6월에 방송됨.

교 사　　그런 것 같죠? 처음에만 조용하고 똑같아지죠. 그러한 방법은 한시적일 수 있어요.

학생C　　그럼 사람이 다니지 않기 때문에 일탈하는 학생들이 몰려드는 거니까 사람들이 많이 다니게 하면 될 것 같은데요.

교 사　　사람이 많이 다니게…. 그거 좋은 방법이네요. 어떻게 하면 사람의 통행량을 늘릴 수 있을까? 사람들이 많이 다니는 곳은 어떤 공통점이 있을까요?

학생A　　버스 정류장이나 편의시설이 많은 곳은 사람들이 많아요.

학생B　　불빛이 많은 곳, 가게들이 많은 곳은 사람들이 많아요. 그리고 가로등이 많은 밝은 곳요.

교 사　　그 골목에 사람들이 많이 다닐 수 있도록 그에 맞는 환경이 필요하겠네요. 그럼 이 골목을 어떻게 바꾸면 좋을까요?

학생A　　낡고 허름하기 때문에 사람들이 안 다니잖아요. 사람들도 ○○처럼 무서우니까 안전한 길로 돌아갔을 거예요. 그럼 밝고 깨끗하게 만들면 되죠.

학생B　　청소를 매일 하는 거예요.

학생C　　청소를 누가 하는데? 지금도 제대로 관리가 되지 않기 때문에 우범지대가 된 거잖아.

학생B　　우리가 당번을 정하는 거지. 아니면 일주일에 한 번 있는 봉사활동 시간에 나가서 청소를 하는 거야.

학생A　　그것도 일시적인 게 아닐까? 우리가 나가서 청소할 때만 깨끗하고 그 후에는 지저분해질 텐데. 지금과 다를 게 없을 거 같아.

학생B　　그렇네…. 그럼 어떻게 하면 좋지? 이 곳을 깨끗하게 해야 하는데….

아이들은 안전한 등굣길을 위해 사람들이 많이 다니는 길로 만들어야 하며, 이를 위해 밝고 깨끗한 곳으로 개선해야 한다는 생각에 이르게 된다. 자신이 생활하면서 실제로 겪은 문제 또는 친구의 경험에 대해 공감적으로 소통하는 과정에서 서로의 상황을 이해하고, 적극적으로 문제 해결점을 찾으려는 진지한 모습이 보인다.

2-4차시 해결을 위한 실철방안 모색

우선 나와 같은 공간에 사는 다양한 이웃들의 모습을 생각하며, 우리 마을의 특징을 이해하는 시간을 갖도록 한다. 그리고 문제해결을 위한 구체적인 실천방안을 모색한다.

활동1 》 우리 마을은….

교 사　마을이란 여러 집이 모여 있는 공간을 말합니다. 그곳에서 여러 사람이 더불어 살아가고 있죠. 내가 사는 곳은 어디인가요?

학생A　우리 집은 학교 바로 앞에 있어요. 5분 정도 걸리죠.

학생B　저는 ○○시장 쪽이에요.

학생C　저는 ○○산 가는 쪽에 있어요.

교 사　그럼 구체적으로 우리 마을 소개를 해볼까요?

학생A　제가 사는 곳은 학교 주변인데 등교하는 시간이 많이 걸리지 않아서 좋아요. 그리고 할머니 댁도 근처라 명절에 많은 시간을 걸려 가지 않아도 된다는 장점이 있어요. 그리고 제가 좋아하는 PC방도 많이 있어요.

학생B　시장이 가까워서 물건을 싸게 살 수 있다고 엄마가 그러시던데요. 그리고 맛집도 많아요.

학생C　별다르게 소개할 만한 건 없지만 ○○산 아래에 있어서 공기도 맑고, 운동하러 쉽게 산이나 호수로 갈 수 있다는 점이요.

교 사　여러분이 살고 있는 마을은 ○○산과 ○○시장이 있는 맑은 공기와 정겨움이 있는 곳인 것 같네요. 지금부터 이런 특색이 살아있는 '우리 마을만의 안내서'를 만들어 소개해보는 시간을 갖기로 해요. 우선 내가 사는 마을의 정보가 담겨진 키워드를 정리해서 지도에 표시해보고, 안내도를 만들어 보세요.

<활동1>은 우리 마을에 대해 구체적으로 생각해보고 내가 사는 '마을 지도'를 그려보는 수업이다. 아이들은 자신의 동네를 생각하며 어디에 무엇이 있는지 열심히 지도에 표시하며, 마을 안내서를 만들기 시작한다. 아래는 학생이 만든 안내서로 자신의 마을을 소개하고 있다.

'내가 사는 우리 마을은 ○○산 아래 시원한 산바람이 부는 곳이에요. 그리고 ○○시장이 바로 옆에 있어 맛있는 먹을거리를 싸게 많이 살 수 있습니다. 그리고 매년 반딧불이 축제가 있어 더욱 더 볼거리들이 많죠. 시장 중간중간에는 예쁜 벽화가 그려져 있어요. 하지만 시장 때문에 시끄러울 때도 있어요. 요즘은 아파트 재건축 공사로 인해 큰 차들이 많이 다녀 위험하기도 해요. 그리고 골목길이 많아 길 찾기가 어려워 처음 오는 사람들은 헤매는 경우가 있습니다. 길을 물어보는 사람들이 많죠. 그래서 우리 마을은 미로찾기예요.'

우리 지역을 전체적으로 바라보고 좋은 점과 불편한 점에 대해 이야기하면서 아이들은 한 번 더 우리 마을만이 갖는 고유의 특성과 매력에 대해 떠올린다. 그리고 문제점을 발견하여 어떻게 개선하면 좋을지에 대해 생각할 수 있는 계기를 마련한다.

활동2 >> 우리 마을의 문제, 어떻게 해결할 수 있을까요?

골목길 속 단독 구 주택과 다세대주택에서는 범죄가 빈번하게 발생할 수 있다는 연구 결과가 있다. 그 증거로 이 지역의 낙후된 장소는 청소년들에게 일탈 행동의 거점이 되며, 오고 가는 등굣길·출근길 사람들에게는 불편한 장소가 되고 있다. 그런 점에서 쾌적하게 정비되지 못한 우리 마을의 안전이 위험하다는 말이기도 하다. 첫 번째 시간, 우리는 마을의 문제점을 공감 대화를 통해 공유하였고, 우리 마을 안내서를 통해 구석구석 정보를 검색해 보았다. 이제 어떻게 해결해야 하는지 방안을 모색해봐야 한다.

'우리 마을의 문제, 어떻게 해결할 수 있을까?'

마을 공동체는 이러한 문제점을 인식하고 있었던 듯하다. 안전을 위협하고는 노후화된 마을을 개선하기 위한 협의회가 주민센터에서 열렸다. 그곳에는 동네 주민과 지자체 관계자, 주변 학교 관계자가 모여 안전하고 쾌적한 '○○동 마을 만들기 프로젝트'를 위해 함께 머리를 맞댔다. 주민센터에서는 '○○동 마을 만들기' 계획 중 하나로 골목벽화 그리기를 추진하고 있으며, 현재 주변 ○○대학교 학생들이 참여하여 벽화 작업이 일부 진행 중임을 이야기한다. 그리고 이어서 중·고등학교 학생들도 참여했으면 하는 의견을 내비쳤다.

본 저자는 등굣길이 두렵다는 학생의 말과 현재 이 지역의 문제점을 인식하고 있는 아이들의 의견을 들었던 터라 이 협의회의 중요성을 알고 있다. 아이들은 일탈 행동이 일어나는 그 장소를 밝고 깨끗하게 바꾸면 사람들의 통행량이 늘어나는 효과가 있을 것이라며, 그렇게 되면 감시자가 생기기 때문에 일탈 행동이 줄어들 것이라는 해결책을 냈었다. 깨끗하게 개선하기 위한 방법으로는 학교 창·체 시간을 활용한 봉사활동을 대안점으로 제시하였지만 지속성이 떨어져 현실적으로 어려움이 있다는 문제점을 발견했다. 이에 협의회에서 제시하는 '마을벽화 그리기'는 마을 전체의 분위기를 밝게 변화시켜 주어 비행 청소년을 예방할 수 있다는 점에서 실현 가능하다. 더구나 자신이 사는 동네를 꾸미고 가꾼다는 점에서 지역사회에 대한 애향심을 갖는다는, 교육적으로 긍정적인 효과도 있다. 이런점에서 본 저자는 아이들에게 프로젝트에 관한 취지를 자세히 이야기하여 아이들의 동참 의사를 주민센터에 전달하였다. 의견을 물어보고 함께 이 프로젝트에 동참하겠다는 의사를 밝혔다.

우리 마을의 문제해결을 위해 '마을 벽화 그리기'를 어떻게 표현할지에 대해 아이들과 생각 나눔의 시간을 갖는다.

활동순서는 다음과 같다.

1. 낙후된 환경의 문제점을 인식하고 비슷하게 해결을 위해 고민한 지역 사례를 읽기 자료로 제시한다.

읽기 자료

동피랑 벽화마을[56]

동피랑 벽화 전 모습

통영항 중앙시장 뒤편 남망산 조각공원과 마주보는 봉긋한 언덕배기에 자리 잡고 있는 '동피랑'이라는 마을이 있다. 일제강점기 시절 통영항과 중앙시장에서 인부로 일하던 외지 하청민들이 기거하면서 만들어진 곳으로 현재 50여 가구가 모여 살고 있다.
벽화가 그려지기 전 통영시는 낙후된 동피랑 마을을 철거하여 충무공이 설치한 옛 통제영의 동포루를 복원하고 공원으로 조성할 계획이었다. 그러자 '푸른 통영21'이라는 시민단체가 공공미술의 가치를 들고 '색과 그림이 있는 골목'이라는 주제로 벽화 공모전을 열었고, 이에 미술대학 재학생과 개인 등 19팀 총 36명이 공모전에 참여하여 골목 담벼락마다 벽화가 그려지게 되었다.
벽화로 꾸며진 동피랑 마을에 대한 입소문이 나고, 벽화를 그리러 오는 미술가, 구경하려

오는 관광객이 늘어나자 통영시는 동포루 복원에 필요한 마을 꼭대기의 집 3채만을 헐고, 마을 철거방침을 철회하였다. 철거 대상이였던 마을은 형형색색의 조화로운 벽화로 인하여 관광객들의 발길이 끊이지 않은 명소가 되었다.

동피랑 벽화 후 모습

2. 우리 지역에서 추진된 다양한 벽화마을을 찾아보고, 벽화마을이 생겨난 동기와 마을 조성 이후 현재의 상태에 관해 조사하도록 한다.

활동지 예시

1. 우리 지역에서 살기 좋은 마을 만들기를 위해 어떠한 노력을 하고 있는지 시청 홈페이지나 온라인 검색을 통해 사례를 조사해보자.

2. 벽화마을이 등장한 배경은 무엇인가?

56) 조윤미(2011). 「국내 벽화 마을 만들기의 성공요건 분석」. 경원대학교.

3. 벽화 작업은 어떻게 진행되었는가?

4. 벽화마을 조성 후 마을은 어떻게 변화되었는가?

3. 우리 마을에서 문제가 되는 골목길의 문제점과 개선점을 찾기 위해 직접 조사에 나선다.

학생에 의해 촬영된 벽화가 필요한 장소

직접 조사에 나선 아이들은 낙서와 도색이 벗겨져 칙칙한 시멘트 벽이 보이는 집들이 많음을 인식하고, 이런 곳에서는 범죄나 비행의 노출이 많을 수 밖에 없음을 확인할 수 있었다. 이 공간을 밝고 아름다운 벽화로 꾸민다면 한층 깨끗하고 쾌적한 환경이 될 것이라는 의견이 구성된다.

4. 골목벽화가 왜 필요한지에 대한 기획서를 작성한다. 그리고 어떤 그림이 어울릴지를 생각하며 도안을 디자인한다.

아이들의 기획안을 바탕으로 주민센터 관계자를 만나 골목벽화를 그릴 장소에 대해 협의한다. 벽화가 그려질 장소는 주긴센터에서 미리 동네 주민의 동의를 받아 선정된 장소이다. 선정된 장소는 아이들이 힘들게 돌아다니며 조사한 장소와 대부분 일치했으며, 이 사실은 아이들에게 큰 동기부여가 되었다. 그리고 도안 작업은 동네 주민의 의견과 집주인의 의견을 반영하기 위한 의견 수렴의 과정을 거쳐서 디자인된다.

다음은 주민의 의견을 바탕으로 작성된 디자인 계획서이다.

이웃과 함께하는 마을 벽화 디자인 계획서

1. 주민의 의견

 1) '꿈'을 줄 수 있는 희망적인 메시지가 담겨 있었으면 좋겠다.
 2) 자연을 소재로 주변 환경과 조화를 이루었으면 좋겠다.
 3) 색채가 너무 자극적이지 않으면서 주변과 잘 어울리는 밝은 색이었으면 좋겠다.

2. 주제선정

'꿈을 찾아서'

3. 주요 색채

노랑, 연보라를 주조색으로 하여 그 외의 색은 파스텔 톤의 부드러운 색으로 표현

4. 장소에 따른 디자인 계획 설계

 1) 골목 입구 담벼락과 중앙 긴 담장은 '꿈'을 소재로 하여 꿈과 희망을 찾아 여행을 떠나는 캐릭터의 이미지를 표현한다.
 2) 집주인의 요청이 있는 작은 담장은 해바라기와 소나무, 새의 이미지를 표현하여 마치 정원이 연상되게 표현한다.

5-12차시 이웃과 공감하며 함께하는 벽화 작업의 실천

우리 모두 생소한 재료를 사용하여 처음 하는 벽화 작업이라 쉽지 않았다. 작업 속도는 더디고 서툴렀지만 혼자가 아닌 '우리 함께'라는 마음으로 아이들은 힘든 줄 모르고 즐겁고 행복한 마음으로 작업에 임한다.

우선, 여러 장소의 벽면에 그림을 그려야 했기 때문에 구역을 나누어 자신이 할 역할을 분담한다. 그리고 스케치하고, 페인트로 색을 섞고, 큰 롤러 또는 거친 페인트 붓으로 칠하는 과정은 모두 학생들 주도하에 협력적으로 이루어졌다. 이런 아이들의 협력적인 모습은 교실에서 보지 못했던 또 다른 모습을 발견하게 했다.

교실에서는 자기만 알고 주변을 둘러보지 않던 아이가 자신은 그림을 잘 그리지 못하기 때문에 친구들의 잔심부름을 하겠다며 자청하고, 수업 시간 무기력한 모습만 보이던 아이는 꽃 모양의 색을 칠하겠다며 집중하는 모습을 보이는가 하면, 색 만드는 것에 자신감을 보인 아이는 친구들이 쉽게 색을 칠할 수 있게 직접 색을 섞어 친구에게 주는 등 서로서로 돕는 모습을 보였다. 더구나 친구가 춥다고 하자 자신의 집이 근처라며 집에서 따뜻한 옷과 물, 그리고 간단한 간식까지 챙겨 오는 아이도 있었다. 교실에서라면 볼 수 없는 친구들을 챙기는 진귀한 풍경들이다.

이렇듯 아이들 모두가 열심히 최선을 다하는 모습에서 동네 주민 또한 격려와 응원을 아끼지 않았고, 주민센터 관계자분들도 함께하며 여러 가지 챙겨주었다. 이러한 과정에서 아이들은 처음으로 '나눔'에 대한 가슴 뿌듯함을 느꼈으리라 생각된다. 그리고 점점 변모하는 골목을 보며 자신의 손으로 우리 동네를 변화시킬 수 있다는 것에 묘한 성취감 또한 느꼈을 것이다.

다음은 아이들의 벽화 작업 모습이다.

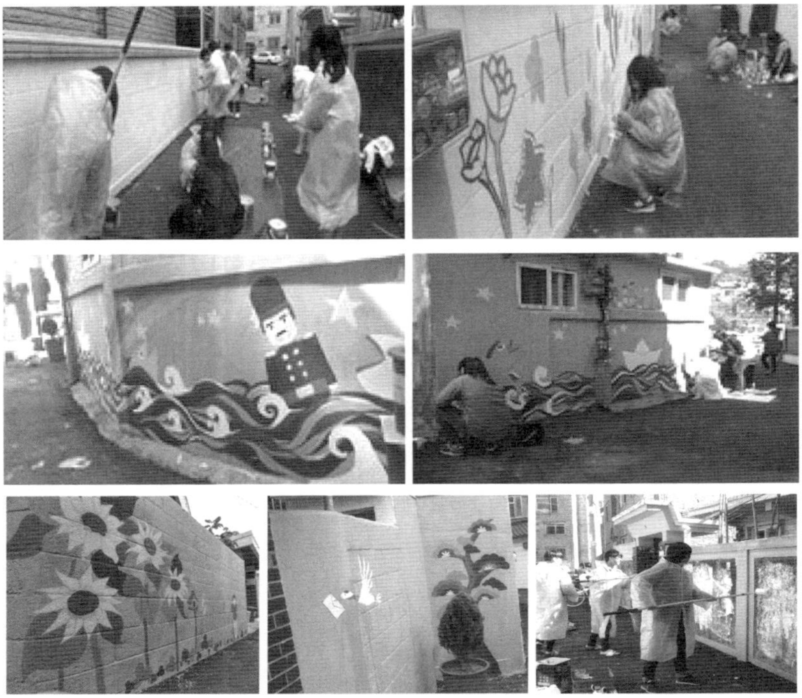

13차시 나눔의 소중한 기억

힘든 활동을 마친 후 아이들과 둥글게 둘러앉아 소중한 체험 소감을 나눠본다.

학생A 저희가 해냈어요. 처음에는 기대도 안 했는데…. 이렇게 멋지게 해냈어요. 뿌듯합니다.

학생B 추운 날씨라 중간에 포기하고 싶은 마음이 굴뚝 같았지만, 포기하지 않고 끝까지 마무리할 수 있었던 내 자신이 대견해요.

학생C 내가 계획하고 디자인한 것이 실제로 진행돼 완성됐다는 점이 신기해요.

학생D 낡고 허름해서 무섭기까지 한 담벼락에 여러 가지 색으로 칠해지는 과정을 보면서 뿌듯했어요.

학생E 내가 사는 동네를 내 손으로 바꿀 수 있다는 게 신기했어요. 동네 사람들이 너무 좋아해요. 그리고 저에게 고맙다는 인사도 해주셨어요.

아이들은 힘들었지만 해냈다는 성취감과 자신이 사는 지역사회를 위해 우리 함께 힘을 모아 무언가를 했다는 뿌듯함에 대해 말한다. 처음부터 옆에서 지켜본 교사 입장에서 추위에도 불구하고 늦게까지 즐겁게 지역사회의 환경 개선을 위해 나눔을 실천해준 아이들에게 대견한 마음이 들었다. 그리고 아이들의 건강한 성장을 위해 마을과 학교가 손을 잡고 할 수 있는 일이 있다는 것에 더불어 사는 사회라는 공동체 의식을 느낄 수 있었다.

다음으로 청소년의 일탈 행동의 장소로 문제시되었던 그곳에 마을벽화를 그려 넣음으로써 문제점이 해소되었는지에 대해 서로 이야기를 나눠본다.

학생A 학교에 올 때 벽화가 그려진 길로 오는데, 제 기분인지 모르겠지만 요즘에는 담배 피는 학생이 보이지 않는 것 같아요. 사람들의 통행량이 많아져서 그런가봐요.

학생B 저는 일부러 친구들과 그 곳으로 가기도 해요. 제가 했다는 것을 다른 친구들에게 자랑하고 싶거든요. 아마도 사람들이 제 마음과 같은가 봐요. 그래서 통행량이 많아졌을 수도 있어요.

학생C 저는 벽화 앞에서 사진을 찍는 사람도 봤어요.

학생D 사람들이 많아지니까 집주인이신지는 모르겠지만 집 앞을 매일 쓸거나 물건들을 쌓아두지 않고 깔끔하게 하시는 거 같더라구요. 그래서 담배는 커녕 쓰레기도 못 버릴걸요.

학생E 모든 사람이 감시자가 된 것 같아요. 그래서 학생들이 아지트로 생각했던 그곳에서 그런 나쁜 행동을 못하는 것 같아요.

교 사 요즘에는 민원 전화도 없는 것 같고, 선생님들이 순회하면서도 담배를 피는 학생들의 빈도가 줄었다는 것을 느낄 수 있다고들 하십니다. 확실히 벽화가 그려지기 전과는 달라졌어요.

일탈의 장소가 우리가 그린 벽화로 많이 변화되었다는 사실을 아이들의 대화에서 알 수 있다. 단지 이 벽화로 인해 일탈 행동이 줄었다고 단정 지을 수는 없지만 미약하나마 아이들이 주체가 되어 환경을 개선시키는 일에 일조하였다는 점에서 '우리 함께'라는 공동선을 실현할 수 있었다.

끝으로 프로젝트 수업의 다양한 활동을 통해 학생들의 자발적이고 능동적인 활동이 이루어졌다. 또한 이웃과 함께하는 공공미술 프로젝트에 몰입할 수 있었으며, 협동과 토론을 통해 프로젝트를 해결하면서 인성교육의 효과를 달성할 수 있었다는 점에서 교육적으로 큰 효과가 있었음을 보여준다.

참고문헌

제1부

계보경, 박태정, 차현진(2016). 4차 산업혁명 시대 it 융합 신기술의 교육적 활용 방안 연구. 연구보고 RR 2016−7, 한국교육학술정보원.

교육부(2002). 중등학교 교육과정 해설. 교육부, p.18.

교육부(2016). 지능정보사회에 대응한 중·장기 교육정책의 방향과 전략(시안). 2016년 1월 발표자료, 교육부.

김남순(2006). 초등 3,4학년을 위한 효과적인 스토리텔링 활용방안. 석사학위논문, 한남대학교 교육대학원.

김동위(1993). 청소년의 인간화 교육. 교육과학사.

김봉섭, 김현철, 박선아, 임상수(2017). 4차 산업혁명시대, 지능정보사회의 '디지털 시민성(Digital Citizenship)'에 대한 탐색. 2017 KERIS 이슈리포트 연구자료 RM 2017−6, 한국교육학술정보원.

김영민(1996). 이야기를 통한 영어교육. 초등영어교육, 2, pp.194−209.

김은혜(2005). 이야기를 활용한 과업 중심 학습이 초등학생들의 영어 듣기·말하기 능력에 미치는 영향. 석사학위논문.

김진숙(2017). 4차 산업혁명 대응 미래교육 방향. 4차 산업혁명 대응 미래교육을 말하다. 2017 KERIS 이슈리포트, 연구자료 RM 2017−7, 한국교육학술정보원.

남궁달화(2003). 교과를 통한 인성교육. 한국실과교육학회 하계학술대회논문집, pp.1−28.

문용린(2011). 배려와 나눔을 실천하는 창의인재육성을 위한 창의·인성교육 활성 방안 연구, 과학창의재단.

박남기(2017). 제4차 산업혁명기의 교육개혁 새패러다임 탐색. 교육학연구, 55(1), pp.211−240.

박민서(2015). 초등학교 교사들이 생각하는 창의·인성교육에 대한 암묵적 이론 탐색 연구. 성균관대학교 석사학위논문.

박성택(2007). 수학 학습 심리와 교수·학습 전략. 경문사.

박인기(2013). 스토리텔링과 수업 기술. 사회평론.

박창언 외(2013). 인성교육중심수업강화를 위한 교수·학습 자료 개발 −초·중·고 기본인성덕목 ㅡ. 교육부.
서혜숙(2017). 디지털교과서의 현재와 미래. 4차 산업혁명 대응 미래교육을 말하다. 2017 KERIS 이슈리포트, 연구자료 RM 2017－7, 한국교육학술정보원.
성태제(2017). 제4차 산업혁명시대의 인간상과 교육의 방향 및 제언. 교육학연구, 55(2), pp.1－21.
신동훈(2017). 제4차 산업혁명과 뇌－기반 교육. 교육비평, (39), pp.386－421.
백영미(2007). 스토리텔링을 적용한 수학수업이 초등학교 학생의 학업성취도 및 수학적 태도에 미치는 영향. 석사학위논문, 청주교육대학교 교육대학원.
신재한(2016). 뇌과학적 고찰을 통한 뇌교육 기반 인성교육 방향 탐색. 아동교육, 25(2), pp.365－381.
신현성(2004). 수학과 수업 모형 및 설계. 경문사.
안종배(2017). 4차 산업혁명에서의 교육 패러다임의 변화. 미디어와 교육, 7(1), pp.21－34.
오영범, 박상섭(2010). 초등학교 수학과 개념학습을 위한 스토리텔링 기반 학습 콘텐츠 개발. 한국정보교육학회논문지, 14(4), pp.537－545.
유병열 외(2012). 인성교육의 체계화 연구. 2012 교육정책 연구과제 보고서, 서교연 2012－43, 서울특별시교육연구정보원.
윤필현, 한주희(2010). 스토리텔링 기법을 활용한 신입사원의 조직사회화 프로그램 구성 방안. 경영사학, 25(2), pp.249－271.
윤혜정(2002). 초등학교 영어 수업에서 심화·보충형 수준별 수업을 위한 스토리텔링의 활용 방안 연구. 석사학위논문, 한국교원대학교 대학원.
임종헌, 유경훈, 김병찬(2017). 4차 산업혁명사회에서 교육의 방향과 교원의 역량에 관한 탐색적 연구. 한국교육, 44(2), pp.5－32.
이명준 외(2011). 교과교육과 창의적 체험활동을 통한 인성교육 활성화 방안. 연구보고 RRC 2011－7－1, 한국교육과정평가원.
장영신(2009). 스토리텔링을 활용한 명화감상활동이 아동의 미술 감상능력에 미치는 효과 －초등 1,2학년을 중심으로－. 순천향대학교 교육대학원, 유아교육전공.
장영은(2011). 유아·초등교육 내에서의 인성교육 활성화 방안. 교육부.
정지연(2011). 스토리텔링을 활용한 러시아어 수업 모형 연구. 석사학위논문, 한국외국어대학교 교육대학원.

조난심(1997). 한국 교육의 신세기적 구성. 한국교육개발원.
조헌국(2017). 4차 산업혁명에 따른 대학교육의 변화와 교양교육의 과제. 교양교육연구, 11(2), pp.53-89.
지은림, 도승이, 이윤선, 박소연, 주언희, 김해경(2013). 인성지수 개발 연구. 교육부.
진홍섭(2003). 인성교육을 위한 인성 덕목의 요인분석. 인천교육대학교 교육대학원 석사학위논문.
한국교육개발원(2004). 인성교육. 문음사. p.8.
채은숙, 박민구(2012). 수학 교육에서 '스토리텔링'을 이해하는 관점. 한국초등 수학 교육학회 세미나 자료집.
한경호(2016). 제4차 산업혁명과 교육. 제4차 산업혁명 시대와 여성인재 양성. 2016 추계 학술세미나집, (사)전국여교수연합회, pp.128-146.
한동승(2016). 4차 산업 혁명 시대, 대학 교육과 콘텐츠. 인문콘텐츠, (42), pp.9-24.
한은미(2016). 제4차 산업혁명 시대, 노동시장의 위기와 기회. 제4차 산업혁명 시대와 여성인재 양성. 2016 추계학술세미나집. (사)전국여교수연합회, pp.112-124.
허유경(2010). 스토리텔링과 체험활동을 통한 어린이미술관 교육프로그램 개발에 대한 연구. 석사학위논문. 경북대학교 교육대학원.
현주 외(2009). 학교 인성교육 실태분석 연구. -중학교를 중심으로-. 한국교육개발원.
홍선주, 이명진, 최영진, 김진숙, 이인수(2016). 지능정보사회 대비 학교 교육의 방향 탐색. 연구자료 ORM 2016-26-9, 한국교육과정평가원.
홍영숙(2011). 스토리텔링 인간을 디자인하다. 상상채널.

Downes, L., & Nunes, P. (2014). Big bang disruption: Strategy in the age of devastating innovation. Penguin.
Ellis, G & Brewster, J. (1991). The Storytelling Handbook: A Guide for Primary Teacher. Penguin books.
Hoge, J. (2002). Character education, citizenship education, and the social studies. Social Studies, 93(3), 103-108.
Jensen, E. (2007). Introduction to brain-compatible learning. Corwin Press.
Kim, S. I. (2006). Brain-based Learning Science: What can the Brain Science Tell us about Education?. Korean Journal of Cognitive Science, 17.

Schwab, K. (2016). The Fourth Industrail Revolution. Colony/Geneva: World Economic Forum. 송경진 역(2016). 제4차 산업혁명. 새로운 현재.

Schwab, K. (2016). The Fourth Industrial Revolution: what it means, how to respond. Paper Presented at World Economic Forum Annual Metting 2016.

Shannon, G. (1979). Storytelling and children: Enjoyment and Much More. Department of Health, Education, and Welfare, National Institute of Education.

Whitehead, R. (1968). Children's Literature: Strategies of Teaching. Englewood Cliffs, Prentice Hall.

World Economic Forum(2016). The Future of Jobs: Employment, Skills and Workforce Strategy for the Fourth Industrial Revolution. Colony/Geneva: World Economic Forum. January 2016.

Zarc, J & Salaberri, S(1995). 「Storytelling」. Oxford : Heinemann.

미교육부(2008). Partnerships in characrer education state pliot projects, 1995–2001. lesson learned.

제2부

강밀아(2013). 「선생님은 너를 사랑해 왜냐하면」. 글로연.

김대희, 조재윤, 서수현, 신희성, 정혜현, 노하늘(2019). 『청소년의 언어문화 개선을 위한 연구 개발』. (연구보고서 2018–01–35). 국립국어원.

그림책사랑교사모임(2019). 「그림책 학급운영」. 교육과실천.

레이프 크리스티안 손(2007). 「내 탓이 아니야」. 고래이야기.

몰리 뱅(2003). 「소피가 화나면, 정말 정말 화나면」. 케이유니버스.

박인기, 박정진, 박창균, 이지영, 강용철, 박소영(2012). 『학생언어문화 개선을 통한 인성교육 강화 방안연구』(정책연구 2012–07). 한국교육정책연구소.

비주얼싱킹수업연구회(2017). 「비주얼싱킹」. 미래엔.

쉬셰장(2020). 「하버드 감성수업」. 리드리드.

에이미 크루즈 로젠탈(2008). 「쿠키 한 입의 인생수업」. 책읽는곰.

앤서니 브라운(2005). 「우리엄마」. 웅진주니어.

앤서니 브라운(2011). 「기분을 말해봐」. 웅진주니어.

이은진(2017). 「참여적 디자인 지도의 효과 연구–교실공간을 중심으로」. 석사학위논문.

경인교육대학교.
이중호(2011). 「10대를 위한 행복단어사전」. 화담.
이지성(2012). 「꿈꾸는 다락방2」. 국일미디어.
이지영(2018). 「스토리텔링을 활용한 공익광고 이하가 공감능력에 미치는 영향–중학교 1학년을 중심으로」. 석사학위논문. 한국교원대학교.
이지영(2018). 「스토리텔링을 활용한 미술 수업의 효과: 공익광고 이해를 중심으로」. 『예술과교육』23, 149–176.
조윤미(2011). 「국내 벽화마을 만들기의 성공요건 분석」. 석사학위논문. 경원대학교.
조혜민(2017). 「토의·토론수업이 초등학교 학생들의 사회과 학습태도와 학업성취도에 미치는 영향」. 석사학위논문. 부산교육대학교.
최인철 외(2011). 「행복교과서」. 주니어김영사.
토드 파(2016). 「기분을 말해봐」. 보물창고.

저자약력

신재한

한국교육개발원 연구위원

한국교육과정평가원 교수학습센터 운영위원

교육부 연구사

인성교육연구원 부원장

국제뇌교육종합대학원대학교 뇌교육학과 학과장

이지영

現 창용중학교 미술 교사

한국교원대학교 교육학석사

색인

미래교육에 필요한 인성 역량 향상을 위한 스토리텔링의 이론과 실제

초판발행 2021년 8월 23일

지은이 신재한 · 이지영
펴낸이 노 현

편 집 김윤정
기획/마케팅 오치웅
표지디자인 이미연
제 작 고철민 · 조영환

펴낸곳 ㈜ 피와이메이트
서울특별시 금천구 가산디지털2로 53 한라시그마밸리 210호(가산동)
등록 2014. 2. 12. 제2018-000080호
전 화 02)733-6771
f a x 02)736-4818
e-mail pys@pybook.co.kr
homepage www.pybook.co.kr
ISBN 979-11-6519-174-0 93370

정 가 17,000원

박영스토리는 박영사와 함께하는 브랜드입니다.